21 世纪高等学校应用型特色规划教材·酒店管理专业

酒店人力资源管理实务

胡友宇 主 编
龚 伟 王光健 副主编

清华大学出版社
北 京

内 容 简 介

全书共分九章，包括酒店人力资源管理导论、工作分析与设计、员工的招聘与配置、员工培训、员工职业规划、员工绩效考评、员工薪酬管理、员工关系的维护与发展及酒店人力资源战略与发展趋势等具体内容。

本书既可作为高等院校应用型本科教材，也可作为酒店培训的培训教材，还可作为高等职业院校酒店专业教材。

本书为山东省酒店管理专业精品课程指定教材。

图书在版编目(CIP)数据

酒店人力资源管理实务/胡友宇主编；龚伟，王光键副主编. --北京：清华大学出版社，2013(2020.12 重印)

(21 世纪高等学校应用型特色规划教材·酒店管理专业)

ISBN 978-7-302-33291-6

Ⅰ. ①酒… Ⅱ. ①胡… ②龚… ③王… Ⅲ. ①饭店—人力资源管理—高等学校—教材 Ⅳ. ①F719.2

中国版本图书馆 CIP 数据核字(2013)第 168804 号

责任编辑：曹 坤
装帧设计：杨玉兰
责任校对：周剑云
责任印制：杨 艳

出版发行：清华大学出版社

网 址：http://www.tup.com.cn, http://www.wqbook.com
地 址：北京清华大学学研大厦 A 座 **邮 编**：100084
社 总 机：010-62770175 **邮 购**：010-62786544
投稿与读者服务：010-62776969, c-service@tup.tsinghua.edu.cn
质量反馈：010-62772015, zhiliang@tup.tsinghua.edu.cn
课件下载：http://www.tup.com.cn, 010-62791865

印 装 者：北京鑫海金澳胶印有限公司
经 销：全国新华书店
开 本：185mm×260mm **印 张**：15.25 **字 数**：366 千字
版 次：2013 年 8 月第 1 版 **印 次**：2020 年 12 月第 10 次印刷
定 价：39.00 元

产品编号：051771-02

前言

如果你经常关注网上的人力资源版块，就可以看到“招工难”哀声一片，服务业作为用工大户首当其冲，酒店也就在劫难逃。可是，与所谓的“招工难”并存的却是“就业难”，这种现象的存在有各方面的原因，作为人力资源管理者必须认真反思，并在困难和机遇面前有所作为。在当今社会，再也不能把人力资源管理的责任统统推给人力资源部和人力资源经理，所有的管理者必须履行好各自的人力资源管理责任。人力资源管理可以简单概括为选人、育人、用人和留人四大功能，即便一个最基层的主管，在这四大功能中都要有所作为，对选人标准、育人内容、用人依据、留人方法提出建议，更重要的是，基层主管对员工有言传身教的示范作用，还有着依靠个人魅力和管理方法让员工服从的领导作用，对员工的适时、适地、适人、适位使用，基层主管的作用更大。一句话，在育人、用人、留人的人力资源功能中，基层主管作用更大、更直接。因此掌握先进的人力资源管理知识和方法等，对即将进入工作状态的大学生做好本职工作并科学规划和实现自己职业生涯目标有重要意义。

基于编者的酒店人力资源管理教学经验，综合比较国内的酒店人力资源管理教材，我们编写了本书，面向在校的酒店专业高职学生。

本书被评为山东省酒店管理专业精品课教材，具有以下三个特点。

一是简洁适用的人力资源管理书。以选人、育人、用人和留人四大功能为核心，对人力资源管理知识的选择和安排本着简洁、适用原则，使学生便于掌握和应用。

二是非人力资源管理者的人力资源管理书。我们要为承担人力资源管理功能的非人力资源部的主管、经理们提供相关的知识和信息，提高他们的人力资源管理技能和实战水平。

三是高职类酒店管理专业学生能看、乐看的书。目前高职类教材有的学术性太强，只是将适合本科以上学生使用的教材改头换面而来，有的删减过度，缺乏实用性，本书希望有所不同。

全书共分九章，人力资源管理导论统领全书，为第一章。工作分析与设计，为选人提供标准，为用人提供依据，为育人提供内容，为留人提供保证，是四大功能顺利实现的基础，为第二章。职务分析完成即组织框架确定，招聘和配置人成为首要工作，故员工的招聘与配置为第三章。入职员工要尽快发挥作用，培训刻不容缓，因而第四章为员工培训。酒店行业在培训安排上，日趋重视职业生涯的规划，既为员工指明职业路径和方向，也为酒店在可以预见的时段内储备可用人才，是酒店用人方面的战略安排。第五章安排职业生涯规划内容。培训出可以胜任工作岗位的员工，如何让他们在工作中持续保持动力(如何用人)，科学的绩效考核是关键。第六章内容解决。现在的“招工难”，根在留人难，我们有事业留人(职业生涯规划)、薪酬留人(薪酬设计)、关系留人(员工关系)等方法，做得好，完全可以解决“招工难”。最后一章让大家了解酒店人力资源战略与发展趋势，保持与时俱进，不断创新的意识。在内容上，本书吸收了国内外最新研究成果，力图反映酒店人力资源管理的最新研究动态，同时顺应管理环境的变化，紧贴行业实践前沿。在形式和结构上，本书尽可能尝试突破传统教材的说教模式，内容简明、深入浅出，体系完整，逻辑缜密，将人力资源管理知识与行业实践紧密结合。每章开头放置“引导案例”，摆出困境和问题导入正文，正文中穿插“案例”、“课内资料”、“课外资料”等版块，帮助读者更好地理解各知识要点，密切结合实践，促进应用能力的提高和学习兴趣的增强。每章后面都有“本章小结”来帮助读者回顾本章所学，并通过“工学结合”版块等强化对所学知识的实践应用。

本书由胡友宇、龚伟和王光健共同编写。其中胡友宇负责大纲的拟定，结构、体系的设计以及修改定稿工作。具体分工如下：龚伟负责编写第一、四、七章；胡友宇负责编写第二、五、八章；王光健负责编写第三、六，九章。

在本书的编写过程中，得到了许多业内人士的支持和帮助，也听取了许多老师的意见，同时参阅和借鉴了大量的相关著作及文献，在此向他们表示由衷的感谢。

由于编者水平有限，编写时间仓促，书中难免有缺陷、错误和不足，敬请广大专家和读者朋友们批评指正。

编　者

目　　录

第一章

酒店人力资源管理导论

引导案例

上海浦东香格里拉的人力资源管理

获取(选人)——层层筛选

在香格里拉，员工被分为 5 个级别，1～3 级是中高层的管理人员，他们的面试分为 3 轮：第一轮的面试官是人力资源部，第二轮为部门主管，第三轮则由总经理亲自面试。"面试的时候，会给他们一些案例进行分析，主要是观察他们的反应能力。然后会通过电话求证其跳槽原因以及前老板对他的评价。香格里拉不希望拥有一个频繁跳槽和不忠诚的员工。"

4～5 级为基层员工，他们中除了厨房和客房人员外，其他各部门的员工必须熟练掌握英语。这些人员主要来自于应届毕业生。由于考虑到招聘数量的巨大，上海地区可能无法满足招聘需要，因此每年会去大连、沈阳、青岛等地招聘所需要的员工。

通常在 3 月份，人力资源部会派员去当地的大学或高职学校招聘学生，或是借用当地香格里拉酒店的场地举行一场招聘会，以此吸引更多的求职者来应聘。

此后的 6～12 月，这些人会被派往酒店的各部门进行实习，在此期间，会有专业的老师对他们进行带教和考核。每月或者每两个月，老师会将所有学员的表现向人力资源部作汇报。基本上 80%的学员能够期满转正，然后正式进入酒店工作。通常公司新进的每个员工，都会经过总经理的亲自审查，主要是通过交谈观察他们是否热情。

激励(用人)——内部晋升

集团愿意让员工看到他们在集团内的发展空间。如果出现空缺职位，则优先考虑酒店内部员工，从内部调整或晋升。在中国香格里拉 90%的管理层都是通过酒店内部晋升或调动的，2005 年有 109 名管理人员在酒店之间进行调动。本着公平公开的原则，合理进行人员调配，达到"人尽其才，才适其位"的用人宗旨。

这种内部晋升的做法，让员工看到了自己在集团内的职业生涯发展前景，对员工有着无穷的激励作用。

开发(育人)——"回炉"再造

香格里拉也很重视员工的发展，每个酒店都会对员工进行英语培训，这种培训会根据公司上下不同级别、不同部门的员工专门制订出系统的培训进程。"因为各个部门有不同的用语需求，香格里拉一般会请来几名全职英语教师，让他们先同部门主管沟通，然后根据需求再专门制订出培训计划。"

同时，香格里拉还给每个员工网上学习的机会。"只要你想学，酒店都会根据集团的指示，给予你充分的学习机会。我们的网络课程与美国康奈尔大学挂钩，到学员毕业时会颁发证书。"另外，在北京的香格里拉集团我们还设有一个香格里拉学院，在那里会提供一些证书类学习课程，如英语、前台、餐饮服务、厨房、客房服务等，也有高级人员的培训证书。这些证书将在所有香格里拉酒店内通用。我们还设想在将来，所有新员工能进入这所学院进行短期培训，然后再将他们分配到不同的区域酒店工作。

保持(留人)——注重沟通

香格里拉把员工视为自己最重要的资产，因此认为定期的员工沟通是必不可少的。总经理很重视每月一次的员工大会，每个基层部门的代表都会在会前统计好本部门员工的意见和建议，有时甚至是一些很琐碎的事情：如某些员工对福利不满意、更衣室的挂钩不够用等。管理层也会通过这些会议让基层员工知道公司的决策，以及下一步该做些什么。

香格里拉的薪水和福利还是比较有竞争力的，能排在国内同行业的前25位。客房服务的薪水每月 1800 元；餐饮部基层员工为 1900 多元。另外，公司也会给员工额外的福利补贴，如每天有定时的班车接送，加班若赶不及班车还会给予员工一定的车费补贴，并且会为外地来沪的员工提供住宿等。

(资料来源：我爱酒店网. 五星级酒店的五星级用人标准——
访浦东香格里拉大酒店区域人力资源总监刘楚章，略有改动)

辩证性思考

1. 通过上述案例，我们对酒店人力资源管理是不是有一个相对简明的认识？
2. 在酒店人力资源管理实务中，我们往往会忽视哪个环节或者实践中的短板在哪里？

选人、用人、育人和留人是人力资源管理的四大功能，香格里拉集团在这些方面做得非常出色。本章将从人力资源管理的组织层面、部门层面对人力资源管理的基本情况进行介绍。

第一节　酒店人力资源管理概述

教学目标

- 掌握酒店人力资源的基本概念。
- 理解酒店人力资源管理的特点。
- 理解酒店人力资源管理的职能。

经济现代化的一个重要标志是第三产业在国民经济中的比重越来越大，服务业作为第三产业的重要组成部分，随着经济现代化程度的提高而越来越发达，酒店业作为服务业的重要分支发展迅速。服务业的一个重要特点是劳动力密集型行业，对人的管理是行业必须做好的功课，酒店业在这方面更是有迫切要求。酒店人力资源管理任重道远。

一、酒店业人力资源管理简介

酒店业是提供服务产品的企业，员工参与服务生产过程，向顾客提供面对面、高接触的服务。当今，科学技术越来越发达，但酒店业所提供的服务无法被机器或物质生产过程所代替，而且顾客越来越需要高接触、体贴入微、富有人情味的个性化服务。酒店业应特别重视人力资源管理。美国罗森帕斯旅游管理公司总裁罗森帕斯曾向“顾客就是上帝”的传统观念挑战，认为“员工第一，顾客第二”(Employee come first，Customers second)是企业成功之道。他认为只有把员工放在第一位，员工才会有顾客至上的意识。由此可见，旅游与酒店业的人力资源管理，不仅仅是高质量完成服务过程、实现组织目标的必要保证，也是企业实施服务竞争战略的基础。西方酒店业人力资源管理的重点，则放在激励、安抚员工，挖掘员工潜能上；我国旅游与酒店业人力资源管理近年的重点是，培训、调整劳动关系和稳定员工队伍。

二、酒店人力资源管理的概念

酒店人力资源管理是指运用现代化的科学方法，对与物力相结合的人力进行合理的培训、组织和调配，使人力、物力经常保持最佳比例，同时对人的思想、心理和行为进行恰当的诱导、控制和协调，充分发挥人的主观能动性，使人尽其才，事得其人，人事相宜，以实现酒店目标。它是研究酒店人力资源管理活动规律的一门综合性、应用性很强的学科。

酒店与任何企业一样，都有一个投入与产出的运转过程。为了维持酒店的经营活动，必须从酒店外部输入资源。酒店的资源包括人力资源、财力资源、物力资源、信息资源和信誉资源。在以上五种资源中，人力资源是酒店服务活动中最活跃的因素，也是一切资源中最重要的资源。由于该资源特殊的重要性，它被经济学家称为第一资源。人力资源相对于物力资源与财力资源来说，是可再生资源。人力资源管理的意义在于为酒店组织提供有劳动能力、服务意识、才能、创造力和推动力的人，有系统和有步骤地实施酒店企业人员招募、选择、训练和开发等计划，以及开展组织活动和实施管理行为等，以充分调动员工的工作积极性，发掘员工的内在潜力，努力营造一个良好的工作环境。

酒店人力资源管理就是科学地运用现代管理学中的计划、组织、领导、控制等职能，对酒店的人力资源进行有效的开发和管理，合理的使用，使其得到最优化的组合，并最大限度地挖掘人的潜在能力，充分调动人的积极性，使有限的人力资源发挥尽可能大的作用的一种全面管理。

酒店人力资源管理，不仅是高质量完成服务过程、实现酒店目标的必要保证，也是酒店实施服务竞争战略的基础。

三、酒店人力资源管理的特点

(一)局外性

局外性是指由客人监督和评定酒店工作人员的服务质量。这样做，一方面可以大大减少管理人员巡视检查的工作量；另一方面，可以对酒店管理人员的工作起到拾遗补阙的作用。喜来登酒店集团创始人翰德森先生认为，酒店最有效的管理工具应该是客人对服务质量的监督和评定。喜来登酒店集团所属的每一家酒店，都制定了一份详细的客人评定酒店服务质量的调查表，内容和项目十分具体。我国酒店业也非常重视人力资源管理的局外性，并且予以制度化，几乎每一家酒店都在大厅内设立了大堂副理的岗位，以及客人意见箱和投诉电话。这样做，可以广泛地听取客人对员工和设施的意见，及时处理投诉，解决问题，改进酒店人力资源管理工作。

(二)跨越性

跨越性主要集中表现在地域和文化两个方面。首先是地域的跨越。近几年来，我国的一些酒店实现了跨地区、跨国界的集团化经营管理，如上海锦江酒店集团、广州白天鹅酒店集团等。这就使得我国酒店人力资源管理带有明显的地域跨越性，无论是员工招聘，还是员工培训、调配，都反映了这一特点。其次是文化的跨越。外资酒店、合资酒店、合作酒店的员工工作于不同的文化环境之中。

(三)超前性

无论是从人才的发现到人才的培养，还是从人才的利用到人才的驾驭，都离不开人才的超前培养和继续教育。否则，现在的人才若干年后可能就是“现代文盲”。因此，酒店人力资源管理者要有超前意识，并解决好以下两方面的矛盾。

(1) 解决好酒店人力资源开发的超前性与人力资源利用的滞后性之间的矛盾。争取缩短两者的时间差，即学即用，杜绝知识资本的浪费，提高知识的转化率和利用率。

(2) 处理好酒店人力资源开发的长期性与人力资源利用的短期性之间的矛盾。把酒店人力资源的开发工作当作一件长期不懈的大事来抓，进行持久的、连续的开发，也可以分期分批地进行开发；同时，也要珍惜开发出来的人力资源，并进行适当的利用。

(四)因果性

当今的酒店是靠员工的密切合作与客人的良好印象维持生存和发展的，特别是商务酒店，对客人的服务要求更高。如果酒店员工不能够密切配合，服务就会脱节；服务脱节，客人就会不满意；客人不满意，酒店就会失去客人；酒店失去客人，就会降低效益，甚至不能维持下去；酒店没有效益，员工的生存和发展就会受到威胁。这种因果性的连锁反应，足以引起酒店人力资源管理人员的高度重视。

(五)不可储存性

酒店人力资源价值具有不可储存性。酒店和一般企业不同，它以出租使用价值和提供服务为主。客房、娱乐、会务和其他综合服务设施在经营中都不发生实物的所有权转移。因此，酒店员工凝结在酒店产品中的服务价值不可储存。如果酒店的产品在特定的时间内卖不出去，其当天的价值就自然失去。等到第二天再卖出去，前一天的价值便永远收不回来了。人力资源的价值也就体现不出来，支出的人工成本也就无法补偿，从而使酒店人力资源蒙受损失，而且这种损失是无法追回来的。由此可见，酒店人力资源具有不可储存性，管理人员必须把人力资源管理与酒店产品经营结合起来，实行“全员营销”。

四、酒店人力资源管理的职能

每一个组织的形式与结构虽然不尽相同，但其人力资源管理的基本职能是相似的，主要包括以下几个方面。

(一)选人

好的开始是成功的一半，酒店成功的最先决条件就是要选对人。选对人要注意以下几点。

1. 选人要与酒店的战略目标相匹配

人力资源是酒店战略规划实施及战略目标实现的保障，酒店在选择人才时，必须考虑到资源配置要与战略目标的实现相适应。酒店没有战略目标，就谈不上人力资源规划，更谈不上人力资源规划的实施，酒店在选人时就会变得盲从。

2. 选人要与酒店的行业定位相适宜

酒店在行业中定位不同所对应的人才层次也不同，酒店量身制定人才选拔策略，才不会导致人才的滥用或者流失。

3. 选人要与地域的经济水平和人文环境相结合

酒店选人时还要考虑到地域的经济水平和人文环境因素，尤其是在选拔高校毕业生时，酒店应尽量帮助其认识本酒店的地域环境、行业环境、人文环境和当地的实际经济水平，让双方真正互相了解，才能有益于选择合适的人才，真正做到物有所值甚至物超所值。

4. 选人要考虑人才市场的供应现状

人才市场的供应与需求总的来说是不为酒店所操控的，然而酒店在选人时却摆脱不掉供求现状的影响，酒店需要具体情况具体分析，及时调整人才招聘计划。市场人才兴旺时，适当增加招聘人才数量，加强人才储备；市场人才紧缺时，可适当减少招聘数量和标准，以适应市场变化。

5. 选人要兼顾短期和长期人才需求

根据酒店战略目标要制定短期和长期的人才战略。根据人才战略选择和储备相应人才，以满足短期人员需求和长期人才储备，只有合理储备、优化配置，才能使酒店长期处于正常的运转与发展状态。

6. 选人要考虑人力资源成本

人力资源成本是为取得和开发人力资源而产生的费用支出，包括人力资源取得成本、使用成本、开发成本和离职成本。选人要根据岗位所需进行，选择合适的人员，切忌处处用高人。用高人不但会使直接工资成本升高，还容易引起人才流失，造成机会成本升高。

错误雇用是人才流失的真正原因，选人环节不到位，容易造成人才的流失。所以选好人不但会促进酒店目标的实现，还会大大降低人力资源成本。

(二)育人

每一个组织都需要受过良好训练并具有丰富经验的人去运作，以维持组织生存所必要的活动。如果组织中现任人员不能符合这些要求，提升员工的技术层次、知识水平及适应性就变得非常必要。现代社会变迁的加快，使得每一个人都面临完成工作所需的知识和技能的更新与调整，以适应市场的竞争。因此，加强员工的培训与训练便成为组织维持其高度工作能力时所必须进行的一项活动。

1. 育人要基于员工的能力现状

员工培训要有针对性，要有效地进行人才的能力现状分析，根据不同的员工群体，进行分类培训，也就是说，要衡量员工行为或工作绩效差异是否存在。酒店可以通过生产、成本、能力测验、个人态度调查等指标，了解组织员工的现有水平与酒店目标之间的差异。然后根据差异，安排培训内容和培训方式。

2. 培训内容及方式要与能力提升计划相匹配

- 培训内容专业化。不同的酒店，所需培训的人员状况是不同的，不同的岗位所需要的知识、技能也是不同的。所以酒店要根据自身的需求，以专业化为主，制定有针对性的培训内容。不要贪大求全，总是希望所有的人才都是通才，实际上酒店也并非需要很多的通才。拔尖的专业人才为其岗位创造的有效价值也许是我们所无法估量的。
- 培训方式自主化。酒店的员工培训有很多种方式，酒店可以根据实际情况做出适当的选择。要根据不同的人员、不同的状况，选择多样的培训方式，让培训真正起到实效。每个酒店的实际状况都有所不同，没有通用的模式，所以酒店要根据自身的实际情况，以自主培训为主，这样不仅有利于特定培训目标的实现，还有利于在其过程中查找差距甚至发现弊端。

3. 依据能力提升效果对培训进行评价

培训的效果评价在整个培训中起着至关重要的作用，实质上就是对有关培训信息进行处理和应用的过程。通过建立效果评估体系，对培训效果是否达到预期目标、培训计划是否具有成效等进行检查与评价，然后把评估结果反馈给相关部门作为下一步培训计划与培训需求的依据。

(三)用人

发挥员工的聪明才智是人力资源管理的重要组成部分，酒店应该不拘一格用人才，不求全责备，要用才所长，要不唯资历，不唯文凭，建立科学的选人用人机制，为各种人才脱颖而出创造宽松、公平的环境。同时，也只有通过科学的用人机制，实现能力与岗位的最佳配置，才不至于使人力资源开发浮于形式，为开发而开发。

1. 因事设岗、“人岗匹配”

能力强、业绩佳、个人素质好的人，并不一定就是合适人选。试想在一个观念陈旧、员工素质普遍偏低的环境或组织，选聘一个观念超前、能力优异的人才，会出现什么样的结果？因此，选聘人才的过程中，除了关注人才个体的素质外，还应认真分析人才拟任职岗位及团队的结构特点，如团队成员的学历、性别、年龄、观念等。强调人才与其拟任职位的兼容匹配，应该减少聘用人才的“鹤立鸡群”而带来的不必要的“孤独感”，否则会影响人才能力的有效发挥，甚至会迫使人才流失，造成人力资源浪费和成本升高。

2. 工作目标要有挑战性

要使工作的要求和目标尽量明确、合理并富有一定的挑战性，能真正激发职工内在的工作热情。工作目标和要求太低，员工很容易完成，久而久之会造成员工的懈怠，不思进取；而工作目标和要求太高，员工通过自己的努力仍无法完成，又会使员工失去自信，放弃努力。要设立员工“跳着脚”能完成的目标，这样不但会使酒店目标能够得以实现，还会使员工能力得到不断提升。

3. 岗位应动态调整

应对职工与工作的配合进行不断的调整，使能力提高的职工去从事更高层次的、承担更多责任的工作，保持职工与工作的动态平衡。酒店不同的岗位需要的知识和技能不同，同一岗位不同的级别要求也不同，每个员工所掌握的知识和技能也在不断地发展变化，所以酒店应对职位和工作进行分层细化，变单一的层级制为多级制，使员工随着自身能力的发展，相应的职位、薪酬不断地提升变化，这样才能调动员工的积极性，不断挖掘其潜力。

4. 加强考核评价

通过合理公正的考核制度，实现“人尽其才，物尽其用”的最终目的。考核前将考评的标准量化、公开化，让员工明白怎样得到萝卜和能得到怎样的萝卜。只有人人都明白目的和要求，才能竭力去争取实现。将考核结果与工资、福利、晋升、末位淘汰制挂钩，使公司整体素质不断地周而复始、螺旋上升。

(四)留人

如何使用员工，发挥其才能，并留住他为公司长期效力、创造效益，是人力资源管理的关键。

1. 薪酬、福利留人

薪酬、福利在任何时候都是主要留才手段之一。酒店应根据自身情况确定相应的薪酬制度。酒店要结合自己的实际情况，对各种薪酬进行组合，制定适于本酒店的薪酬制度。

要留住人才，激励方式的选择和应用也是极为重要的，要针对不同人选择不同的激励方式。酒店应改革分配激励机制，实行多元化的分配，建立重业绩、重贡献，向关键岗位和优秀人才倾斜的分配机制。真正实现“一流人才、一流业绩、一流报酬”的人才激励机制，使人才的价值得到充分体现。

2. 酒店文化留人

酒店文化的核心是酒店的价值观，是酒店综合素质的重要标志。一个科学的价值理念必将起到凝聚人心、鼓舞人心、激励员工奋发向上的作用，这将为酒店人力资源的开发提供不竭动力。因此，在建设酒店文化，培育、弘扬酒店精神和价值观时，应注重其科学内涵，注重文化的感召力、凝聚力，建设人格文化，体现人的价值、人的尊严，营造不断进取的浓厚氛围，激励员工不断学习，深挖潜能，自我超越，使酒店文化建设与人力资源开发相辅相成，有机结合，和谐统一。

3. 感情留人

情感投资具有潜移默化的感恩效果。所以酒店对人才要有爱心、真心，帮助他们营造一种积极向上、团结和谐的人际氛围，以及工作、生产、生活环境，使大家心情舒畅地工作，让优秀的人才彼此相互依恋，增强公司的凝聚力和吸引力。

4. 事业留人

人力资源管理最终还是人本的管理，所以要考虑员工自身的发展是否与酒店的发展能够同步，用人同时也是在培养人，应该尽量地让酒店的人才在不断地为酒店服务的同时，得到自我发展。只有将酒店的目标和员工的职业生涯有机结合起来，人的管理才能真正起到作用。所以工作是否具有挑战性、趣味性，酒店是否具有一个让其发挥的大舞台等都是留住人才的关键。酒店首先要打造一个有利于发展、有利于创新、有利于竞争的事业；并且为职工提供一个具有挑战性、竞争性，有利于自身发展提高的事业舞台，使员工能力不断得到提高。酒店要关注员工的职业发展计划，指导员工的职业生涯设计并与员工共同努力，促进其职业生涯计划的实现。

课外资料 1-1

香格里拉酒店企业对员工的承诺

1. 我们要确保领导者具有追求经营业绩的魄力，发扬团队协作精神，齐心协力、步调一致。

2. 我们要使员工能够在为客人服务的现场及时做出果断决定。

3. 我们要确保每家酒店乃至整个公司都取得短期和长期的最佳经营业绩。

4. 我们要努力创造一个既有利于员工事业发展，又有助于实现他们个人生活目标的环境。

5. 我们要在与人相处时表现出诚挚、关爱和正直的品质。

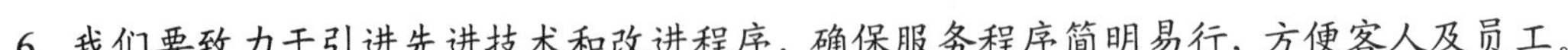

6. 我们要致力于引进先进技术和改进程序，确保服务程序简明易行，方便客人及员工。

7. 我们要加强环保意识，保障客人和员工的安全。

(资料来源：香格里拉核心竞争力研究. 最佳东方社区)

5. 领导留人

“员工选择加入的是酒店，而离开大多是因为领导”，所以领导层对下属的态度、看法、评价，以及领导者的人格、信誉、信用，是员工选择是否留下的关键。在留人问题上，领导者担负着特别重要的、无法替代的责任，“留人工程”是实实在在的“一把手工程”。因此，领导干部特别是一把手，必须树立正确的留人理念。

- 强烈的爱才之心。要真正从灵魂深处重视人才，从感情深处贴近人才。
- 宽宏的容才之量。要善于包容、吸纳、凝聚各种各样的人才，以开阔的眼光和宽广的胸怀选才、用才。
- 高超的用才之艺。人才不是全才，要想真正拥有并留住人才，必须不拘一格，辩证地看待人才，坚持人事相适，容人之短，扬人之长。
- 正确的用人导向。一个酒店、一个部门，对人才有无吸引力、凝聚力，主要是看现有人才用得怎么样。如果身边的人才都用不好、留不住，那么外面的人才就不会来。忽视现有人才，而奢谈培养和吸引人才，是舍近求远。有些酒店和部门花重金引进人才，但大多数是当配角，不敢把他们放到重要岗位上。留才不用是浪费，不放手使用同样也是一种浪费。酒店领导一定要敢于打破条条框框，采取多种方式，及时发现、留住和大胆使用人才，充分发挥他们的聪明才智，形成百舸争流、人才辈出、各显其能的局面。

上述这些职能是相辅相成、彼此互动的，共同构成了整个人力资源管理系统。

案例 1-1

玉环县昌飞阀门有限公司的“留人经”

进入 4 月中旬，玉环经济开发区内的企业大都步入生产经营的正轨。而在岁末年初的时候，却不是这幅景象，“招工难”总会让企业头疼不已。就在大多数企业为了招聘员工忙得焦头烂额的时候，玉环县昌飞阀门有限公司的管理者却显得异常“淡定”。他们的信心就源自每年节后的员工返岗率均达到 95%以上，今年更是达到了 100%。员工返岗率如此之高，他们是怎么做到的呢？

1. 激励机制“留人”

收入是员工的最基本需求，也是个人价值的体现，因此薪酬也成为企业“留人”的最关键因素。

“我们公司的薪酬领先于其他同行！”昌飞公司行政经理张冰枫介绍，为了能更好地留住在职员工、吸引更多的新员工，公司制定了一套有效的工资标准，工资公平合理、透

明化，参考社会物价水平及员工担任工作的责任轻重、难易程度等综合核定。

李天林是昌飞公司一名普通抛光工，月薪6000元左右，去年他还将妻子介绍到了公司，现在两口子每月收入能有近万元。

除了薪酬，每年公司都开展评优活动，以民主推荐的形式选出优秀的员工个人、团队和部门，并在公司的春节联欢会上对其进行表彰来鼓舞士气，还给予一定的物质奖励，这也可使其他员工学有榜样、赶有目标。

2. 以事业“留人”

职业和事业只有一字之差，前者是阶段性的，后者却是终身性的。昌飞公司建立了各种人性化的机制，从而激励员工把工作当成终身为之奋斗的事业。

郭华学，现任昌飞公司精工车间主任，在公司工作13年的他，之前一直是该车间的普通员工，2009年由于工作表现优异，被公司挑选出来，担任现在的职务。

据了解，昌飞公司在岗位聘任上本着“公平竞争，择优录取”的原则，实行“能进能出，能上能下”的双向聘用机制，每年不定期地在基层员工中挑选出优秀人才提升为管理人员，让所有员工都有机会发挥他们的能力和技能。公司还实行“内部调岗”制度，为每一位愿意学习的员工提供一个学习的机会，以便更好地发挥员工的特长及潜能。

今年40岁的邓端建原是一名半自动车床操作工，三天前来到自己的新岗位——数控车床操作，他说：“我想多学些技术，希望以后也能成为‘老师头’。”

除此之外，公司还建立了覆盖所有员工的培训机制，以企业内训、管理人员外培等形式来拓展员工的知识与能力，内容包括ISO 9001、2008质量体系培训，计算机操作培训，CAD制图培训，办公软件培训，特殊岗位技能培训，易飞ERP培训等。

3. 以细节“留人”

细节决定成败。昌飞公司对这一点也是深有体会，所以昌飞公司在员工管理上始终坚持从细节抓起，把细节做好。

据公司负责人介绍，为了改善员工的生活条件，2012年，公司投入13万元改善了员工食堂，以成本价为员工提供中餐、晚餐，并且食堂的饭、汤都是免费的；为了改善车间员工的工作条件，2011年公司投入32万元在抛光车间装置了风机除尘设备，投入6万元在红冲车间改用煤油为液化气；为了丰富员工的业余生活，公司设置了员工活动室，为员工提供台球、乒乓球及阅览等活动；夏季的时候，公司还会为每位员工发放解暑的药品。

除此之外，公司还设置了“每周对话”制度，基层员工可以直接与公司高层对话，这不仅使得公司高层和基层员工之间的关系更加融洽，还可以让公司及时倾听和采纳基层员工的意见，让基层员工感受到企业对他们的关注，让他们认识到自己也是昌飞这个大家庭的一员。

4. 归属感“留人”

有家才有归属感，公司所做的一切就是想成为员工的第二个家。

昌飞公司有近 75%的员工来自五湖四海，这部分员工除了对薪酬待遇有要求外，在非薪酬福利上也非常渴望有所保障。因此，昌飞公司在节假日福利、休假制度、员工子女教育、配偶就业、职工保险等非薪酬福利上也都下足了功夫，始终坚持做到让员工满意。

在昌飞公司，干了 5 年的老员工有 82 名，约占员工总数的 28%，其中有的是夫妻、一家子都在这里工作，这一切都是因为昌飞公司给了他们家的感觉。

来到公司刚满一年的易波表示，昌飞公司的薪酬待遇和非薪酬福利都是非常好的，并打算一直干下去。

(资料来源：董伯志，沈光鹏. 中国玉环新闻网. 2013-04-19)

他山之石可以攻玉，同样是面临招工难，有的公司处理得好，有的公司处理得差。这里列举了一个正面的例子，希望有所借鉴。

评估练习

1. 酒店人力资源管理的特点是什么？在管理实践中要注意什么？
2. 实现酒店人力资源管理职能的主要方面有哪些？

第二节　酒店人力资源管理的职能履行

教学目标

- 掌握酒店人力资源部的组织结构、功能和基本任务。
- 正确理解非酒店人力资源部的人力资源管理责任。
- 熟悉人力资源管理理念在各个部门的应用。

一、酒店人力资源部介绍

(一)酒店人力资源部的组织结构

酒店人力资源部的组织结构如图 1-1 所示。

(二)酒店人力资源部的功能

正所谓没有高素质、高效率、高满意度的员工就没有高满意度的顾客和酒店的高效益。人力资源部作为开发、管理酒店人力资源的职能部门，所处的位置和担负的责任都是极为重要的。人力资源部是酒店中最关键的决策部门之一，酒店的经营管理离不开人、财、物、时间、信息等资源，在上述资源中，唯有人力资源是最为宝贵的。因为其他任何资源均由人来开发利用，而且通过合理地开发人力资源，充分发挥人的最大潜能，就能够产生巨大的增值效应。

酒店人力资源部的功能主要体现在三个方面，即提供酒店经营活动所需的充足的各种

人力资源；提高人员素质以及合理利用开发人力资源；发挥员工的积极性，挖掘潜能。

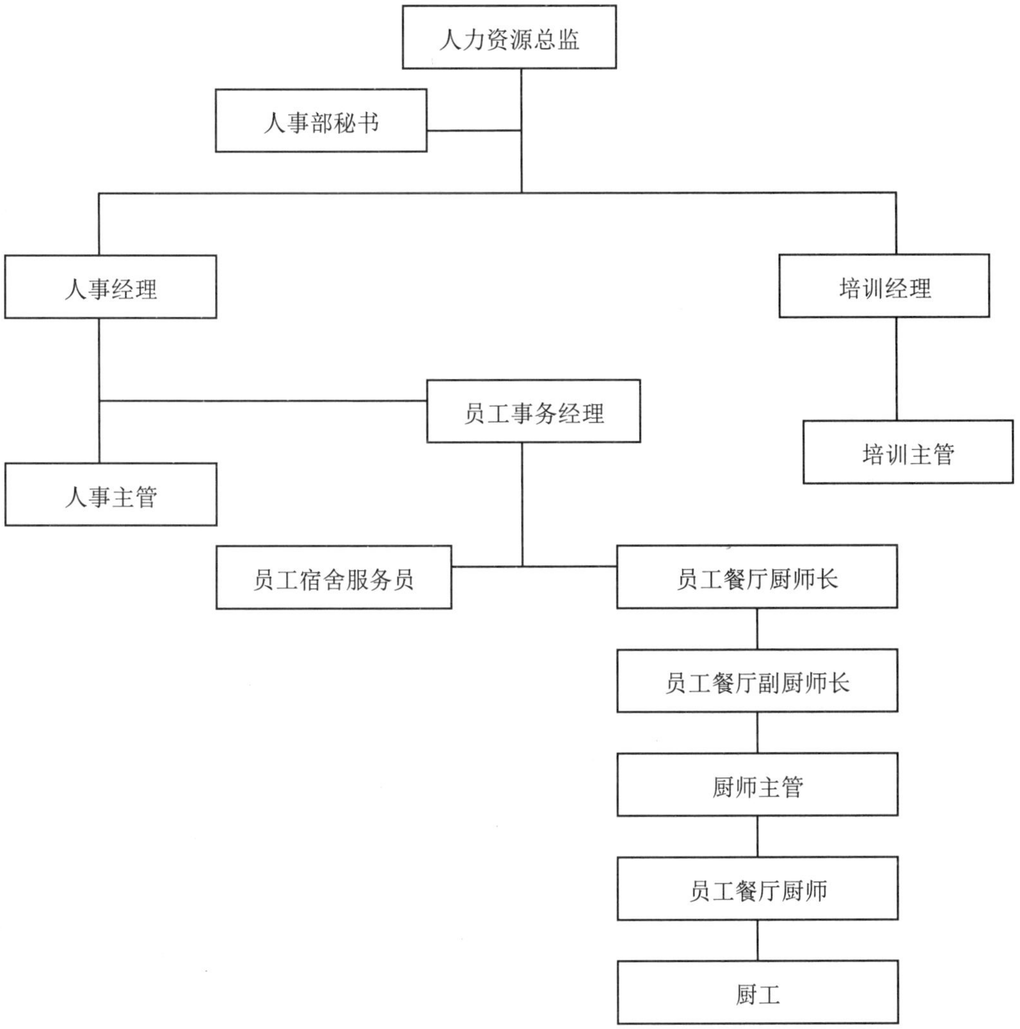

人力资源总监

人事部秘书

人事经理

培训经理

员工事务经理

培训主管

人事主管

员工宿舍服务员

员工餐厅厨师长

员工餐厅副厨师长

厨师主管

员工餐厅厨师

厨工

资料来源：王珑，徐文苑. 酒店人力资源管理. 广州：广东经济出版社，2007

图 1-1　酒店人力资源部组织结构图

(三)酒店人力资源部的基本任务

酒店人力资源部的基本任务是遵循国家的劳动人事法规和政策，围绕酒店的经营管理这一中心开展工作，最大限度地利用和开发人力资源，不断提高员工的整体素质，优化人才资源，实现经济效益和社会效益的最大化。结合酒店实际，制定人事劳动管理的各项制度，包括人事管理制度、调配制度、劳动合同、劳动工资制度、职工福利、劳动规章、职工奖惩制度、档案管理制度，科学有效地进行人事管理。通过招聘、录用、选拔、调配、调整、流动、考核等手段，为各部门选送高素质的合格员工。在人事管理中谋求人与事的科学结合，谋求人与人的协作配合，充分调动员工的积极性、创造性，最大限度地提高员工的整体素质和工作效率，形成良好的企业文化。酒店人力资源部的基本任务具体包括以下内容。

(1) 直接负责整个酒店的人力规划、员工招聘、录用、培训、考核、工资、劳保、福利、调配、质检、劳动关系协调等工作。

(2) 开展各项有效活动，密切劳资关系，协调政府、企业、员工、客人之间的利益，增强员工的向心力和凝聚力。

(3) 完善工资分配和福利制度，吸引和留住优秀人才。

(4) 负责对员工的工作质量进行监督，确保酒店服务质量。

(5) 负责制定《员工手册》、《劳动合同》及酒店的人事规章制度。

(6) 负责同政府机关、社会团体、人才交流中心及其他同行建立并保持友好的工作关系。

(7) 审核人力资源的各项财政预算和支出，做好各项成本控制工作。

(8) 负责审核酒店年度培训计划和月度培训计划，建立和完善酒店二级培训体系。

二、非人力资源部的人力资源管理职责

(一)直线管理部门与人力资源管理部门工作比较

人力资源管理不仅仅是人力资源部的事，酒店各部门都存在着人力资源管理。人力资源部与部门人力资源在职能上有很大的差别。直线管理部门与人力资源管理部门的工作比较如表 1-1 所示。

表 1-1　直线管理部门与人力资源管理部门工作比较

职　能	一线管理部门的工作	人力资源管理部门的工作
工作分析	● 为分析人员提供帮助； ● 协助工作分析调查	● 工作分析的组织协调； ● 根据部门主管提供的信息写出工作说明
人力资源规划	了解企业整体战略和计划，并在此基础上提出本部门的人力资源计划	● 汇总并协调各部门的人力资源计划； ● 制订企业的人力资源总体计划
招聘与配置	● 说明工作对人员的要求，为人力资源部门的选聘测试提供依据； ● 面试应聘人员并做出录用决策	● 开展招聘活动，进行初步筛选并将合格的候选人推荐给部门主管； ● 甄选过程的组织协调工作； ● 甄选技术的开发
培训与开发	● 根据酒店及工作要求安排员工，对新员工进行指导和培训； ● 为新业务的开展评估、推荐管理人员进行领导和授权，建立高效的工作团队	● 准备培训材料和定向文件； ● 根据酒店既定的未来需要和管理人员的发展计划，向总经理提出建议； ● 在规定和实际运作酒店质量，改进计划以及团队建设方面充当信息源
绩效管理	● 运用酒店的评估表格对员工进行绩效考核； ● 绩效考核面谈	● 开发绩效考核工具； ● 组织考核，汇总处理考核结果； ● 保存考核记录

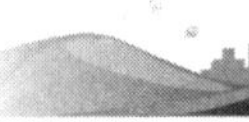

续表

职　能	一线管理部门的工作	人力资源管理部门的工作
薪酬福利	● 向人力资源部门提供各项工作性质及相对价值方面的信息，作为薪酬决策的基础； ● 决定给下属奖励的方式和数量； ● 决定酒店要提供给员工的福利和服务	● 实施工作评估程序，决定每项工作在酒店的相对价值； ● 开展薪资调查，了解同样或近似的职位在其他酒店的工资水平； ● 在奖金和工资计划方面向一线经理提出建议； ● 开发福利、服务项目，并与一线经理协商
员工关系	● 营造相互尊重、相互信任人的氛围，维持健康的劳动关系； ● 坚持贯彻劳动合同的各项条款； ● 确保酒店的员工申诉程序按劳动合同和有关法规执行； ● 和人力资源部门一起参与劳资谈判； ● 保持员工与经理之间的沟通渠道畅通，使员工能通过多种渠道发表建议和不满	● 分析导致员工不满的深层原因； ● 对一线经理进行培训，帮助他们了解和理解劳动合同条款及法规方面易犯的错误； ● 在如何处理员工投诉方面向一线经理提出建议，帮助有关各方就投诉问题达成最终协议； ● 向一线经理介绍沟通技巧，促进上行及下行沟通
保险与安全	● 确保职工在纪律、解雇、职业安全等方面受到公平对待； ● 持续不断地指导员工养成并坚持安全工作习惯； ● 发生事故时，迅速、准确地提供报告	● 开发确保员工能受到公平对待的程序，并对一线经理进行培训； ● 分析工作，制定安全操作规程； ● 发生事故时，迅速实施调查，分析原因，就事故预防提出意见，并向相关部门提交必要的报表

(二)人力资源管理理念在酒店各部门中的应用

在激烈的竞争中，酒店要吸引和留住优秀员工，提高员工的满意和忠诚，就必须要树立为员工服务的思想，将“员工第一”的理念贯彻到酒店各部门的人力资源管理中。

酒店应如何将“员工第一”的思想贯彻到各部门的人力资源管理工作之中呢？可以从以下几方面入手。

1. 员工的招聘和录用

大量研究表明，如果在招聘工作中让求职者充分了解所应聘工作的内容、自己在酒店将来可能的发展情况及可能面临的困难，将会有助于酒店选择到更优秀的员工，也有助于坚定员工在酒店长期工作和奋斗的信心，增强企业的凝聚力。因此，酒店应在员工招聘中向求职者全面客观地介绍酒店的情况，员工工作的内容和要求，酒店所能为员工提供的培训、晋升、薪酬、福利等，让求职者有充足的信息来决定自己是否愿意在酒店工作。

2. 重视员工的职业生涯规划，满足员工个人发展需要

酒店应从员工一入店开始就知道其确定自身的职业目标，帮助其设计个人的成长计划，

并提供适当的发展机会。这样可以减少员工的流失，提高员工的积极性。酒店可以采用以下几种方法。

1) 重视员工培训

在酒店迅猛发展的今天，酒店管理者应认识到酒店成功诸因素中的第一要素。酒店管理者应本着“员工第一”的原则，重视员工的培训工作，为他们提供各种充电的机会。以北京某酒店为例，酒店管理人员把“员工第一”作为根本大事来抓，在内部建立培训档案，根据人的发展不断进行跟踪培训，缺什么就补充什么，工作中需要什么技能就展开什么样的技能培训，使员工的知识、技能得以更新充实。正因为如此，员工们都表示不愿离开该酒店，因为自己在这里能不断学到新的知识，并不断丰富自己、提高自己。

酒店应针对员工的特点提供一系列的培训指导。除了课堂培训外，还可以采用研讨会、临时代理主管负责等参与式、启发式培训方式。员工培训应是全方位的，除了各种岗位技能培训，还应有心理学、管理学、营销学等方面的素质培训。

2) 建立店内招聘系统

酒店应采取公开方式，如布告牌、组织出版物等，向全体员工提供空缺职位的信息，使符合要求的员工有机会参与应征。同时，在酒店职位发生空缺时，首先应在酒店内进行公开招聘补充。店内无法补充时，再从店外进行补充。马里奥特集团便一直采用内部晋升法，其管理层中有半数以上都是通过内部选拔得到提升的。

3) 定期的工作变动

酒店员工，特别是服务一线的员工，通常工作比较单一。员工长期从事重复的工作，容易产生厌烦情绪，服务质量也会降低。酒店可以通过工作轮换、安排临时任务等途径变动员工的工作，给员工提供各种各样的工作经验，使他们熟悉多样化的工作。通过员工交叉培训、工作轮换，既可以在一定程度上避免员工对单调岗位工作的厌烦，提高工作积极性，又能根据各部门淡旺季的不同调剂人员的配置，节约酒店人力成本。因此通过轮岗，使员工不仅掌握多种岗位的服务技能，同时还熟悉其他岗位的服务程序，有助于提高各部门之间工作的协调。

4) 为员工提供自己评估的工具

员工必须要充分认识自己、了解自己，从而才能确定可行的职业目标。酒店应为员工进行自我评估提供帮助，通过测评软件、记事的工作反馈等方式让员工正确评估自己。比如，某大酒店就采用了一套“人才基本素质测评软件”，该软件可以对每一位申请职业生涯设计的人员进行测试。通过测试，测试者能了解到自己最大的潜能和最适合从事的职位，从而能很快确定自己的发展方向，并在实践中最大限度地发挥自己的潜能。

5) 提供多种晋升途径

酒店中，服务一线的员工往往发展途径只有一条，便是提升到管理岗位。不少优秀的服务人员经过培训和锻炼后走上了管理岗位，并且完全能够胜任工作。然而，也有不少优秀的服务人员却无法做好管理工作，或者不喜欢从事管理工作，而一线服务工作却失去了一批骨干。对此，酒店可为前台服务人员和后台服务人员制定两类不同的晋升制度，并为

每个职位设立几个不同的等级。优秀的服务人员可晋升职位级别，增加工资，却不必脱离服务第一线。不同等级的服务人员需承担不同的职责，如高级服务人员不仅须完成自己的服务工作，还需要培训新服务人员。这样，既可以实现酒店对优秀员工的有效使用，又可以使酒店达到合理用人的目的。

3. 加强与员工沟通，促使员工参与管理

酒店的成功离不开员工创造性、积极性的发挥。酒店应为员工营造一种和谐的大家庭氛围，使员工充分发表意见，积极参与管理。作为服务一线的员工，他们比管理者更了解顾客的需求，更能发现工作中存在的问题。管理者必须加强与员工的双向沟通，才能做出正确的决策。管理者可以采用总经理意见箱、总经理接待日、与总经理共进午餐等方式来加强与员工的沟通。此外，管理者不仅应加强与企业现有员工的沟通，而且也要重视与“跳槽”员工的沟通，应深入了解员工“跳槽”的原因，采取相应的措施，更好地解决酒店经营管理中存在的问题。酒店还应营造一种学习型的酒店文化，促使员工之间相互沟通、相互学习。

国外酒店普遍推行“咖啡小聚”的方式，把咖啡厅当作员工交流的场所，员工可以在此展开各种讨论，分享工作经验，相互学习。酒店让员工参与管理，可以进一步发挥员工的主观能动性，增强员工的工作责任感，使员工更清楚地了解管理人员的要求与期望，更愿意和管理人员合作，做好服务工作。酒店除了鼓励员工参与管理之外，还可以进一步采用授权方式，把一部分决策权下放给员工，让员工根据具体情况对顾客的问题做出迅速的反应。管理人员的工作主要是督导、提供帮助与赞扬员工，这样可以极大地激发员工的积极性。

4. 关心员工的生活

相对于其他行业来说，酒店员工一般工作压力较大，可自由支配的时间较少。管理者应从生活层面多关心员工，为员工提供各种方便，解除员工的后顾之忧。首先，管理者应高度重视员工宿舍、员工餐厅的建设，为员工提供各种文体活动场所，丰富员工的业余生活，真正为员工营造一个“家外之家”。其次，管理人员还应对员工进行感情投入，在节日、员工生日的时候送上礼物和祝福，为有家庭后顾之忧的员工提供托儿与家庭关照服务。如果员工家里有什么困难，应尽力提供支持与帮助。另外，酒店还可以考虑一部分员工的特殊要求，为员工提供弹性工作时间、工作分担等方式，以方便员工。

案例 1-2

洲际集团本土化的管理模式

洲际集团的管理模式随着市场的变化在不断完善它的本土化过程。进入中国市场之后，洲际根据中国的国情和民族特色进行合理的调整。这也是委托管理的酒店成功的因素之一。洲际在与华侨城的合作中，更加注重于管理模式的创新。比如酒店通过“人员本土化战略”，

培养了一批本土管理人才，这些人员中有相当一部分来自华侨城集团，他们一方面在实践中掌握管理技术，另一方面也使外方的管理更符合中国的民风、习俗和价值观念。通过学习、融合、沟通，华侨城在吸取洲际管理经验的基础上，融进了中国的文化，融入了华侨城的管理理念。在这种具有创造性的模式中既有国际酒店管理公司严格规范的运作流程和市场体系，又不失东方管理的人文情怀、含蓄与奔放、亲和与严谨，就如威尼斯文化中的东方韵味那样结合得恰到好处，使威尼斯酒店赢得了不同文化背景客人的喜爱。

评估练习

1. 酒店人力资源部的功能和基本任务是什么？
2. 各个部门如何才能正确运用酒店人力资源管理基本理念？

第三节　酒店人力资源管理的原理

教学目标

- 掌握如何创建酒店人力资源体系。
- 理解现代酒店人力资源管理原理。
- 掌握酒店人力资源管理与酒店利润的关系。

一、现代酒店人力资源管理体系的创建

酒店建立一套完善的人力资源管理体系，是实现人力资源管理的根本。酒店管理的好坏不是以其拥有资源的数量或规模来评价的，而是以其对现有资源的利用效率来衡量的，人力资源管理也是如此。所以，人力资源管理的好坏，更多体现在能否合理利用酒店人力。而要达到这个目标，必须先有规范，我们无法想象一个很多员工迟到早退的酒店能实现人力资源的深层次管理。所以，一些基础制度的制定工作必须先做好。

人力资源管理引入的时间较短，大部分酒店人力资源经理或总监还立足于解决具体人事问题，做些基础层次的工作。酒店在初创阶段，或在小规模阶段，也许这些基础工作就能满足酒店发展的需要。但是，如果酒店已有一定规模，人力资源管理者则必须考虑将其工作深入到另外几个层次中。

(一)搭建起一个组织管理的平台

在基础工作做好之后，人力资源管理的着眼点应放在优化人员配备与组合。此处所说的人员配置，不仅是招聘，更多的是组织规划，比如业务部门应设置什么职位、由什么人担当、要达到怎样的效果。这些工作要求人力资源经理要对业务有相当的了解，酒店管理者也必须认同人力优化和开发的重要性并参与其中。在这个平台的建设过程中，人力资源管理者要参与酒店决策，发挥对组织建设、业务流程建设的提升作用。这一步骤中需要的

工作有以下方面。

(1) 组织结构的构建。包括酒店治理结构、酒店组织架构、部门功能定位及职责划分、管理权限表等。这一部分的工作必须由公司负责人参与并最终决定。部门的设立要符合酒店的实际需要，酒店所有的工作必须完整地分解到各部门，并且各部门的职责不可相交，以避免工作中出现扯皮现象。

(2) 职位体系的建立。包括职位分析、职位评估、职位说明书的编写。职位分析产生职位描述和职位资格要求，此两者合称为职位说明书。职位说明书在人力资源管理中的作用非常大：它不仅清楚地表明了一个职位的要求，而且是招聘、培训工作的依据和考核基础。所以说，职位说明书的编写是人力资源管理工作的基础。一个完整的职位说明书主要包括职位定义、主要权责、上下级关系、资格要求(包括学历、技能、经验等)这几项。

(二)建立起人力资源开发体系

人力资源管理需要有基础、有组织、有系统，因而必须搭建起行政与组织平台。但以上工作只能达到“保和平”的目的，如果想“建家园”，还必须建立起一套人力资源开发体系。正如我们前面所提到的，人力资源必须开发出来，才能够创建价值。酒店现有人力资源往往可分为三大部分：未发育的人力资源(智力水平、知识技能未能达到要求的人群)、未利用的人力资源(学非所用、用非所长的人)、已开发的人力资源(正在发挥作用的人)。一个合格的人力资源管理者要能明确分析酒店人力资源的层次，要有全面资源管理的思想，对业务流程非常清晰，才能明白棘手的问题可能出现在哪个环节，再去有重点地建立起人力资源开发体系，并通过这一体系将酒店政策、管理、培训教育等内容传递给酒店管理者与员工。人力资源开发体系主要包括以下部分。

(1) 培训开发体系。识别人才，因材施教，有针对性地建立“人才库”，为酒店的持续发展提供足够的有技能、有热情、有基础、可信任的人才。

培训开发体系包括培训管理流程、培训制度(这部分内容可以做得非常详尽。按员工加入酒店的时间顺序，可以制定新员工入职培训、礼仪培训、工作技能培训、轮岗培训等；按各岗位对员工要求的不同，可以制订针对每一职位的培训计划)、管理人员培养制度、员工职业发展计划等。此处需要强调的是，我们需要培训的、可以培养的，并不只是员工的技能，还包括员工的好品格。好品格是一个无论在任何场合都按最高要求的行为标准做正确事情的内在动机，好品格只能源于人的内心深处。优秀的人力资源培训计划，应当将培养员工的诚实、尽责、主动、耐心、毅力、创意等纳入其中，并在奖惩中进行正面的强化。

(2) 绩效管理体系。绩效管理应该说是人力资源管理中最难的一项工作，难在考核指标的细化与量化，难在其实施面之广，难在直接牵扯的利益问题太过敏感。但绩效管理又是优秀酒店必须做的一项工作，因为酒店需要明确地“奖勤罚懒”。不鼓励努力工作的员工或是不惩罚偷工减料的员工，都会滋长酒店的不良风气。

绩效管理体系主要包括绩效管理制度、绩效管理流程、述职管理制度(绩效面谈)、部门及个人绩效考核实施管理办法等几项内容。

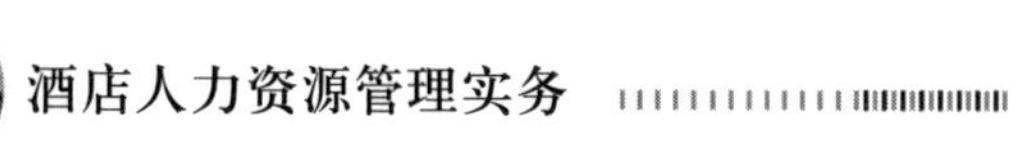

述职(绩效面谈)是近几年来我们才接触的一个新概念，每一岗位的工作人员，必须定期(可以每年或每半年一次)向自己的直接主管完整地汇报自己在上一阶段中的工作情况。这并不等同于简单的年终总结。述职主要针对自己的岗位职责和工作计划，完成情况非常明确；述职是面对面的交流，主管可以清楚地了解员工对工作的认识、努力程度和工作中遇到的问题，指出需要改进的地方。且不管考核结果如何，把年终考核转变为一次沟通，恐怕是许多管理者可以做到的，也是员工们所期待的。

(3) 薪酬激励体系。包括薪酬及福利管理制度、奖金评定制度、绩效考核与薪酬激励体系挂钩方案、关键人才激励方法、工作建议激励方案(合理化建议制度)等。

酒店的大问题都是由小问题构成的，而酒店的细节问题，每个岗位的员工都会在工作过程中最先发现，并且他们往往也能设计出最好的解决方案。所以，工作建议激励方案非常重要，它不仅可以使酒店工作流程趋于完美，还可以提高员工的责任感和工作热情，并加强了纵向沟通，减少牢骚。

(4) 引入和开发人力资源管理信息系统。基于互联网平台的现代酒店人力资源管理系统包括招聘管理、档案管理、薪资管理、培训管理、合同管理、绩效管理、职业规划，它可以协助规范人力资源管理部门的工作效率，还可以协助规范人力资源管理部门的业务流程，并为酒店和员工提供增值服务。

二、现代酒店人力资源管理的基本原理

为吸引人才、留住人才，并最大限度地调动和发挥人才的能动性，管理人员在酒店人力资源管理工作中，应该掌握和运用的基本原理包括：投资增值原理、互补合力原理、激励强化原理、个体差异原理、能级层次原理和动态适应原理等。

(一)投资增值原理

投资增值原理是指对人力资源的投资可以使人力资源增值，而人力资源增值是指人力资源品位的提高和人力资源存量的增大。酒店劳动者劳动能力的提高主要靠教育培训投资。

(二)互补合力原理

人各有所长也各有所短，以己之长补他人之短，从而使每个人的长处得到充分发挥，避免短处对工作的影响，这就叫作互补。互补合力原理是指互补产生的合力比单个人的能力简单相加而形成的合力要大得多。个体间互补主要包括特殊能力互补、能级互补、年龄互补、气质互补等。

(三)激励强化原理

激励的过程实质上就是激发、调动人的积极性的过程。激励强化指的是通过对员工物质的或精神的需求欲望给予满足的承诺，来强化其为了获得满足就必须努力工作的心理动机，从而达到充分发挥其积极性使其努力工作的效果。

(四)个体差异原理

个体差异原理是指人力资源是由不同劳动者的劳动能力组成的，而个体劳动者的劳动能力由于受身体条件、受教育程度、实践经验等因素的影响而各自不同，形成个体差异。个体能力差异有两方面：一是能力性质、特点的差异，二是能力水平的差异。

(五)能级层次原理

能级层次原理指的是具有不同能力层次的人，应安排在要求相应能级层次的职位上，并赋予该职位应有的权利和责任，使个人能力水平与岗位要求相适应。实现能级对应要做到三点：第一是组织中所有的职位，都要根据业务工作的复杂度、难易程度、责任轻重及权利大小等因素，统一划分出职位的能级层次；第二是不同的能级应该有明确的责、权、利；第三是个人所对应的能级不是固定不变的，人的能力水平会不断提高，能级层次会不断上升。

(六)动态适应原理

动态适应原理指的是酒店人力资源的供给与需求不是一成不变的，随着情况的变化，要通过不断的调整才能求得相互适应。

三、企业利润与人力资源管理

(一)人力资源管理价值链

人力资源管理价值链如图 1-2 所示。

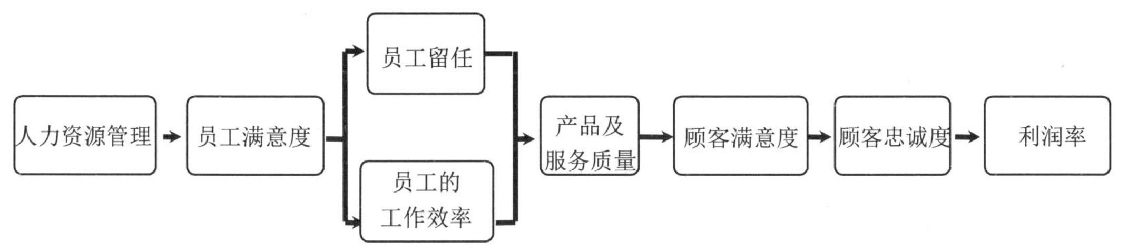

图 1-2　人力资源管理价值链

从图 1-2 中可以看出，有效的人力资源管理可以提高员工的满意度，从而能够稳定员工队伍，提高员工的工作积极性。员工的努力会通过服务程序转化为服务产品，体现为酒店服务质量的提高。如此，就赢得了客户满意，树立了客户的忠诚度，客户成了酒店持续的“投资者”，企业的利润也就由此产生。

(二)员工的节能与创收

倡导绿色酒店、节能降耗是未来酒店的发展趋势，这实际上就是在向管理要效益，降低生产成本，提高利润率。员工还应当增强自己的营销意识，开展合理而科学的“全员营销”，为企业的营业收入贡献自己的一分力量。节能与创收两个方面，都需要员工的配合与努力，这是利用管理手段提高企业利润的重要一环。

课外资料 1-2

希尔顿酒店集团的七条金科玉律

1. 酒店联号的任何一个分店必须要有自己的特点，以适应不同国家、不同城市的需要。
2. 预测要准确。
3. 大量采购。
4. 挖金子。把酒店的每一寸土地都变成盈利空间。
5. 为保证酒店的服务质量标准，并不断地提高服务质量，要特别注意培养人才。
6. 加强推销，重视市场调研，应特别重视公共关系，利用整个系统的优势，搞好广告促销。
7. 酒店之间互相帮助预订客房。

(资料来源：康拉德·希尔顿自传. 欢迎惠顾)

评估练习

1. 如何才能创建科学的酒店人力资源管理体系？
2. 在酒店人力资源管理实务中，酒店人力资源管理的原理如何体现？
3. 压低工资就可以为酒店赢得利润吗？

第四节　酒店人力资源管理面临的挑战

教学目标

- 了解目前酒店人力资源存在的问题。
- 理解应对酒店人力资源管理问题的措施。

一、酒店业人力资源存在的问题

旅游业作为一个重要的产业，对国民经济的支撑和带动作用日益显现。作为旅游业中不可缺少的一部分——旅游酒店业的发展正跨入历史上最好的发展阶段，出现了前所未有的繁荣，其人力资源状况也越来越引起人们的关注。

(一)管理人员学历偏低，整体素质不尽如人意

目前酒店数量的增长速度大于人才培养数量的增长速度，酒店职业经理人普遍存在“职位与能力不相称”、“管理人员断层”、高层管理者学历偏低的现象。由于种种原因，高等院

校的毕业生实际进入酒店业工作的数量很少，且严重缺乏既具有一定的酒店管理理论又具备酒店管理操作技能的应用型人才。

案例 1-3

只能有一把“尺子”

某酒店的客房部黄经理接到主管的报告，有个员工私拿工作车上的小肥皂、牙刷和浴帽。黄经理把那位服务员叫过来，经查问，情况属实。该员工检讨说因一个朋友向自己讨要这些东西，不好意思拒绝，便趁客房服务员打扫房间时，偷偷藏了一些在口袋中，想不到被人看见并告诉了主管。

由于那位员工以前一直表现尚可，从未犯过错误，黄经理决定对他扣 50 元奖金并警告一次，还在内部公布这一处分结果。对此，全店上下均认为合情合理，连受处罚的员工本人也口服心服。客房部运用这一反面例子在全体员工中进行了一次教育。

半个月后，客房部主管又来报告黄经理，说 10 楼姓侯的领班在检查房间时，当着一位服务员的面拿了两小瓶洗发露。因为客房部原有的洗发露存货已全部用完，这次进的货是一种新产品，质量相当不错，小侯说她想使用一次，如果效果好，也给家里人买一些。黄经理接到这一报告后有点不相信，因为一是刚在部里处理了类似事件；二是小侯进酒店的时间更长，表现始终比较突出。于是，他约小侯下午 4 时在他办公室谈话。这几天黄经理由于家逢喜事，心情舒畅，经常春风满面。4 时整，小侯来到黄经理的办公室，心里七上八下，责怪自己贪小便宜，一时糊涂，还不知道要受什么处分呢！

“小侯，请坐下。别把脸拉得这么长，不就是两小瓶洗发露吗！人孰能无过？认识了就好，下次不要再犯了，听见了吗？”黄经理的话格外亲切。小侯没想到事情这么容易便解决了，他向黄经理保证此后再也不私拿酒店任何一件东西。第二天，客房部员工纷纷议论开来，认为黄经理偏袒小侯，厚此薄彼、执法不公。

(资料来源：王珑，徐文苑. 酒店人力资源管理. 广州：广东经济出版社，2007)

思考与练习

1. 黄经理对小侯私拿酒店物品的处理是否妥当？
2. 为何其他员工会不满？如果你是黄经理，你该如何处理这一事件？

(二)缺乏中高级管理人员和专业技术人员

目前酒店行业最大的困难是难以找到合适的管理人才。中高层的管理人才以“经验型”、“转行型”或“半路出家型”为主，高素质的复合型、创新型管理人才非常缺乏。酒店业又是一个对外交流非常广泛的行业，对从业人员的外语水平要求比较高，但现在既懂业务又懂外语的管理人员和技术人员十分稀缺。

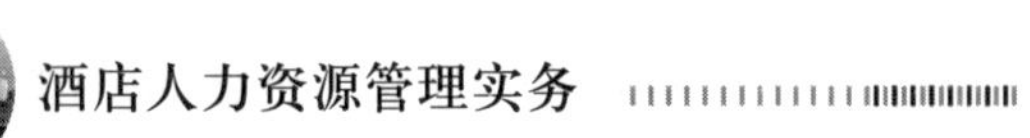

(三)重视组织发展，轻视个人发展

要使员工保持最佳的工作状态，酒店就必须形成一种真正的“以人为本”的文化环境。我国的酒店业对员工的关心程度不够，对客人的活动环境十分重视，对员工的服务却比较马虎。尤其是一线员工，工作压力较大，预期的工作环境和薪金待遇与现实有很大差别。加上酒店活动空间小、工作方式单调，容易引起员工抱怨，诱发职业倦怠。

(四)重视人才引进，轻视人才培养

员工的流动是一把“双刃剑”，既有好的一面，可以使企业不断补充新鲜血液，注入新的思想和理念；也有不利的一面，企业要为员工流失付出代价。目前不少酒店企业的“拿来主义”做法，注重引进、轻视培养，加剧了人才的流动。

因此，从我国酒店存在的问题来看，人力资源是制约酒店管理与服务质量进一步提高、赶超世界先进水平的“瓶颈”之一。

未来酒店行业对管理人员的基本要求

1. 充满朝气，具备开拓进取精神和创造性思维。
2. 富于人格魅力。
3. 讲究领导艺术。
4. 具备交际才能。
5. 有较强的专业知识与技能。
6. 超群的智能，善于发现并处理问题。

(资料来源：http://www.bestkj.com/，有改动)

二、酒店人力资源的应对措施

如果你是酒店管理人员，看到如下数据你还能睡好觉吗？

课内资料 1-1

跳 槽 汹 涌

据迈点旅游研究院的调查数据(2012 年 2 月)显示有 53%的酒店人已萌生了跳槽的想法，只是还未行动；30%的酒店人是已经行动，正积极准备跳槽；还有 7%的人是已经有了意向的单位，但是还在两难的抉择中，下不了决心；仅 9%的人表示不准备跳槽。

酒店人才的流失给酒店带来的损失存在于各个方面，主要包括酒店利润的下滑甚至倒闭破产，酒店人心涣散，工作效率下降，销售急剧下降，重要客户流失等。为此，酒店人力资源部应采取不同的应对措施。

(一)试用和考察

虽然各个酒店对新进的员工基本上都有试用期，但在实际管理中真正让这个试用期发挥作用的酒店却只是少数。酒店似乎更看重招聘过程中笔试和面试对员工的考核作用，却忽略了在实际工作中如何对其工作能力、工作态度进行观察和评估。

(二)积极、适时的沟通

沟通始终是经营管理中一个非常重要的课题，在人力资源管理的领域就显得更为关键。员工的突然离职、消极怠工、抵触情绪都可能和低效的沟通有关。良好的沟通过程不仅仅是一种信息的传递过程，更是一种情绪和情感的互动过程。所以，高质量的沟通能大大降低酒店人力资源流失的概率。

(三)交叉培训

交叉培训是一种员工通过接受额外服务技巧的培训来满足不止一个工作岗位需要的培训方式，现已被越来越多的西方酒店作为保持人员素质优势、提高服务质量及竞争力的重要手段。实施交叉培训有助于酒店更加有效地控制成本，在旅游旺季业务量突增或员工生病、休假以及顾客额外需求导致酒店内部出现工作缺位时能够及时弥补。同时，还可以降低员工的跳槽率。

(四)员工的职业生涯规划

酒店应该为每一位员工设计职业发展规划，尤其是对大学生等高素质人才的职业发展要有一套明确的规划方案，使其能够看到未来发展的方向和目标。在招聘时，应当选择有潜质并热爱酒店工作的大学生，按照其性格特点和兴趣爱好，将其分配到某个部门，给予其一段时间的基层工作锻炼机会。如果达到了特定的指标并通过评审，可以提升到一定的职位。这样，通过不断的磨炼和培养，这些人员将能成长为酒店优秀的管理人才。外方的管理公司还可以提供一定的海外培训经历。这样的职业生涯发展规划一定会受到大学生的欢迎。

(五)员工参与

知识经济时代，员工对个人价值的实现和个人的成长更为重视。所以，管理者一旦确信自己把合适的人安排在合适的岗位之后，就应授予其一定的权力为员工创造参与管理的机会，满足其精神上高层次的需求。当员工与其他人合作一起解决问题时，其社会需求得到了满足；当员工认识到他们对酒店很重要时，其尊重需求得到了满足；当员工为自己的贡献而兴奋时，其自我实现需求得到了满足。酒店通过这种内部“员工参与”的激励手段，不仅可以调动员工的积极性和创造性，还可以为他们提供更多的成长机会，留住优秀人才。

(六)酒店企业文化建设

企业文化是一个企业的灵魂，良好的企业文化是企业生存和发展的源动力，是区别于竞争对手的最根本标志。应对企业文化进行深度开发，充分体现酒店的个性与特色。

案例 1-4

海景花园塑造高效团队

有人说：“海景是一块生长人才的文化沃土。”许多单位在招聘员工时，只要在海景工作 3 个月以上的，可以免试录用。人们把这种现象称之为“海景效应”。

培养什么样的人需要设计。海景要求员工第一是会做人，第二是会做事，并按照“品德高尚、意识超前、作风顽强、业务过硬”品格模式塑造人、锤炼人。每一个管理人既要接受塑造和锤炼，又有责任塑造和锤炼好自己的下属。

海景对员工实行学校式素质化培训，员工的企业文化学习和技能培训都是高强度的，几年来一直坚持不懈，不打折扣。近两年，海景以其成功的魅力吸引了一大批大学生加盟。海景的领导对他们倾注了大量心血，用高强度的企业文化学习和严格的实践锻炼，使他们中的绝大多数成为能独当一面的管理骨干。

海景的老总常对员工说：“我们不要求你们在海景干一辈子，但我希望你们人人成为人才！能为社会培养有用之才，是我们企业的荣耀。”

1997 年，一个部门经理离开海景到另一家酒店去做，并且得到了“升迁”，一年多以后，他又回到海景。几年来，有好几名高级管理人员走了又要求回来，海景以博大的胸怀接纳了他们，并予以重用。

他们为什么要“燕子归巢”？有人说出了心中的秘密：海景是一个团队，一个有凝聚力的集体，环境氛围好。你个人本事再大，离开了团队，做事也很难。

海景非常重视团队塑造，每一个员工对海景都是至关重要的。酒店为员工施展才华搭建舞台，并花费心血把他们培养成出色的具有团队精神的演员，共同唱好一台戏。

海景认为，一个群体不能没有尊重、沟通和协作。海景有一个多层次沟通网络。总经理与部门经理、总经理与员工、部门经理与下属、班组长与员工、职能部门之间都有定期沟通会制度，以增进了解，达成更多的共识。与众不同的是，他们特别擅长“理念沟通”，不是就事论事，而是从价值观、理念和行为准则上追寻共同语言。可以说，海景人统一于也凝结于共同的价值准则。

(资料来源：赵志惠. 青岛日报，2001 年 8 月 24 日第 2 版)

案例分析

酒店最重要的是人才，人才最重要的是品质。海景正是抓住了这一点，从企业文化和业务技能两个方面强化培训，造就了一批批素质过硬的“海景人”。“团队协作”、“顾客至上”等理念在青岛海景花园大酒店里被体现得淋漓尽致。海景花园大酒店正是利用“价值观”这一无形的手把大家的行动统一在了一起，实现了人力资源管理的优化。

1. 目前酒店人力资源管理的通病有哪些？

2. 针对酒店人力资源管理的通病，有哪些应对措施？你有什么创新想法？

【工学结合】

1．找一家大型涉外酒店，了解该酒店的机构设置、人员配备、在酒店中的角色等人力资源管理方面的基本情况。

2．了解该酒店人力资源计划的制订情况，包括人员招聘情况、人员培训情况、绩效和薪酬制度情况等具体的人力资源工作活动过程。

3．结合在该酒店了解的情况，运用所学知识讨论该酒店人力资源管理的特点及存在的问题，提出相关解决问题的建议。

本 章 小 结

酒店人力资源管理的工作目标：谋求人与事的结合、人与人之间的紧密配合，实现因事择人、事得其人、人适其事、人尽其才、事竞其功的目标。不断提高员工的整体素质，有效地组织员工，充分调动员工的工作积极性、创造性，最终实现酒店的整体目标。

酒店人力资源部的主要工作是人事管理和培训，通过组织、协调、控制、监督等手段，加强劳动人事管理，通过培训、教育、激励等手段最大限度地调动员工的积极性，开发人的潜能，以满足酒店对人力资源的需要。

第二章 酒店工作分析与设计

引导案例

撮火的早餐费

一天，某美国客人在内地某酒店总台登记住宿，用英语询问服务员小杨："贵店的房费是否包括早餐？"小杨的英语水平不高，没有听明白客人的意思就随口回答了"YES"。次日清晨，客人去西式自助餐厅用餐，出于细心，向服务员小贾问了同样的问题，不料小贾的英语也欠佳，慌乱中也回答了"YES"。

几天后，美国客人离店结账时，发现账单上他每顿早餐一笔不漏，客人越想越糊涂，明明总台和餐厅服务员都回答了"YES"，怎么还要支付早餐费？经再三询问，总台告诉他，酒店的早餐历来都不包括在房费中。美国客人将自己得到答复的情况告诉了总台服务员，要求兑现免费供应早餐的承诺，遭到拒绝后向酒店投诉，酒店重申了总台的回答。最后客人怒气冲冲地离店而去。

辩证性思考

1. 在工作中为什么会出现这种无法胜任工作的状况？
2. 在人力资源管理工作中，有哪些应对措施？

第一节　酒店工作分析概述

教学目标

- 掌握工作分析的含义。
- 理解酒店工作分析的目的和作用。
- 确切理解酒店工作分析的基本术语。

一、酒店工作分析的含义

工作分析(Job Analysis)是确定和报告与一项具体工作的本质相关联的有关信息的过程，它确定工作所包含的任务及工作的承担者成功地完成工作所需的技能、知识、能力和责任。换句话说，工作分析是通过观察和研究来确定与一项具体工作的本质相关联的有关信息的过程。工作分析的最终成果是对实际工作要求的书面描述。

酒店借助工作分析，必须明确：

- 工作任务是什么。
- 工作职责是什么。
- 该工作应于何时完成。
- 该工作应于何处完成。
- 员工如何完成工作任务。

- 为完成工作任务，员工应该具备何种知识、技能、能力与其他资格。

工作分析涉及两方面的工作。

一是工作本身，即工作岗位的研究。要研究每个工作岗位的目的，该岗位所承担的工作职责与工作任务，以及与其他工作岗位的关系等，如酒店门童的岗位职责。

知识拓展 2-1

酒店门童工作职责

(1) 迎送客人。

(2) 派送各类报表、通知、留言、传真、电传、特快专递、留物、信件。

(3) 分送各类报纸到有关部门和房间。

(4) 运送抵离店行李或有关物品。

(5) 指引客人到前台办理入住手续。

(6) 引领客人到房间并介绍房间设施。

(7) 完成委托代办交来的任务。

(8) 负责前厅大门外各处的卫生。

(9) 协助本部和其他部门运送有关物品。

(10) 为客人提供叫车服务。

(11) 为客人提供购买物品服务。

二是人员特征，即任职资格的研究。集中在完成工作所需的特性上，它描述工作承担者完成工作所必须具有的能力、教育和经验方面的资格。工作规范可以制作成一份独立的文件，或者更常见的情况是作为工作说明书的一部分，其内容主要包括学历、教育和经验方面的资格品质。如某酒店要求部门主管：

年龄：30 岁以下。

身高：男 172 米以上，女 162 米以上。

学历：大专或同等学力，英语 CET-4 级。

职业素质要求：

(1) 有管理控制能力、语言表达能力、协调能力和独立处理问题能力。

(2) 三年以上酒店工作经验及相关部门系统知识。

(3) 熟练英语口语会话，能熟练运用电脑。

工作分析是酒店人力资源管理的一种常态工作。酒店要根据工作目标、业务流程、组织战略和市场环境的变化对工作做出相应的动态调整，保证合适的人放在合适的位置上，实现人知其责、人尽其职的用人目标。

二、酒店工作分析的目的与作用

酒店工作分析是所有酒店人力资源职能的基础，在履行许多其他酒店人力资源职能之

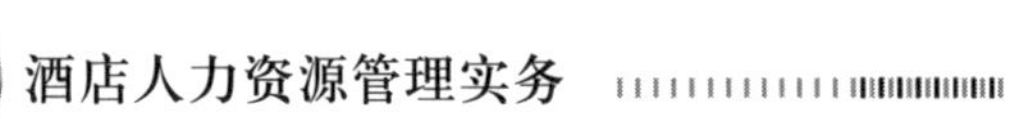

前必须进行工作分析。如果招募者不了解工作的要求，就不可能进行有效的招募。同样，对工作没有清楚认识就设计基本工资制度是不可能的。酒店工作分析是所有酒店人力资源职能的基础，特别是酒店工作分析获得的数据形成酒店各种人力资源活动的基础。

1. 工作分析是预测人员需求，制订人力资源规划的基础

工作分析有助于制订适应酒店战略目标的人力资源规划。例如，可以利用对现有工作分析的信息，预测未来工作的变化，重新设定工作，扩大工作内容，确定未来对雇员数量以及能力等的要求。此外，利用工作分析数据，还可以将某一特定工作所要求的技能与酒店现有雇员的实际技能相比较，如果雇员的实际技能不能满足现有岗位的需要，酒店就可以采取一些措施来进行调整，如酒店可以从外部招聘录用那些具备企业所需技能的人员来弥补不足；也可以有针对性地对现有雇员进行培训，提高或更新其技能；还可以对工作重新设计，使工作所需的技能更加接近酒店目前可获得的技能。

2. 工作分析为招聘录用提供了标准

明确的工作描述和工作规范为确定招聘人员的类型、工作内容、职责，以及对知识、能力、经验、个人特质等方面的要求提供了基本标准。如果有明确的工作描述，求职者就可以将申请应聘的工作与劳动市场上的同种工作进行比较，以便确定自己愿意接受的报酬水平等。否则，员工在应聘后可能对工作不满意而跳槽，从而增加酒店的招聘成本。如果用详细的工作规范，规定了所聘人员的基本要求，就可以以此为标准来选择应聘人员。

3. 工作分析的内容可以作为雇员培训和发展的目标

工作分析规定了雇员知识、能力和技能等要求。通过比较雇员在工作中实际表现出来的知识、能力、技能，可以发现两者之间有无差异。如果有差异，便可以确定雇员需要哪些方面的培训。反过来，工作分析规定的标准也可以用来评估培训是否取得了应有的成果，即是否满足了工作分析所规定的要求。从雇员职业生涯发展来看，雇员希望通过努力得到升迁，向不同的高一级职位晋升的要求是不同的，工作分析为酒店中的每一确定职位所需提出了要求，这实际上是为雇员确定了晋升的路线和标准。

4. 工作分析为员工绩效评估确立了依据

工作分析中对工作的描述为以后评估从事该工作的雇员绩效提供了标准。在进行员工绩效评估时，其标准必须与工作有关。如果评估标准与工作不相关，则容易导致不公正的评估，同时，也容易使从事该工作的雇员感觉评估结果不可信。因此，使用或参照工作分析中对工作所要求的标准对员工绩效进行评估，更容易被员工接受。

5. 工作分析有助于确定员工的报酬

在确定一个从事某一工作的员工的工资水平时，其工作的价值有多大是一个重要的因素。这种价值要根据该项工作对雇员的要求来确定，如技能、努力、职责以及工作条件和安全程度等，这些都在工作分析中作了具体的说明。因此，工作分析对工作的描述和雇员

的要求可以作为测量工作价值的参考标准。

6. 工作分析有利于劳动保护工作的开展

依据工作分析对工作环境的分析结果，可以预先发现可能发生危机的场所或设施，并针对这些潜在危险采取适当措施，消除或减少职务伤害和职业病的发生，提高安全与健康工作。

课内资料 2-1

工作分析产生的价值

工作分析的价值绝不仅仅是岗位说明书的价值，还有分析过程中对于公司目标的分解和分析、组织结构的调整和审视、岗位设置与岗位职责的重新认识与梳理等作用。

价值之一，工作在设计

可以利用工作分析过程中提供的信息，根据组织发展需要重新审视组织结构，界定工作和改进方法，并提高员工的工作参与程度，从而提高员工的积极性和责任感。

价值之二，工作岗位设置

工作岗位设置科学与否，直接影响一个酒店的人力资源管理的效率和科学性，在一个酒店中设置什么岗位，设置多少岗位，每个岗位上安排多少人，安排什么样的人员，这些问题的解决都直接有赖于工作分析的科学结果。一般来说，工作岗位的设置主要考虑以下原则。

(1) 因事设岗原则。设置岗位既要着重于酒店现实，又要着眼于酒店发展。按照酒店各部门职责范围划定岗位，而不应因人设岗，岗位和人应是设置和配置的关系，而不应颠倒。

(2) 规范化原则。包括规范名称和职责范围等，对酒店脑力劳动者的岗位不宜限制过细，应强调创新。

(3) 整、分、合原则。在组织整体规划下，应实现岗位的明确分工，在分工基础上进行有效综合，使岗位职责既明确又能同步协调，以发挥最大的组织效益。

(4) 最少岗位原则。可以最大限度地节约人力成本，又尽可能缩短岗位之间信息的传递时间，减少“滤波”效应，提高组织的运作效率。

(5) 人事相宜的原则。根据岗位对人的素质要求，选聘相应工作人员，并安置到合适的工作岗位上。

价值之三，岗位说明书

岗位说明书的编写是在岗位信息的收集、比较、分类的基础上进行的，是工作分析的最后环节，也是工作分析的成果。岗位说明书是岗位性质类型、工作环境、资格能力、责任权利、责任权限及工作标准的综合描述，用以表达岗位在单位内部的地位、工作关系以及对工作人员的要求。它体现了以事为中心的岗位管理，是考核、培训、录用及指导员工的基本文件，也是岗位评价的重要依据。

价值之四，通过岗位评价确定岗位等级

通过工作分析，提炼评价工作岗位的要素指标，通过岗位评价确定工作岗位的相对价值，根据岗位价值或任职能力制定薪酬制度及确定培训内容等。

三、酒店工作分析的基本术语

在工作分析中，常常会用到一些术语，但这些术语的含义经常被人们混淆。因此，理解并掌握它们的含义对科学、有效地进行工作分析十分必要。

1. 工作要素

工作要素是指工作中不能继续分解的最小动作单位。例如，酒店行李员帮助客人运送行李，这项工作包含将行李搬运到行李推车上、推行李推车、打开客房的行李架、将行李搬运到行李架上四个要素。

2. 任务

任务是指工作中为了达到某种目的而进行的一系列活动。任务可以由一个或多个工作要素组成。例如，为了了解客人对酒店客房的环境、卫生、价格等满意度，客房服务员向每一间客房发放宾客满意度调查表；又如，前面所提的行李员搬运行李这一任务包含四个工作要素。

3. 职责

职责是指任职者为实现一定的组织职能或完成工作使命而进行的一个或一系列任务。例如，一个餐厅服务员的职责，包括向顾客介绍菜谱，开发票，把饮料、食物端给顾客等。酒店的营销经理进行新产品推广时，需要完成包括制订新产品推广策略、组织新产品推广活动和培训新产品推广人员等。

4. 职位

职位也叫岗位，担负一项或多项职责的一个任职者所对应的位置就是一个职位。一般来说，有多少职位就有多少个任职者。特别指出，职位是因“事”而定，不是因“人”而定。

5. 职务

职务是由组织上主要责任相似的一组职位组成的，也称工作。在规模不同的酒店中，根据不同的工作性质，一种职务可以有一个职位，也可以有多个职位。

6. 职业

职业是一个更为广泛的概念，它是指在不同的组织中从事相似活动的一系列职务。职业的概念有着较大的时间跨度，处在不同时期，从事相似工作活动的人都可以被认为具有同样的职业。

评估练习

1. 酒店工作分析的作用是什么？在酒店人力资源管理实践中要注意什么？
2. 酒店工作分析的基本术语在日常管理中有哪些应用？

第二节　酒店工作分析的流程

教学目标

- 掌握酒店工作分析的实施流程。
- 掌握工作说明书的基本内容。
- 明确工作说明书与招聘和培训的关系。

一、酒店工作分析的实施流程

职务分析的流程可分为职务分析准备工作阶段、信息搜集阶段、信息分析整理阶段和形成分析报告阶段共四个阶段，各阶段关系紧密，相互制约。

(一)职务分析准备工作阶段

(1) 明确职务分析的目的，这样才能确定工作分析信息调查的范围、项目和信息收集的内容等方面的问题。

(2) 选择职务分析人员。在职务分析的过程中涉及大量的工作信息和工作量，为使职务分析顺利进行，需要选择职务分析的工作人员，同时对具备一定条件的工作人员进行相关工作培训。成立包括职务分析专家、岗位在职人员和上级主管的工作分析小组。

(3) 选择职务分析的方法和工具，有助于将职务分析所需要的信息进行预先组织和整理。

(4) 与组织中的相关成员进行沟通，向组织成员传达工作分析的目的、意义、作用等相关信息，以获得组织成员的支持。

(二)职务分析信息搜集阶段

在职务分析过程中，需要明确向哪些人搜集职务分析所需的信息；搜集职务分析所需的信息后，要确认信息的准确性和可靠性，并整理成需要的文件样式。具体包括如下工作。

(1) 编制各种调查问卷和调查提纲，设计调查表格。

(2) 到工作场所进行实地观察，观察工作流程，记录关键事件，调查工作必需的设备和工具，考察工作的物理环境和社会环境。综合运用各种调查方法。

(3) 对主管人员和在岗人员进行广泛的问卷调查，并与主管人员就典型员工进行面谈，搜集有关工作的特征以及需要的各种信息，征求改进意见，注意做好面谈记录以及面谈的方式方法。

(三)职务分析信息分析整理阶段

对所搜集的信息进行总结、归纳、分析和整理，形成按分析目的产生的职务分析结果。

具体工作如下。

(1) 整理、汇总、归类、审核所获得的各种信息，对失真、无效的信息进行甄别。

(2) 寻找并发现工作的本质规律，总结工作承担者应该具备的特征，为工作描述、职务规范提供最基本的信息资料。

(3) 对工作特征、工作人员特征的重要性做出权重量化评定。如酒店在大量调研数据基础上，评价出特征要素和特征要素的权数；又如年龄占 14%、相貌占 18%、态度占 28%、学历占 40%等。

(四)职务分析形成分析报告阶段

这是职务分析的最后阶段，前三个阶段的工作都是为此阶段服务的，此阶段的任务就是根据工作分析规范和信息编制工作说明书，具体如下。

(1) 根据工作分析规范和经过分析处理过的信息草拟工作说明书，主要包括工作描述和职务规范。

(2) 将草拟的工作说明书与实际工作对比。

(3) 根据对比结果决定是否需要进行再次调研。

(4) 修正工作说明书。

(5) 形成最终的工作说明书。

(6) 将新工作说明书应用到实际工作中，并注意搜集应用过程中的反馈信息，不断完善工作说明书。

(7) 对工作分析本身进行总结评估，注意将工作说明书保存，为后续工作分析提供经验和数据信息支持。

二、工作说明书的编制

工作说明书也称职务说明书，它借助文件的形式将工作分析的结果全面、详细地表达出来。其基本内容包括工作描述和职务规范两部分，其中工作描述是具体描述任职者实际要做什么、如何做以及在什么条件下做的一种书面文件；职务规范是具体说明要做好这项工作，任职者必须具备什么样的知识、技能、能力、经验以及其他特征的一种书面文件，是人力资源规划、员工招聘、培育和开发的依据。

案例 2-1

干洗还是湿洗

江苏某市一家酒店住着某台湾公司的一批长住客。一天，一位台湾客人一件名贵西装弄脏了，需要清洗，当见到服务员小江进房送开水时，便招呼她说：“小姐，我要洗这件西装，请帮我填一张洗衣单。”小江考虑客人可能累了，就爽快地答应了。随即按她领会客人的意思帮助客人在洗衣单湿洗一栏中填上，然后将西装和单子送到洗衣房。接手的洗

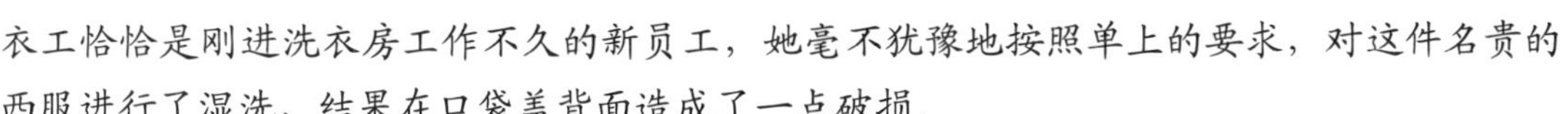

衣工恰恰是刚进洗衣房工作不久的新员工，她毫不犹豫地按照单上的要求，对这件名贵的西服进行了湿洗，结果在口袋盖背面造成了一点破损。

台湾客人发现西装有破损，十分恼火，责备小江说："这件西服价值 4 万日元，理应干洗，为何湿洗？"小江连忙解释说："先生，对不起，不过我是照您交代的填写湿洗的，没想到会……"客人更加气愤，打断她的话："我明明告诉你要干洗，怎么硬说我要湿洗呢？"小江感到很委屈："先生，实在抱歉，可我确实……"客人气愤至极，抢过话头，大声嚷道："真不讲理，我要向你的上司投诉！"

客房部曹经理接到台湾客人的投诉——要求赔偿西装价格的一半(2 万日元)，吃了一惊，立刻找小江了解事情的原委，但究竟是交代干洗还是湿洗，双方各执一词，无法查证。曹经理十分为难，便向主持酒店工作的副总经理汇报，副总经理感到十分棘手，便召集酒店领导作了反复研究。考虑到这家台湾公司在酒店有一批长住客，尽管客人索取的赔偿大大超过酒店规定的赔偿标准，但为了平息风波，稳住这批长住客，最后还是同意了客人的过分要求，赔偿 2 万日元，并留下了这套西装。

案例分析

本案例中将名贵西装干洗错作湿洗处理引起的赔偿纠纷，虽然起因于客房服务员代填洗衣单，造成责任纠缠不清，但主要责任仍在宾馆方面。

客房服务员不应该接受替客人代写的要求，而应委婉地加以拒绝。在为客人服务的过程中严格执行酒店的规章制度和服务程序，这是对客人真正的负责。

即使代客填写了洗衣单，也应该请客人过目后予以确认，并亲自签名，以作依据。

洗衣房也有责任，首先是洗衣单上没有客人签名不该贸然下水；其次，洗衣工对名贵西服要湿洗的不正常情况若能敏锐发现，重新向客人了解核实，则可避免差错，这就要求洗衣工熟悉洗衣业务，作风细致严谨。

(一)工作描述

工作描述是对工作内容本身进行的书面说明，主要解决的是职务操作者做什么、怎么做和为什么做等问题。工作描述有利于人力资源的招聘、考核、培训等职能工作。工作描述主要包括以下四个要素。

1. 基本资料

基本资料包括职务名称、直接上级职位、所属部门、所辖人员、定员人数、工作性质等内容。

2. 工作内容

(1) 工作概要：即用简练的语言说明工作的性质、中心任务和责任。

(2) 工作活动内容：包括工作活动基本内容、各活动内容占工作时间的百分比、权限和执行依据等。

(3) 工作职责：逐项列出任职者的工作职责。

(4) 工作结果：即说明任职者执行工作应该产生的结果，以定量化为好。

(5) 工作关系：包括工作受谁领导、工作中的下属、职位的晋升与转换关系、常与哪些职位发生联系等。

(6) 工作人员运用的设备和信息说明：主要包括所使用的设备名称和信息资料的形式。

知识拓展 2-2

上什岗位工作职责

一、从水台处领取吊汤所用的原材料，负责上汤和掌握蒸、煲、炖、扣的操作，开餐前准备好各个炉头所需的上汤和二汤。

二、负责浸发高级干货(鲍鱼、海参、鱼翅、鱼肚、干贝等)。

三、从打荷厨师处接受客人的点菜单，烹饪各种食品。

四、每天向厨师长汇报当日炖品，扣品等扣剩余量。

五、负责打扫本部位区域卫生，下班后关好本部门所有的水、电、气、油等开关。

3. 工作环境

工作环境是指在室内、室外还是在其他特殊场所。

(1) 工作环境的危险性说明：包括危险存在的概率大小；对人员可能造成伤害的程度；具体部位；已发生的记录；危险造成的原因等。

(2) 职业病：即从事本工作可能患上的职业病的性质说明及其轻重程度的描述。

(3) 工作环境的舒适程度：包括是否在恶劣的环境下工作；工作环境给人带来的愉快感程度。

(4) 工作场所的物理条件：包括工作环境的温度、湿度、采光、照明、通风等设施条件。

(5) 社会环境：包括工作团队的情况、同事的特征及相互关系、各部门之间的关系等。

4. 聘用条件

聘用条件主要包括工作报酬、工作时间，该工作在本组织中的地位以及所享受的待遇等。

(二)职务规范

职务规范又称工作规范或任职资格，是指任职者要胜任该工作必须具备的资格与条件。通常包括以下五个要素。

(1) 知识要求：包括文化程度、能体现专业知识水平的证明。

(2) 能力要求：包括有关工作程序、操作技能和各种工作能力的要求。

(3) 心理要求：包括人格以及工作态度、工作情感、意志力等心理因素。

(4) 经验要求：包括工作经验和生活经验。

(5) 体能要求：指身体健康状况要求。

知识拓展 2-3

岗位名称：营销部经理。

直接上级：总经理、营销总监。

督导下级：公关营销部助理、文员。

联系部门：各旅游部门、大企业、酒店各部门。

岗位职责：负责酒店的公关营销工作，制订公关营销计划，组织和招徕客源，掌握市场信息，做好内部协调沟通，确保酒店取得良好的经济效益和社会效益。

工作说明：

1. 在总经理的领导下，全面负责酒店市场开发、客源组织和产品销售等方面的工作，定期组织市场调研，搜集市场信息，分析市场动向、特点和发展趋势，制定市场销售策略，确定主要目标市场、市场结构和销售方针，并在报总经理审批后组织实施。

2. 根据酒店的近期和远期目标、财务预算的要求，协调与前厅部、客房部的关系，提出销售计划编制的原则、依据，组织销售人员分析市场环境，制定和审核酒店客房出租率、平均房租及季节销售预算，提出酒店价格政策实施方案，向销售部人员下达销售任务，并组织贯彻实施。

3. 掌握国内外旅游市场的动态，每周在总经理主持下，分析销售动态、各部门销售成本、存在问题、市场竞争发展状况等，提出改进方案和措施，监督销售计划的顺利完成。

4. 协调销售部和各经济组织的关系，经常保持同上级旅游管理部门、各大旅行社、航空公司、铁路客运站，以及本地的商社、办事机构、政府外事部门的密切联系，并与各客户建立长期稳定的良好协作关系。

5. 提出酒店重要销售活动以及参加国际、国内旅游展销活动实施方案，组织人员、准备材料，参加销售活动，广泛宣传酒店产品和服务，对销售效果提出分析，并向总经理报告。

6. 联系外国的入驻本地区的商社、公司等客户以及国内外旅游商，掌握客户意向和需求，提出签订销售合同、包房合同意向和建议，并提出销售计划和价格标准。

7. 定期检查销售计划实施结果，定期提出销售计划调整方案，报总经理审批后组织实施。

8. 掌握酒店价格政策的实施情况，控制公司团队、散客及其不同季节的价格水平，定期检查平均房租计划实施结果，及时提出改进措施，保证较高的平均房租水平。

9. 定期走访客户，征求客户意见，掌握其他酒店的出租率、平均房价水平，分析竞争态势，调整酒店销售策略，适应市场竞争需要。

10. 参加酒店收款分析会议，掌握客户拖欠款情况，分析原因，负责客户拖欠房款的催收组织工作，减少长期拖欠的现象。

11. 培训和造就一支不同年龄和不同层次的酒店销售专业队伍。

12. 制定营销部管理制度、工作程序，并监督贯彻实施，严格控制酒店销售费用开支，签发开支范围和标准，监督销售费用的使用。

评估练习

1. 根据本节工作分析的实施流程，对该案例的服务岗位实施分析。明确问题，提出对策。

2. 熟练掌握工作说明书的基本内容，思考如何指导钟点工正确工作。

第三节　酒店工作分析的方法

教学目标

- 了解工作分析方法之观察法。
- 理解酒店工作分析方法之访谈法。
- 掌握酒店工作分析方法之问卷调查法。
- 了解酒店工作分析方法之现场工作日志法。

职务分析过程需要搜集工作岗位信息，通过不同的信息搜集方法所搜集的信息不同。职务分析方法依照基本方式划分，主要有观察法、访谈法、问卷调查法、现场工作日志法等。每种方法都有各自的优缺点，在工作实践中，要做好职务分析，常常根据不同的岗位，将不同的方法结合起来进行分析。

一、观察法

观察法是指职务分析人员通过对员工正常工作状态进行观察，获取工作信息，通过对信息进行比较、分析、汇总等方式，得出职务分析成果的方法。观察法适合体力工作者和事务性工作者，如行李员、前台操作员、文秘等酒店大部分工种。

(一)观察法的类别

由于观察对象的工作周期和工作突发性有所不同，观察法具体可分为直接观察法、阶段观察法和工作表演法。

(1) 直接观察法。直接观察法是指职务分析人员直接对员工工作的全过程进行观察。直接观察法适用于工作周期很短的职位。比如清洁工的工作基本上以日为周期，职务分析人员可以一整天跟随清洁工进行直接观察。

(2) 阶段观察法。有些员工的工作具有较长的周期性，为了能够完整地观察到员工的所有工作，必须分阶段进行观察。例如，酒店行政工作人员需要在每年年终时筹备酒店总结表彰大会，职务分析人员必须在年终时对该职位进行观察。

(3) 工作表演法。这种方法特别适合工作周期很长和突发事件较多的工作。如酒店保安工作除了正常的程序外，还有很多突发事件需要处理；又如盘问可疑人员等，职位分析人员可以通过让保安人员表演盘问过程来进行观察。

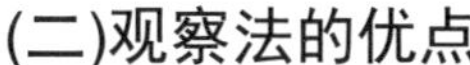

(二)观察法的优点

观察法的优点是：职务分析人员能够直接了解被观察者的行为、所需完成的操作。该方法适用于那些工作内容主要由身体操作的活动所组成的工作岗位，如PA员工、前台接待员、保安人员等。

(三)观察法的缺点

观察法有以下一些缺点。

(1) 不适合单独用于抽象的智力活动、心理素质的分析，如公关部美工、部门经理等。

(2) 如果被观察者知道自己处于被观察状态，会影响其正常的工作表现。

(3) 对于复杂的工作则难以全面观察。

(4) 不能得到有关任职者资格要求的信息。

(5) 观察结果的质量在很大程度上依赖于观察者的能力和所接受的培训。

二、访谈法

访谈法又称面谈法，它是通过职务分析人员与员工面对面的谈话来搜集职位信息资料的方法。在面谈之前，职务分析人员应准备好面谈提纲，使访谈能够按照预定的计划进行。访谈法对职务分析人员的语言表达能力和逻辑思维能力有较高的要求。职务分析人员要善于控制谈话局面，及时准确地做好谈话记录。面谈法适合的岗位有酒店公关人员、广告策划和高层管理人员等。

(一)访谈原则

为保证访谈法实现调研目的，必须注意以下几点。

(1) 所提问题要和职务分析的目的相关。

(2) 职务分析人员语言表达要清楚，含义要准确。

(3) 所提问题必须清晰、明确，不能太含蓄。

(4) 所提问题和谈话内容不能超出访谈对象的知识和信息范围。

(5) 所提问题和谈话内容不能让访谈对象不满，更不能涉及访谈对象的隐私。

(二)访谈法的具体实施步骤

(1) 事先需征得样本员工直接上级的同意，尽量获取直接上级的支持。

(2) 在无人打扰的环境中进行面谈。

(3) 向样本员工讲解职位分析的意义，并介绍面谈的大体内容。

(4) 为了消除样本员工的紧张情绪，职位分析人员可以以轻松的话题开始。

(5) 鼓励样本员工真实、客观地回答问题，不必对面谈的内容产生顾虑。

(6) 职位分析人员按照面谈提纲的顺序，由浅至深地进行提问。

(7) 营造轻松的气氛，使样本员工畅所欲言。

(8) 注意把握面谈的内容，防止样本员工跑题。

(9) 在不影响样本员工谈话的前提下，进行谈话记录。

(10) 在面谈结束时，应该让样本员工查看并认可谈话记录。

(11) 面谈记录确认无误后，完成信息搜集工作，向样本员工致谢。

(三)访谈法的优点

(1) 比较灵活，谈话双方随时都可以改变策略和方式，有利于了解新的或较深层次的信息。

(2) 可以对员工的工作任务和工作态度等较深层次的内容有比较详细的了解。

(3) 运用范围广，可用于不同问题，可以简单而迅速地搜集多方面的职务分析资料。

(4) 由员工亲自讲出工作内容，具体准确，同时容易了解观察法不易发现的问题，有利于管理者发现问题。

(5) 有助于与员工的沟通，缓解工作的情绪和压力。

(四)访谈法的缺点

(1) 访谈法要注意访谈策略和访谈技巧，因此对职务分析人员的要求比较高，需要对他们进行严格而规范的培训。

(2) 访谈结果的处理和分析比较复杂，要有专门人员负责。

(3) 花费的时间和精力比较多，费用较高。

(4) 搜集到的信息往往被扭曲、失真。

三、问卷调查法

问卷调查法是一种应用非常广泛的职务分析方法，它采用问卷调查形式来获取工作分析的信息，实现工作分析的目的。问卷调查法的大致步骤如下：首先，设计调查问卷并发放给选定员工；其次，由员工或被调查人员在一定时间内填写调查问卷，获取相关信息；最后进行整理、归纳、分析，并据此编写工作说明书。

(一)问卷调查法的步骤

(1) 事先需征得样本员工直接上级的同意，尽量获取直接上级的支持。

(2) 为样本员工提供安静的场所和充裕的时间。

(3) 向样本员工讲解职位分析的意义，并说明填写问卷调查表的注意事项。

(4) 鼓励样本员工真实客观地填写问卷调查表，不要对表中填写的任何内容产生顾虑。

(5) 职位分析人员随时解答样本员工填写问卷时提出的问题。

(6) 样本员工填写完毕后，职位分析人员要认真地进行检查，查看是否有漏填、误填的现象。

(7) 如果对问卷填写有疑问，职位分析人员应该立即向样本员工进行提问。

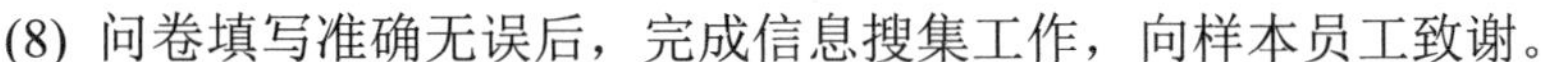

(8) 问卷填写准确无误后，完成信息搜集工作，向样本员工致谢。

(二)问卷调查法的优点

(1) 比较规范化、数量化，适合于用计算机对结果进行统计分析。

(2) 费用低、速度快，同时不影响工作时间。

(3) 调查范围广，调查样本量大，适用于对很多员工进行调查的情况。

(三)问卷调查法的缺点

(1) 填写调查问卷是由职务分析者单独进行的，缺少交流和沟通，不容易唤起被调查者的兴趣。

(2) 调查问卷的设计比较费人力和物力，也不像访谈法那样可以面对面地交流信息。

(3) 调查问卷如果过短，就不能获得足够的信息。

四、现场工作日志法

根据员工按工作日的时间顺序记录自己工作岗位的任务和活动内容，以及工作活动结果的描述对工作进行分析的方法称为现场工作日志法。

表 2-1 所示为现场工作日志。

表 2-1 现场工作日志

姓名：			岗位名称：	
填写日期： 年 月 日			所属部门：	
开始时间	结束时间	工作任务和活动内容	活动结果	备注

说明：

1．请按工作活动发生的顺序及时填写，请勿在一天工作结束后合并填写。

2．严格按照表格要求进行填写，不要遗漏细小的工作活动。

3．请你提供真实的信息，以免损害你的利益。

(一)现场工作日志法的优点

(1) 提供了员工工作活动的概要信息，了解员工日常做些什么。

(2) 掌握了员工具体工作时间分配资料。

(二)现场工作日志法的缺点

(1) 提供的信息失真，包括遗忘、不能及时填写及刻意隐瞒。

(2) 不能了解长期的、周期变化的工作活动。

(3) 不能完全了解各项工作活动的目的和重要性。

评估练习

1. 采用问卷调查法进行岗位分析的优缺点是什么?

2. 现场工作日志法的优缺点是什么?

【工学结合】

1．实训项目：编制客房服务员岗位说明书。

实地调查一家酒店，或回顾自己实习酒店的相关信息，编制客房服务员岗位说明书。必须有工作描述和任职资格条件两大部分。

2．根据你所学的酒店管理知识，请为某酒店部门设计一份岗位调查问卷。

本 章 小 结

通过本章的学习，我们知道了酒店职务分析是什么，并理解了酒店职务分析的重要意义。通过对酒店职务分析流程和职务分析方法的学习，我们初步掌握了酒店人力资源进行职务分析的必要步骤和方法，为将来进入职业岗位，涉及相关操作时掌握了必要的知识。

第三章
酒店员工的招聘与配置

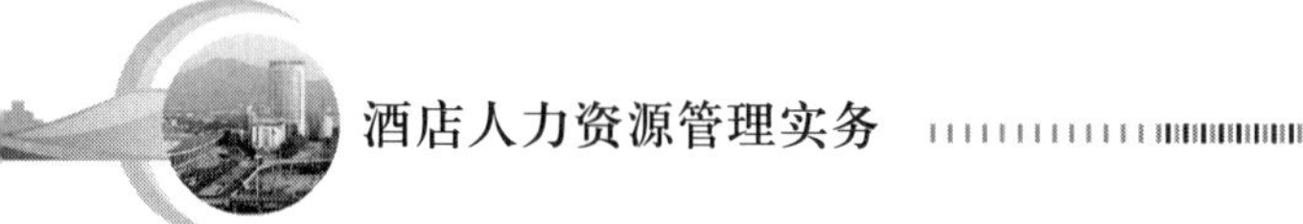

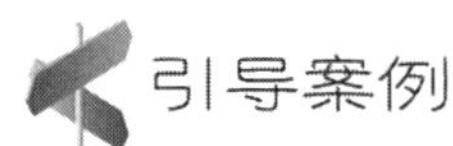
引导案例

潘玉虎该选择谁？

潘玉虎是国内一家知名连锁酒店集团公司的总经理，公司的总部设在北京，成员遍及广州、上海、武汉等地，每年的营业额以25%以上的速度递增。

就在前几天出了一件让他非常棘手的问题，市场部经理卞亚由于个人原因向公司提交了辞呈，虽经公司多次挽留，仍然没有改变他的决定。现在，公司急需任命一位市场部经理来代替卞亚。但是潘玉虎和公司其他部门的几位负责人讨论了几天，也没有达成一致的意见。

潘玉虎认为现任市场部副经理韩少不错，可以接替卞亚的职位。但这个想法却遭到其他人的强烈反对，人事部经理刘杰首当其冲："韩少有很强的分析能力，在环境变化时能很快适应，但我认为他太强势，甚至有点刚愎自用，很少听取别人的意见。如果由他当市场部经理，下面会怨声载道；而且，他只有高中文化程度，下面的人多数都是大学毕业生，让一个没有什么学历的人来担任经理他们会服气吗？"

销售部负责人也插言："韩少干得的确不错，但是过分的热心和乐观令人感到有点不安，这有可能导致他无法进行正确而实际的市场调查和研究工作。"

潘玉虎又想到了市场部另一位副经理肖凌。和韩少不同，肖凌做事不张扬，为人非常随和，最善于团结下属，手下人会很好地跟他结合在一起，办起事来也很有韧劲，在工作上肖凌的表现也很不错。但潘玉虎还是犹豫不定。因为，肖凌有时心太软，在他手下，有几位表现很差的销售员，按理说应该辞掉，可肖凌却不忍心这样做。

这两天，有人又透露给潘玉虎一个消息：竞争对手某酒店集团的市场部经理李汶最近与老板闹翻了，正要辞职不干。我们何不趁此机会把她挖过来呢？ 她的能力我们都清楚，绝对没有问题。潘玉虎听后，觉得也是一个办法。但考虑后，又觉得不太妥当。李汶虽然是一位难得的人才，但她能否很快熟悉本公司的业务，理顺各种关系，有效地开展工作呢？外来的和尚不一定就会念经。再说，这样做很可能会挫伤本公司市场部门人员的积极性。现在的潘玉虎陷入了两难的境地。

辩证性思考

1. 招聘员工重点要考虑什么？
2. 在招聘工作中我们要注意什么才能避免陷入两难境地？

第一节 招聘概述

教学目标

- 理解招聘的概念。

- 掌握招聘的意义。
- 掌握酒店员工招聘的基本原则。

一、招聘的概念与意义

(一)招聘的概念

招聘是酒店吸收与获取人才的过程，是获得优秀员工的保证。招聘实际上包括两个相对独立的过程，即招募(Recruitment)和选拔聘用(Selection)。招募是聘用的基础与前提，聘用是招募的目的与结果。招募主要是通过宣传来扩大影响，树立酒店形象，达到吸引人应征的目的；而聘用则是使用各种技术测评与选拔方法，挑选合格员工的过程。很多组织往往忽视招募，只把工作重点放在选拔聘用上，这是不对的。因为这有可能导致错误的录用与错误的淘汰。应该注意招募的计划、时间、宣传、渠道选择等方面，因为它可以节约选拔与培训成本，提高人与职的适应性。

(二)招聘的理想状态

良好的招聘活动必须达到 6R 原则。

(1) 恰当的时间(Right Time)：就是要在适当的时间完成招聘工作，及时补充酒店所需要的人员，这也是对招聘活动的基本要求。

(2) 恰当的来源(Right Source)：就是要能通过适当的渠道来寻求目标人员。不同的职位对人员的要求是不同的，因此要针对那些空缺职位匹配程度较高的目标群体进行招聘。

(3) 恰当的成本(Right Cost)：在保证招聘质量的前提下，以最低的成本、最少的费用来完成招聘工作。

(4) 恰当的人选(Right People)：就是要把最合适的人吸引过来参加酒店的应聘，这包括数量和质量两个方面的要求。

(5) 恰当的范围(Right Area)：根据所需人才的要求不同选择合适的招聘范围。

(6) 恰当的信息(Right Information)：要求在招聘之前把空缺的工作职责内容、任职资格要求，以及酒店的相关情况做出全面而准确的描述，这有助于应聘者在充分了解信息的基础上，做出准确的判断和选择。

案例 3-1

谁 之 过

万盛大酒店是一家拥有 300 多间客房的四星级酒店，老板原先主要经营房地产，由于近两年房地产不景气，便开始将投资目光转向酒店。由于管理人才的缺乏，酒店成立之初，业绩一直不理想。后经酒店内部员工推荐，老板未经过人力资源部履行必要的人事手续，引进了一位高层管理人员作为主管销售和市场工作的副总。

副总来酒店两周后，酒店委派其带领酒店一部门几名员工去参加外地一个旅游企业产品推介会。员工A和该副总分别向财务借了部分费用。在参展期间，员工A预支的费用不够支出买回程的车票，请求副总支援。但副总怀疑员工A与展会主办单位有黑幕交易，拒绝支援并于展会结束后自己直接乘飞机回总部，并说服老板不安排汇款。参展的另外几名员工滞留当地一日，自行凑钱买了火车票回酒店。员工A由于尚未结清参展费用，又无钱购火车票，被滞留当地三日，才辗转回到总部。

此事发生后，在一段时期内给酒店造成了消极影响。老板征求酒店人力资源部的意见，希望能采取合适的措施消除该事件的消极影响。

(三)酒店招聘的意义

酒店招聘录用工作的有效实施不仅对人力资源管理本身，而且对整个企业也具有非常重要的意义。

(1) 保证酒店的正常运转。为了满足酒店的经营需要，有计划地从社会上招收录用一定数量和素质的新员工是酒店人力资源管理工作的基本任务，人员及时、合理补充是酒店一切工作的基本保障；相反，人员不足或关键岗位人员空缺都会严重影响酒店经营管理活动的正常运转。

(2) 有助于改善酒店的劳动力结构与质量。员工招聘以酒店战略目标和战略计划为基础，根据人力资源计划确定人员需求数量和根据职务分析确定所需的人员的质量，然后在一定的时间和地点招聘所需要的员工，进而通过有目的、有计划地录用工作人员，酒店便可以控制员工的类型和数量，改善酒店人力资源在年龄、知识、能力等方面的结构以及人力资源的总体质量。如高层管理人员和技术人员的招聘，可以为酒店注入新的管理思想和理念，带来新的先进生产技术，从而影响和提高人员的整体素质与质量。

(3) 有助于员工充分发挥自身能力。员工招聘为员工提供了公平竞争上岗的机会，从而激发每个员工充分发挥自己的主动性和能力，以在公平竞争中取胜。因而成功的招聘，一方面使酒店外的劳动力能更多地了解酒店，然后结合自己能力和发展目标决定自己是否参加酒店与酒店共同发展；另一方面通过招聘使酒店发现最合适的人选，也即帮助员工找到适合自己的工作，从而减少人员任职后离职的可能性。

(4) 提高酒店的管理效率。员工招聘是一项有成本的管理活动。一方面是高效率的员工招聘一定需要酒店事先进行招聘宣传、酒店招聘活动，及录用等程序环节，这些环节都需要成本付出；另一方面有效的员工招聘能保证酒店落实人力资源计划，稳定人员，减少再次招聘费用，从而使酒店效益提高。

(5) 有助于酒店知名度的提高。员工招聘过程中所运用的大量招聘广告，能使外界更多地了解酒店，从而提高酒店的知名度；也正因为员工招聘广告有此功能，所以许多酒店打出招聘广告，并在其中不失时机地宣传本酒店。

二、酒店员工招聘的原则

酒店招聘录用应本着用人所长、容人所短、追求业绩、鼓励进步的宗旨，以面向社会、公开招聘，人职匹配，全面考核、择优录用为原则，从学识、品德、能力、经验、体格、符合岗位要求等方面对应聘者进行全面考核。同时，在招聘工作的管理上要强调计划性和效率性的原则。

(一)计划性原则

正常运营的酒店，人才需求有三种情况：一是因营业量增加或因员工升迁、辞职、辞退而造成人员短缺或职位空缺，时间紧迫需要紧急招聘；二是酒店扩大营业，增加新的服务设施或项目需要增加员工；三是从长远角度预测人员变动趋势，预测离、退休人员人数比例及缺员时间，估计员工流动比例等。

(二)公开原则

酒店招聘时应把招聘种类、数量、应聘的资格、条件、要求，以及招聘的时间、地点和招聘方法等信息通过一定的渠道和方式向社会公告周知，公开进行。这样做一方面可以将招聘置于公众监督之下，防止不正之风的出现；另一方面可以吸引广大应聘者，形成竞争局面，有利于选拔更优秀的人才。

(三)竞争原则

竞争原则是指通过选拔竞争和考核鉴别确定人员的优劣和人选的取舍。为了达到竞争的目的，一要动员、吸引较多的人报考；二要严格考核程序和手段，科学地录取人选。

(四)平等原则

平等原则是指对所有应聘者一视同仁，不得人为地制造各种不平等的限制或条件和各种不平等的优先优惠政策，不拘一格地选拔、录用各方面的优秀人才。否则，一旦录用了不合适的人员，不仅影响酒店的员工队伍的素质，直接造成服务质量问题，而且招聘过程的不公正还会严重损害酒店的组织风气和社会声誉。

(五)能级原则

人的能力有大小，本领有高低，工作有难易，要求有区别。不同的职位、职级的工作不同，选择人员的能力标准、任职资格也不同，招聘工作，不一定要最优秀的，而应量才录用，做到人尽其才、用其所长、职得其人，把合适的人放到合适的岗位上，这样才能持久、高效地发挥人力资源的作用。

(六)全面原则、择优录用原则

全面考核、择优录用是对应聘者的德、智、能、体等各方面进行综合考核和测试，并根据考核结果进行选拔和录用。劳动者的德决定着劳动者的智能的使用方向，关系到劳动者能力的发挥。智是指一个人的知识和智能；能是指一个人的技能和能力。对智、能的考核，不仅是对知识的测试，还包括智能、技能、能力和人格等各方面的测试和评估。体是身体素质。体制是劳动者智、能得以发挥的生理基础。对“体”的考核，是其他一切考核的前提。如果没有健康的身体，有再高的智、能，也无法胜任工作。

(七)效率原则

效率原则是指根据不同的招聘要求，灵活选用适当的招聘形式，用尽可能低的招聘成本录用高质量的员工。

(八)守法原则

人员招聘与选拔必须遵守国家法令、法规、政策。在聘用过程中不能有歧视行为。

案例 3-2

海心酒店的招聘

海心酒店是国内一家大型连锁酒店集团公司，公司除了拥有十几家档次不等的星级酒店外，还有食品加工等生产部门。近几年，由于酒店经营规模和范围的扩大，为了对酒店食品加工厂的人力资源进行更为有效的管理开发，2007 年初始，酒店决定在加工厂设立一个新的职位，主要工作是负责加工厂与人力资源部的协调工作。部门经理希望从外部招聘合适的人员。

根据公司的安排，人力资源部设计了两个方案。一个方案是通过在本行业专业媒体上做招聘广告，费用为 3500 元，优点是对口的应聘人员的比例会高些，招聘成本低；缺点是企业的宣传力度小。另一个方案为在大众媒体上做招聘广告，费用为 8500 元，优点是企业影响很大；缺点是不合格的应聘人员的比例很高，前期筛选工作量大，招聘成本高。人力资源部的初步意见是选用第一个方案。人力资源部把两种方案向上级主管汇报，反馈回来的意见是，考虑到公司处在业务扩展时期，公司应该抓住每一个宣传企业的机会，而第二个方案显然有利于宣传企业，所以人力资源部最后选择了第二个种方案。

在接下来的一周里，人力资源部收到了 800 多份简历，人力资源部的工作人员首先从 800 多份简历中选出 70 份侯选简历，然后经再次筛选，最后确定 5 名候选的应聘人员，并将这 5 个候选人名单交给了加工厂的负责人。经过与人力资源部协商，加工厂的负责人于欣最后决定选出两人进行面试。这两位候选人是王五和赵六，人力资源部获得的他们的资料如表 3-1 所示。

表 3-1 应聘资料

姓名	性别	学 历	年龄	工作时间	以前的工作表现	结果
王五	男	企业管理学士学位	32	有 8 年一般人事管理及生产经验	在此之前的两份工作均有良好的表现	可录用
赵六	男	企业管理学士学位	32	有 7 年人事管理和生产经验	以前曾在两个单位工作过，第一位主管评价很好，没有第二位主管的评价资料	可录用

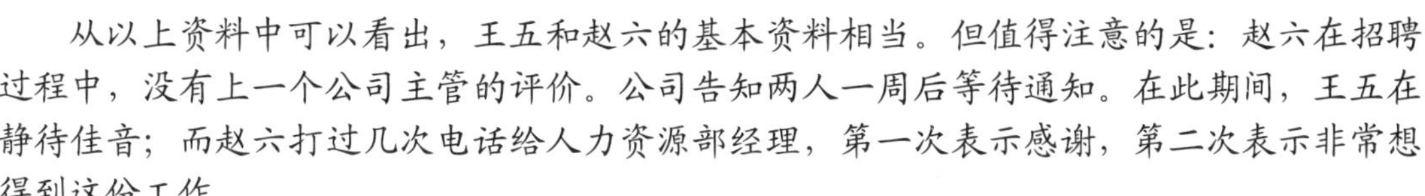

从以上资料中可以看出，王五和赵六的基本资料相当。但值得注意的是：赵六在招聘过程中，没有上一个公司主管的评价。公司告知两人一周后等待通知。在此期间，王五在静待佳音；而赵六打过几次电话给人力资源部经理，第一次表示感谢，第二次表示非常想得到这份工作。

人力资源部和生产部门的负责人对两位候选人的情况都比较满意，虽然第二位候选人的简历中没有在前一个公司工作的主管的评价，但是加工厂负责人认为并不能说明其一定有什么不好的背景。该负责人虽然感觉赵六有些圆滑，但还是相信可以管理好他，再加上赵六在面试后主动与该公司联系，生产部主管认为其工作比较积极主动，所以最后决定录用赵六。

赵六来到公司工作了六个月，公司经观察发现：赵六的工作不如预期的那样好，指定的工作经常不能按时完成，有时甚至觉得他不胜任其工作。

赵六也觉得很委屈：工作一段时间之后，他发现招聘时所描述的公司环境及其他方面情况与实际情况并不一样；原来谈好的薪酬待遇在进入公司后有所减少；工作的性质和面试时所描述的也有所不同；没有正规的工作说明书作为岗位工作的基本依据。

思考与练习

请问海心酒店的这次招聘问题出在哪些地方？请谈谈你的看法。

评估练习

1. 酒店员工招聘对酒店经营有什么重大影响？
2. 为保证酒店正常运作，酒店招聘员工要遵循什么原则？

第二节　招聘的实施与组织

教学目标

- 掌握酒店人员招聘的流程。
- 掌握酒店员工招聘的内部渠道。
- 掌握酒店员工招聘的外部渠道。

人员招聘工作是一项系统工程。完善的招聘工作过程或程序是人力资源管理的经验总结，也是每家酒店做好招聘与录用工作的保证。具体而言，人员招聘程序从确定酒店职位空缺、制订招聘计划开始，到发布招聘信息，然后进行招聘测试和筛选、录用、试用期考察，再到正式录用、签订劳动合同，最后对招聘工作进行评估。这个过程由三个相互关联而又各自独立的操作系统组成。系统运行的每个组成部分都是为了保证酒店人员招聘与录用工作的质量，为企业选拔合格人才。这三个系统就是：招募、甄选录用和评估，详见图 3-1。

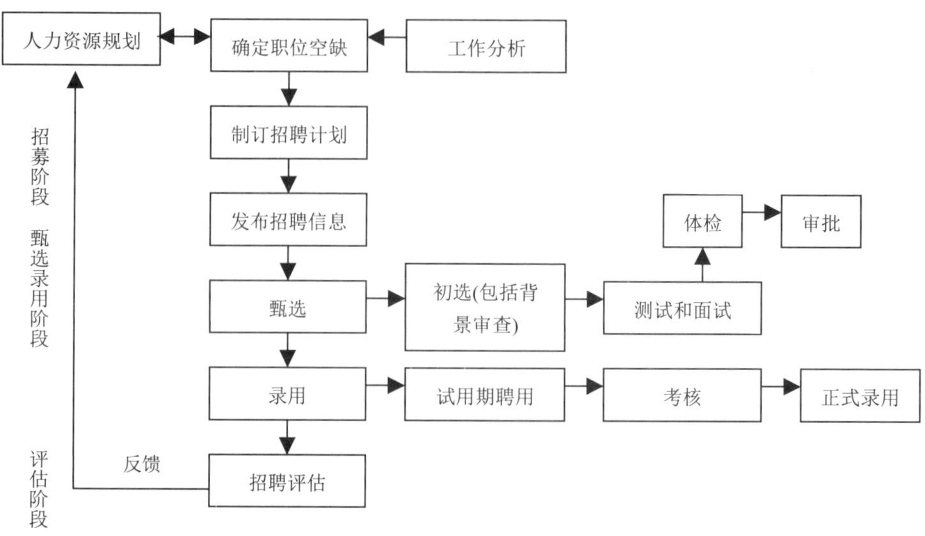

图 3-1　酒店员工招聘流程图

一、招聘的流程

(一)确定职位空缺

职位空缺是在酒店人力资源规划和工作分析的基础上确定的，是招聘活动的起点，它包括确定职位空缺的数量和质量两个方面。只有明确获知酒店中各部分的空缺职位及其具体要求后，才能制订招聘计划，实施招聘工作。

需要强调指出的是，酒店填补职位空缺的方法很多，招聘只是其中的一种，因此只有当酒店选择了招聘方法时，整个招聘工作的程序才会开始运作；否则即便存在职位空缺，招聘也不会转化为现实的工作。例如，酒店通过增加其他职位的工作职责，增加其他员工的工作时间、工作量，或通过培训、技术改造等手段提高员工的工作效率，都可以减少原有的人员编制，解决职位空缺的问题，代替招聘补充人员的途径。

确定职位空缺的具体步骤是：首先用人部门提出申请，需要增加人员的部门负责人向人力资源部提出需要人员的人数、岗位、要求，并说明理由；其次人力资源部复核申请，是否一定要这么多人员，减少一点人行吗？并对照职务说明书明确岗位任职要求，分析酒店内部人力资源的供给情况，确定空缺岗位是否能够在内部员工中补充，从而确定需要从外部招聘的岗位和人数；最后上报酒店领导审批。

(二)制订招聘计划

招聘计划是在酒店人力资源规划的基础上，根据酒店用人部门确定的职位空缺，对招聘的岗位、人员数量、时间限制等因素做出详细的计划和部署。制订招聘计划是为了使招聘工作更具合理性和科学性，保证招聘质量。招聘工作直接影响着酒店人力资源的开发与管理，招聘工作不到位会严重影响酒店以后的发展。一般来说，招聘计划的具体内容主要包括以下几个方面。

(1) 人员需求清单，包括招聘的岗位名称、人数、任职资格等内容。

(2) 招聘信息发布的时间、方式、渠道和范围。

(3) 招聘小组人选，包括小组人员姓名、职务、各自的职责。

(4) 招聘对象的来源和范围。

(5) 招聘工作时间表，尽可能详细，以便于他人配合。

(6) 应聘者的考核方案，包括考核的场所、大体时间、题目设计等。

(7) 招聘预算，包括资料费、广告费等。

(8) 招聘结束时间和新员工到位时间。

(9) 招聘广告样稿。

(三)发布招聘信息

发布招聘的时间、方式、渠道与范围都是根据招聘计划确定的。由于所需招聘的岗位、数量、任职者要求的不同，招聘对象的来源与范围不同，以及新员工到岗的时间不同和招聘预算的限制，发布信息的过程也将不同。

1. 发布招聘信息的原则

酒店在发布招聘信息时，应该遵循下列原则。

(1) 面广原则，如果只考虑招聘的效果，不考虑成本因素，那么，发布招聘信息的面越广，接收到该信息的人越多，应聘的人也越多，这样可能招聘到合适人选的概率就越大。

(2) 及时原则，在条件许可的情况下，招聘信息应该尽早地向人们发布，这样不但有利于缩短招聘进程，而且有利于使更多的人获取信息，使应聘人数增加。

(3) 层次原则，招聘的人员都是处在社会的某一层次的，要根据招聘岗位的特点，向特定层次的人员发布招聘信息。

2. 发布招聘信息的渠道

对酒店而言，招聘信息发布渠道的选择也是很重要的。发布招聘信息的渠道和方式可以概括为内部招聘和外部招聘两种，但具体途径和方法很多，每种各有其特点。如果酒店选择使用广告进行空缺职位的宣传，就应该进行招聘广告的安排。一般而言，广告招聘能够比其他的招聘方式吸引更多的应聘者。广告已经成为广大企业普遍采用的一种招聘方式，其优势在于宣传的范围广。

1) 招聘广告的分类

招聘广告按照传播媒体的不同，可以划分为广播与电视广告、报纸广告、行业或专业杂志广告和网络广告等。

- 广播与电视广告。由于酒店产品的特点以及费用的因素，酒店企业使用广播与电视广告并不多。有时企业将招聘高级人才以访谈面试的形式出现，酒店可以借机宣传企业的形象。

- 报纸广告。报纸是企业进行招聘时使用最为频繁的媒体，因为报纸广告的费用比电视广告的成本要低得多，同样能吸引众多的申请者。因此报纸是我国酒店使用最广泛、最多的媒体。报纸广告不仅受酒店的欢迎，也受到了应聘者的欢迎。其主要优点是：应聘者可以在不同的时间、地点阅读，并能够方便地复印抄写。
- 行业或专业杂志广告。行业或者专业杂志广告，也是企业招聘专业的管理人员和技术人员的最佳选择。因为行业或专业杂志的读者，大多是与行业有关的专业人员，杂志的读者群比一般的报纸更为集中，所以，广告的针对性就更强一些。当企业在这类杂志上发布招聘广告时，招聘信息就会被目标受众接受。进行杂志广告招聘要注意两点：一是由于专业杂志的印刷期较长，所以招聘广告发布的提前量要比较充分，并要注明招聘截止日期。二是杂志广告的创作要美观又有创意，做到既能吸引读者目光，又能宣传企业形象。
- 网络广告。网络广告是一种新型的广告形式，将它用于招聘活动，将是未来招聘的一种时尚。企业在网络上发布广告主要有两种途径：第一种是在企业自身的网站上发布招聘信息，这可以将企业的每一个空缺岗位逐一列出，必要时还可以作适当的描述，可以清晰地罗列对应聘人员的资格要求，上述这些内容可以不受篇幅的限制，并且招聘广告发布的费用相当低廉。但是这类广告是否被有效地发布，与企业自身的知名度和网站的知名度密切相关。因此，只有名声较大的企业才能够运用此种途径。第二种是在门户网站或者专业的招聘网站上发布招聘信息，而这时由于广告的费用比前一种方式高，篇幅也有所限制，所以这类广告的内容要简明扼要，尤其是联系方式要清晰。

知识拓展 3-1

怎样拟订一份好的招聘广告

招聘广告的设计原则与其他广告基本相同，应符合 AIDAM(Attention，Interest，Desire，Action，Memory)原则。即：引起注意原则、产生兴趣原则、激发愿望原则、采取行动原则和留下记忆原则。

1. 引起注意原则

一则好的招聘广告必须能吸引眼球，这就要求广告能用独特的、与众不同的格式、篇幅、标题、字体、色彩或图案进行设计，再配合合适的媒体与广告位，才会取得好的效果。

2. 产生兴趣原则

要想在引起注意的基础上让受众产生兴趣，就必须设计出能够使人产生兴趣的点或面，比如语言的表述要力求生动形象，有时还需带些幽默感。

3. 激发愿望原则

应聘者看到了广告，但进而如何使他们产生申请的愿望，除了以上所列内容外，还要来点实际的，即能够满足他们需求的内容。

4. 采取行动原则

招聘广告的最终目的是在公布后很快收到大量符合条件的申请信与简历，要做到这一点就需要简单明了地写明联系人与联系方式，包括电话、传真、电子信箱、通信地址等，以便让应聘者利用他们习惯的方式与你联系。

5. 留下记忆原则

不管看到广告的人是否采取了行动，都要在他们记忆中留下深刻印象，这是招聘广告的第二个目的，即对企业的形象与业务进行宣传。

2) 招聘信息发布渠道选择的注意事项

酒店在确定招聘信息发布渠道时，一定要注意以下几个问题。

首先，要了解不同媒体在哪些人群中利用率最高。通过了解不同地区、不同性别、不同学历、不同职业的人喜欢接触的是什么媒体，酒店再决定采用什么广告方式，做到“有的放矢”。

其次，选择在该媒体中的哪家发布广告。选择了在什么媒体上进行广告之后，酒店就需要选择具体在该媒体中的哪家发布广告。因此招聘者还需要对不同的报纸、杂志、电视台的发行量、读者群的情况有所了解，这样才会做到“心中有数”。

最后，酒店应该根据空缺职位的性质(工资待遇、职位层级、权限的大小、工作条件等)决定是否采用广告方式。不仅对于应聘者有限的职位采用广告方式不合算，而且对于过分热门的职位，采用广告方式同样不合算，因为需要花费大量的人力、物力和财力来完成阅读简历、进行面谈、接待来访者的工作。对于这种情况，酒店可以采用匿名广告的形式来避免。所谓匿名，是指在广告中不说明招聘企业的名称。应聘者可以直接将申请和个人简历寄到广告中指定的杂志、信箱或报社，通过中介机构将这些简历转到企业。这样既可以避免数不清的电话或登门访问和查询者，又可以避免因为应聘者未被录用而给企业可能带来的社会和公共关系方面的麻烦。

除了以上主要渠道外，还有随意传播的发布形式，如有关部门或有关人员用口头的、非正式的方式进行发布招聘信息的类型。其主要特点是：费用最低，可以进行双向交流，速度较快。其主要缺点是覆盖面窄，一般在劳动力市场上明显供大于求，而且招募层次不是很高时，可以选用这种类型。

案例 3-3

青岛海尔洲际酒店的招聘广告

Helen 喜欢画画和跳舞。她上班不带舞鞋，但却把跳舞所需的同样的活力、自信和热情带到了工作中。我们喜欢那些将对嗜好的兴趣及热情同样投入工作中的伙伴。我们正在寻找更多像 Helen 这样的人加入洲际酒店集团，到其下属的洲际酒店工作。如你对与我们共事感兴趣，请与我们联系或登录 www.ihg.com/careers。

青岛海尔洲际酒店是由国际顶级酒店管理集团洲际酒店管理集团管理，由青岛奥海投资发展有限公司投资兴建，位于第29届奥运会运会青岛国际帆船中心，建筑面积近6万平方米。酒店拥有 438 间豪华客房，中西餐厅及多功能会议室，室内游泳池、健身房、SPA等豪华设施。

我们即将开业，并且正在寻找各岗位的工作伙伴。

如果说你具备相关学历，精通英语，并有两年以上星级酒店同岗位工作经验，你可申请主管级以上的管理人员。我们希望各部门的员工具有职高或技校以上文化程度和英语基础。你可以将你的简历发至 intercontinentalqingdao@gmail.com。

招聘职位：(略)。

(四)甄选

酒店通过对应聘者的申请进行资格审查，再经过人力资源部和用人部门的全面考核测试，在了解应聘者的实际能力和真正潜力的基础上进行筛选，决定是否录用。这是招聘工作的关键环节，技术性很强，它的每一步工作都决定着招聘质量的好坏。

1. 资格审查和初选

资格审查是对应聘者是否符合该职位的基本要求进行审查。最初的资格审查是酒店人力资源部门通过审阅应聘者的个人资料及求职申请表进行的。

应聘者向企业发出求职申请，一般有三种方式：一是应聘者通过信函向招聘企业提出申请；二是直接填写招聘企业的求职申请表；三是应聘者通过电子邮件的方式向招聘企业提出申请。无论是哪种方式，一般都要包括三方面的内容：应聘的具体职位或求职意向、个人简历和证明材料。个人简历主要说明学历、工作经验、技能、成就、个人品格等个人信息。为保证应聘者提供的信息是真实的，酒店一般要求应聘者提交学历、技能、奖励等方面的证明文件。

求职申请表和个人简历的优缺点如表 3-2 所示。

表 3-2　求职申请表和个人简历的优缺点

优缺点	求职申请表	个人简历
优点	直截了当 结构完整 限制了不必要的内容 易于评估	开放式：有助创新 允许申请人强调他认为重要的东西 允许申请人点缀自己 费用较小，容易做到
缺点	封闭式，限制创造性 制定和分发费用较贵	允许申请人略去某些东西 可以添油加醋 难以评估

个人简历与求职申请表应该尽量详细，以便于招聘企业的人力资源部门进行必要的审定与核实等工作。

课内资料 3-1

简历分析与筛选要点

一、查看客观内容(结合招聘职位要求)

主要包括个人信息、受教育程度、工作经历和个人成绩四方面。

1. 个人信息的筛选。

(1) 在筛选对硬性指标(性别、年龄、工作经验、学历)要求较严格的职位时，如其中一项不符合职位要求则快速筛选掉。

(2) 在筛选对硬性指标要求不严格的职位时，结合招聘职位要求，也可以参照“人在不同的年龄阶段有着不同的特定需求”进行筛选：25 岁以前，寻求一份好工作；26～30 岁，个人定位与发展；31～35 岁，高收入工作(工资、福利、隐性收入)；36～40 岁，寻求独立发展的机会、创业；41 岁以上，一份稳定的工作。

2. 在查看求职者上学经历中，要特别注意求职者是否用了一些含糊的字眼，比如有无注明大学教育的起止时间和类别等。

3. 求职者工作经历是查看的重点，也是评价求职者基本能力的视点，主要查看求职者工作时间、工作职位、工作内容几个方面。

4. 个人成绩：主要查看求职者所述个人成绩是否适度，是否与职位要求相符。

二、查看主观内容(包括求职者对自己的评价性与描述性内容，如自我评价、个人描述等)

主要查看求职者自我评价或描述是否适度，是否属实，并找出这些描述与工作经历描述中相矛盾或不符、不相称的地方。如可判定求职者所述主观内容不属实，且有较多不符之处，可直接筛选掉。

三、初步判断简历是否符合职位要求

1. 判断求职者的专业资格和工作经历是否符合职位要求。如不符合要求，直接筛选掉。

2. 初步判定求职者与应聘职位的适合度。如可判定求职者与应聘职位不合适时，将此简历直接筛选掉。

四、有效甄选简历“关键点”

主要是审查求职者工作经历和个人成绩方面，要特别注意描述是否条理、是否符合逻辑性、工作时间的连贯性、是否反映一个人的水平、是否有矛盾的地方，并找出相关问题。

五、简历的整体印象

主要查看求职者简历书写格式是否规范、整洁、美观，有无错别字，通过阅读简历，给自己留下的印象。

结合以上内容最终判定简历是否符合职位要求。

知识拓展 3-2

表 3-3 所示是求职申请表。

表 3-3 求职申请表

EMPLOYMENT APPLICATION FORM

本人资料 PERSONAL DATA

第一选择
1ST CHOICE ____________
第二选择
2ND CHOICE ____________

姓(英文) 名(英文)
中文姓名
FAMILY NAME ________
GIVEN NAME ________
CHINESE NAME ________

近照
RECENT PHOTOGRAPH

SEX ________ AGE ________
户口地址 区 街道
HOME ADDRESS ____________
DISTRICT ________ STREET ________
通信地址 邮政编码
联系电话
CONTACT ADDRESS ________ POST CODE ________ CONTACT TEL ________
出生日期 出生地点 籍贯
DATE OF BIRTH ________ PLACE OF BIRTH ________ NATIVE PROVINCE ________
民族 身份证号码 护照号码
ETHNIC GROUP ________ I.D.NUMBER ________ PASSPORT NO. ________
是否在职 □在职 现工作单位 单位电话
ARE YOU WORKING NOW? CURRENT WORKING UNIT ________ OFFICE TEL. ________ □待业 是否持有待业证 待业证号
DO YOU HAVE PENDING EMPLOYMENT CERTIFICATE ________ PENDING EMPLOYMENT CERTIFICATE NO. ________
视力 左 右 身高 (厘米) 体重 (公斤)
SIGHT: LEFT: ________ RIGHT: ________ HEIGHT: ________ (CM) WEIGHT: ________ (KG)

语言 LANGUAGE

请在适当空格中填上“√”符号 Please put a “√” in the appropriate boxes	会话 SPOKEN			阅读 READING			书写 WRITTEN		
	良好 GOOD	普通 FAIR	略懂 POOR	良好 GOOD	普通 FAIR	略懂 POOR	良好 GOOD	普通 FAIR	略懂 POOR
英语 ENGLISH									
其他 OTHERS									

技能 SKILLS AND ABILITIES

请在下列左边方格(√)以表示你有这种工作经验或受过这种教育

Please put a "√" to the left of each of the following in which you are experienced or trained

□会计 Accounting	□记账员 Bookkeeping	□急救 First Aid
□收银员 Cashier	□档案处理 Filing	□救生 Life saving
□仓务管理 Stockkeeping	□电脑编程 Computer programming	□驾驶执照 Driving license
□核数 Auditing		

教育与训练 EDUCATION AND TRAINING

		主修科目 MAJOR COURSES	日期 DATE 由年/月 From MM/YY	至年/月 To MM/YY	何种证书 CERTIFICATE RECEIVED
高中 SENIOR MIDDLE SCHOOL	校名 NAME: 地址 LOCATION:				
大学本科或专科 COLLEGE OR UNIVERSITY	校名 NAME: 地址 LOCATION:				
其他 OTHERS 商业 BUSINESS 秘书 SECRETARIAL 工专 TECHNICAL 函授 CORRESPONDENCE	校名 NAME: 地址 LOCATION: 校名 NAME: 地址 LOCATION:				

家庭状况 FAMILY

家庭状况 FAMILY　未婚 □ SINGLE　已婚 □ MARRIED　离婚 □ DIVORCED　丧偶 □ WIDOW

□ SEPARATED

配偶姓名 NAME OF SPOUSE: ____________　单位/职业 COMPANY/OCCUPATION: ____________

家庭主要成员及工作单位 FAMILIY MEMBERS AND COMPANY

姓名 NAME	关系 RELATION	年龄 AGE	工作单位/职位 COMPANY/POSITION	单位地址 COMPANY ADDRESS

续表

在紧急情况发生时请通知： In case of emergency please notify:	姓名 Name:________	关系 Relation:________
联系人地址 Address:________	电话 Tel:________	邮编 Post Code:________
你是否已有子女？ Do you have any children? Age of Children ________	□ 是 Yes	□ 否 No　子女年龄
你是否有残疾或其他疾病？ □ 是 Yes □ 否 No Are you suffering from illness or any other physical disability? If Yes，please state. 你是否已经怀孕？Are you pregnant? □ 是 Yes □ 否 No		

工作经历 WORK RECORD

工作履历 WORK RECORD	由 FROM		至 TO		月 薪 SALARY	离职原因 REASON FOR LEAVING
	年 YY	月 MM	年 YY	月 MM		
单位/公司名称 NAME OF COMPANY 所在部门及职位 DEPARTMENT AND POSITION						
单位/公司名称 NAME OF COMPANY 所在部门及职位 DEPARTMENT AND POSITION						
单位/公司名称 NAME OF COMPANY 所在部门及职位 DEPARTMENT AND POSITION						

原单位咨询人 ORIGINAL COMPANY REFERENCE

姓名 NAME	职位 TITLE	单位地址 COMPANY ADDRESS	电话 TELEPHONE

×××国际酒店有限公司任职之亲友 RELATIVES OR FRIENDS EMPLOYED BY ××× INTERNATIONAL HOTELS

姓名 NAME	职位 TITLE	单位地址 COMPANY ADDRESS	

续表

请在适当空格中填上 "√" 符号 PLEASE "√" AS APPROPRIATE	是 Yes	否 No
曾否因行为或工作不佳而被解雇？ Have you ever been discharged from employment because your conduct or work were not satisfactory?		
曾否因违犯法律而被判刑或劳动教养？ Have you ever been convicted of a crime?		
原单位是否同意你离职？ Does your previous company agree to release you?		

宣言 DECLARATION

本人在此申请书中所填写之一切均属实及正确，如有砌词讹报者，自愿接受立即解雇之处分

The information provided by me in this application for employment is true and correct. A false statement or dishonest answer to any question is sufficient for immediate termination.

并且本人授权调查上述资料之真实性

I also authorize investigation of the above information for the purpose of verification.

申请人签名 日期

APPLICANT'S SIGNATURE: ______________________ DATE: ________________

2. 面试和测试

人力资源部门对应聘者的个人资料和职位应聘申请进行阅读和整理，并对应聘者所提供的信息予以查证核实，在此基础上进行初步甄选或淘汰，决定参加面试考核的人选。

通过面试酒店可以了解应聘者的具体条件和要求，获得是否与特定工作要求符合的重要信息。面试的次数取决于招聘策略、录用人员的重要性和准确评价应聘者的难度等因素。

招聘过程中还经常采用知识技能考试或心理测试等方法，科学地、客观地了解应聘者与工作有关的各方面情况以及其发展潜力，为录用合适人选提供依据。比较常见的考试与测试有专业知识和技能考试、能力测试、智力测试、工作动机测试、态度测试、人格测试、兴趣测试、情景模拟测试、工作现场测试等。

知识拓展 3-3

如表 3-4 所示是面试评估表。

表 3-4 面试评估表

INTERVIEW ASSESSMENT
部门 DEPARTMENT: ____________________ 职位 POSITION: __________ 级别 GRADE:
起始日期 STARTING DATE: ________________________________ 起始工资
STARTING SALARY: __
试用期结束后工资 CONFIRMATION SALARY: ________________________

1 GENERAL APPEARANCE 外表

~ Grooming and dressing，neat and clean? Yes，No 仪表和衣装是否整洁?

~ Posture，straight，slouching? 姿态：精神饱满还是懒散?

~ Is the smile natural or forced? 自然微笑还是勉强微笑?

~ Does he/she look at you in the eyes，when addressing you? Yes，No 与你交谈时，是否看着你的眼睛?

~ Does he/she speak clearly? Yes，No 是否口齿清楚?

~ Does he/she seem to be a good listener or is easily distracted? 精神集中还是分散?

2 APTITUDE TEST RESULT 能力测试结果

~ English	spoken	英语口语	A	B	C	Typing 打字	A	B	C
written	英语书写		A	B	C	Word	A	B	C
listening	英语听力		A	B	C	Excel	A	B	C
~______	spoken	___语口语	A	B	C		A	B	C
written	___语书面		A	B	C		A	B	C
listening	___语听力		A	B	C		A	B	C

3 PERSONALITY AND GOALS 个性目标

~ What are his/her reason for joining the ××× International Hotels? 他/她加入×××国际酒店有限公司的原因?

____

~ What is his/her career goal? 他/她的事业目标?

____

~ What is his/her personal goal? 他/她的个人目标?

____

~ Does he/she seem to be self-confident? Yes/No 他/她看上去是否有自信心? 是/否

____

~ Does he/she respond to comments/questions in a direct and positive manner? Yes/No 他/她是否对观点和问题有直接而积极的反应? 是/否

____

4 OTHERS 其他

~ Reason for leaving previous job______________________________

离开前工作单位的原因

~ How far does he/she live，30mins，60mins______________ mins? By bus，by bicycle，by__________________?

从家到酒店的路程? 用何种交通工具?

~ Special qualifications______________________________

特别专长

续表

5 DID WE EXPLAIN 我们是否解释对 ~ Human Resources to explain Company rules and regulations? Yes/ No 公司规章制度？是/否 ~ Human Resources to explain Hotel benefits, including training? Yes/ No 酒店福利包括培训？是/否 ~ Supervisor / Department / Division Head to explain expectations for the position? Yes/ No 对职位的期望值？是/否

SUITABLE FOR ANOTHER DEPARTMENT__________Yes， No　　If Yes，Department 在其他部门是否合适__________________是，否　　如果是，部门

		Accept 接受	Reject 拒绝
Interviewed by Human Resources 人力资源部面试	on____/____/____by__________		
Tested by Human Resources 人力资源部考核	on____/____/____by__________		
Interviewed by Department Head 部门经理面试	on____/____/____by__________		
Interviewed by Division Head 部门总监面试	on____/____/____by__________		
Interviewed by President 总裁面试	on____/____/____by__________		

3. 体检

在决定录用前，要求应聘者通过体格检查，获得健康证明，是酒店企业招聘与录用工作中不能忽视的环节。酒店是与客人直接接触的服务性行业，如餐饮、厨房、客房等大量服务工作都关系到客人的身体健康。因此，酒店首先要防止传染病患者被录用。同时，酒店工作的劳动强度较大，客观上也要求招聘时必须重视挑选身体健康的应聘者。此外，录用健康的员工也可以为企业减少医药费的支出。

4. 审核批准

当人力资源部门确认应聘者是合适的人选后，应将职位申请书、参考资料、面试记录、健康卡等统一汇总和记录，交由酒店最高管理者做最后的审核批准。

对于整个招募过程，审核批准前的每一个步骤都有一个关键决策点，应聘者如果达不到该决策点的要求就会被淘汰，只有通过决策点的应聘者才能继续参加下面的选拔。至于每个决策点的标准是什么，酒店要根据自己的实际情况确定，但总的原则是以空缺职位所要求的任职资格条件为依据。

(五)聘用

1. 录用通知

通过面试和综合评选，酒店的人力资源部应该向被录用者发出录用通知。为显正式，录用通知多采用书面形式或电子邮件形式，也可以采用电话通知。但不管哪种形式，录用通知的内容一般包括被聘用的职位、所属部门、办理入职手续的时间、地点和所需的物件、咨询电话等。酒店还可以根据实际情况，加印酒店的方位图和组织入职培训的时间、地点以及培训需求等。

2. 试用期聘用

酒店对刚录用的新员工实行试用期考察，这是组织和个人在最初阶段建立相互认知和适应的过程，双方可以通过试用期来确认彼此的选择是否合适。酒店的试用期考察一般为1～6 个月。因个人工作成绩突出或组织的特殊需要免除或缩短试用期的，须由相关部门和酒店领导根据员工录用审批权限给予批准。试用期间，酒店与员工之间要签订劳动合同，以确立双方的劳动关系。

3. 正式聘用

试用期满，通过考察、考核和转正评估后，酒店要给员工办理转正手续，使员工享有正式员工的权利，同时负有正式员工的义务。

(六)招聘评估

招聘评估是招聘程序的最后一个步骤。整个招聘活动对酒店来说实际上只存在两个方面的影响：一是对招聘成本的影响；二是应聘者对空缺职位的适应性，即被录用员工的未来工作绩效。因此，招聘的效果评价也是围绕这两个方面来进行。研究表明，不同的招聘渠道和招聘方法的招聘效果是不同的，用不同的方法招聘的员工，可能表现出不同的工作绩效、流失率和缺勤率。因此，通过招聘评估工作，可以发现招聘工作中存在的问题，以便在将来的招聘工作中进行修正，并找出更有效的方法，提高以后招聘工作的效率和质量。

1. 招聘成本评估

招聘成本评估是指对招聘中的费用进行调查、核实，并对照预算进行评价的过程。招聘成本评估是鉴定招聘效率的一个重要指标，如果成本低，录用人员质量高，就意味着招聘效率高；反之，则意味着招聘效率低。另外，成本低，录用人数多，就意味着招聘成本低；反之，则意味着招聘成本高。

$$\text{招聘单价}=\frac{\text{总经费}}{\text{录用人数(人)}}$$

企业进行小型招聘时，成本评估工作很简单，如果是一次大型的招聘活动，一定要认真做好成本评估工作。

招聘成本评估工作主要包括招聘预算和招聘核算。每年的招聘预算应该是全年人力资

源开发与管理的总预算的一部分。招聘预算中主要包括招聘广告预算、招聘测试预算、体格检查预算、其他预算，其中招聘广告预算占据相当大的比例。一般来说按 4∶3∶2∶1 比例分配预算较为合理。例如：一家酒店招聘预算是五万元，那么，招聘广告预算是两万元；招聘测试预算是一万五千元；体格检查等预算是一万元；其他预算是五千元。当然，每个企业可以根据自己的实际情况来决定招聘预算。

招聘核算是指对招聘的经费使用情况进行度量、审计、计算、记录等的总称。通过核算可以了解招聘中经费的精确使用情况、是否符合预算以及主要差异出现在哪个环节上。

2. 录用人员评估

录用人员评估是指根据招聘计划对录用人员的质量和数量进行评价的过程。在大型招聘活动中，录用人员评估显得十分重要。录用人员的来源不一致，通过录用的方法也不大一致，进行录用人员分析，有利于酒店了解某一类人才利用何种招聘渠道来招聘最有效，有利于酒店了解某一类人才的最有效的测试或录用方法。如果录用人员不合格，那么招聘过程中把他的时间、精力、金钱都浪费了；只有全部招聘到合格的人员才能说全面完成了招聘任务。

1) 录用人员的数量评价

录用人员的数量可用以下几个数据来表示。

(1) 录用比。

录用比是录用人数和应聘人数的比值，也是最终产出率，是反映从参加招聘的人中最终录用的人员所占比例情况。如果录用比越小，相对来说，录用者的素质越高；反之，则可能录用者的素质较低。其计算公式为

$$\text{录用比}=\frac{\text{录用人数}}{\text{应聘人数}}\times 100\%$$

(2) 招聘完成比。

招聘完成比是录用人数和计划招聘人数的比值，是反映招聘完成情况的一个指标。一般来说，该指标越接近于 1，则招聘的效果越好。如果招聘完成比等于或大于 100%，则说明在数量上全面或超额完成招聘计划。其计算公式为

$$\text{招聘完成比}=\frac{\text{录用人数}}{\text{计划招聘人数}}\times 100\%$$

(3) 应聘比。

应聘比是应聘人数和计划招聘人数的比值，反映的是招聘宣传的力度和招聘广告的吸引力。如果应聘比越大，说明发布招聘信息效果越好，同时说明录用人员可能素质较高。其计算公式为

$$\text{应聘比}=\frac{\text{应聘人数}}{\text{计划招聘人数}}\times 100\%$$

2) 录用人员质量的评估

除了运用录用比和应聘比这两个数据来反映录用人员的质量，还可以根据招聘的要求

或工作分析中的要求对录用人员进行等级排列来确定其质量。

下面的指标则是录用人员在质量方面的指标。

一是录用人员受教育年数，可以反映录用人员的知识水平。

二是录用人员参加工作年数，可以反映该人员从事工作的经验和能力。

三是录用人员担当的职位，可以反映录用人员的重要程度。

这几个指标能够有力地说明录用人员的总体素质情况。

二、酒店员工的来源

酒店在进行招聘时，员工的来源渠道可以分为两大类：内部招聘和外部招聘。

(一)内部招聘

内部招聘就是从酒店的在职员工中选择合适的人才，补充酒店的空缺职位。

1. 内部招聘人员来源渠道

内部招聘有很多优点，从内部获得人员是一种重要的来源渠道。它主要包括员工晋升、工作调换、工作轮换与内部人员重新聘用等方面。

1) 员工晋升

从企业内部提拔一些适合空缺岗位要求的人员是常用的一种方法。这种方法可迅速从员工中提拔合适的人选到空缺的职位上，内部晋升为员工提供了发展的机会，使员工感到在组织中是有发展机会的，个人职业生涯发展是有前途的。

晋升的优点：一是有利于企业建立自己的稳定的、核心的人员队伍，使企业拥有高绩效的员工；二是新上任的员工能很快适应新的工作环境；三是能省时、省力、省费用。

晋升的不足：一是由于人员选择范围小，可能聘不到最优秀的员工而造成“近亲繁殖”的弊端；二是有可能使未被晋升的优秀员工对组织产生不满而离开，导致企业人才流失。因此当企业的关键职位和高层级职位出现空缺时，一般采用内外同时招聘的方式。

2) 工作调换

工作调换指职务等级不发生变化，而工作岗位发生变化。它是企业从内部获得人员的一种渠道。工作调换为员工提供从事组织内多种工作的机会，为员工今后的发展或提升做好准备。它一般用于中层管理人员的招聘。

3) 工作轮换

工作轮换多用于一般员工的培养上，让有潜力的员工在各方面积累经验，为晋升做好准备，也可以减少员工因长期从事某项工作而带来的枯燥、无聊。

4) 内部人员的重新聘用

有些企业由于一段时期经营效果不好，会暂时让一些员工下岗待聘，当企业情况好转时，再重新聘用这些员工。由于员工对企业的了解，对工作岗位能很快适应，为此可以节省大量的培训费用。同时又以较小的代价获得有效的激励，使组织具有凝聚力，促使组织

与员工个人共同发展。从某种意义上讲，内部人员招聘也是企业员工职业生涯管理实现的重要的途径。

2. 内部人员的招聘方法

内部人员的招聘方法主要包括推荐法、档案法以及布告法等方法。

(1) 推荐法：推荐法是由本企业员工根据单位和职位的需要，推荐其熟悉的合适人员，供用人部门或人力资源部门进行选择和考核。它既可用于内部招聘，也可以用于外部招聘。因推荐人对用人部门与被推荐者双方比较了解，也使组织很容易了解被推荐者，所以它比较有效，成功率也较大。

(2) 档案法：企业人力资源部门都有员工的档案，从中可以了解员工的各种信息，帮助用人部门或人力资源部门寻找合适的人员补充空缺的职位。尤其是建立了人力资源管理信息系统(HRMIS)的企业，则更为便捷、迅速，并可以在更大范围内进行挑选。

(3) 布告法：也称张榜法，它是内部招聘最常用的方法，尤其是对非管理层的职位而言。企业在确定空缺职位的性质、职责及所要求的条件等情况后，将这些信息以布告的形式公布于组织中，使所有的员工都能获得信息。所有拥有这些资格的员工都可以申请或“投标”该职位，人力资源部门或用人部门筛选这些申请，最合格的申请人被选中进行面试。

布告法的优点在于：一是提高了企业最合格员工将被选拔从事该工作的可能性；二是给员工一个对自己职业生涯开发更负责任的机会，许多员工认为有这种晋升的机会，而更加努力提高其工作技能和绩效；三是使员工有机会离开现有的工作环境，承担更有挑战性的工作。

布告法的不足是：一是因需要花费较长时间填补空职，有些职位在较长时间内保持空缺；二是某些员工由于缺乏明确的方向而在工作中“跳”来“跳”去；三是申请被拒绝的员工可能会疏远组织。

(二)外部招聘

由内部招聘获得人员的最大不足是并不能从根本上解决企业内部劳动力短缺的问题。尤其是当企业处于创业时期、快速发展时期或需要特殊人才时，仅有内部招聘是不够的，还必须借助外部劳动力市场。因此外部招聘也是重要的人员来源渠道。

1. 应聘者自荐

应聘者自荐即指在没有得到酒店内部人员推荐的情况下，应聘者直接向招聘单位提出求职申请的。应聘者在某种程度上已经做好了到企业工作的充分准备，并且确信自己与空缺职位之间具有足够的匹配程度，然后才会提交求职申请。

应聘者毛遂自荐的最大优点为：费用低廉，可以直接进行双向交流；而且应聘者已花费很长时间了解企业，也更容易受到激励。

不足之处是：随机性较大，时间较长，合适人选不多。因此用这种方式招聘合格人员，需要专人负责接待，要有详细的登记表格，并尽可能鼓励应聘者表现自己的才能。

2. 广告招聘

尽管通过广告所招募来的人往往比直接来公司求职的人和被推荐来的人要稍差，并且广告招聘的成本通常也更高一些，但是它仍然是目前最为普遍的招募方式之一。

3. 就业服务机构

如人才交流中心、职业介绍所、劳动力就业中心、猎头公司等就业服务机构，这些机构通过定期或不定期地举行人才交流会，供需双方面对面地进行商谈，增进了彼此的了解，并缩短了招聘与应聘的时间。

4. 校园招聘

在大学或学院进行招聘，正逐步成为企业喜欢运用的招聘渠道。

校园招聘的显著好处就是：企业能够找到相当数量的具有较高素质的合格申请者；不足之处则是：毕业生缺乏实际工作经历，对工作和职位的期望值高，一旦录用后，容易产生较高的流失率。为了保证校园招聘的效果，要求企业精心选择学校，对招聘者进行培训，和高等院校建立良好的关系，实施大学生实习计划以及考虑在招聘的时候采用真实工作预览的策略。事实上，大多数学院和大学中也都设置了就业办公室来辅助企业进行校园招聘，进而帮助毕业生实现就业。

5. 网络招聘

网络招聘是指企业通过网络渠道来获得应聘人员的资料，从而选拔合格员工的方式。企业可用两种方式通过网络来进行招聘。一种方式是在企业网站上建立一个招聘渠道，由企业自己来进行应聘者资料的获取和筛选；另一种方式是委托专业的招聘网站进行招聘，最后再进行验证测试即可。

网络招聘近几年发展迅速，原因在于它拥有传统媒体所不具备的优势。除了快捷、成本较低外，还不受时间、地点的限制，并且可以接触到更大范围的人群，有更多的选择余地；同时也使得存储与检索应聘者的简历更为容易，方便了提供招聘信息服务。目前，有些企业已经把面试、测试以及个人背景审查等都通过网络进行。但是，与传统招聘会相比，网络招聘的重要缺陷之一是网络招聘无法让应聘者和用人单位直接沟通。另外由于缺乏有效的监督机制，造成招聘单位对网上求职的可信评价不高，而应聘者也常抱怨网络求职“回复率低”、“真实性差”、“虚假信息多”、“个人隐私容易泄露”等。

评估练习

1. 简要描述酒店员工的招聘流程。
2. 能够用简明的语言描述员工招聘的内外部渠道。

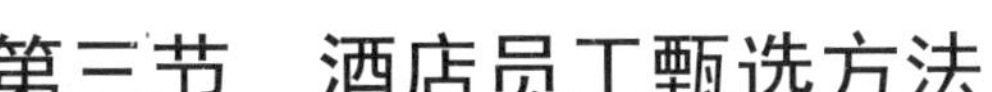

第三节　酒店员工甄选方法

教学目标

- 了解笔试法的特点。
- 了解面试类型，掌握面试步骤与技巧。
- 了解评价中心分析法的三个主要方法。
- 了解心理测试的基本方法。

所谓甄选，就是选拔，是指采取科学的人员测评方法，选择具有资格的人来填补职务空缺的过程。人员测试的方法和测量技术有很多，酒店招聘过程中常用的有以下几种，即笔试法、面试法、评价中心分析法和心理测试法等。

一、笔试法

在酒店进行员工甄选时，笔试法是常用的一种方法。就是使用纸和笔对应聘者进行测验，以了解应聘者的知识广度、深度和知识结构。

酒店招聘员工的笔试主要包括综合知识、专业知识、相关知识等内容的考试。综合知识考试内容广泛，重在了解被试者的基本知识结构和知识水平。专业知识考试又称深度考试，考查内容与被试者应聘的职位有直接关系。相关知识考试又称结构性考试，主要是了解应试者对相应职位有关知识的了解和掌握程度。

笔试通过考试试卷完成，因此，试卷设计决定着考试质量和成效。整个试卷的设计要根据考试目标，将各类知识和内容结合起来运用，还应根据招聘的不同等级、不同职位的具体要求进行设计。例如，招聘销售人员要测试营销知识，招聘餐饮服务人员要测试餐饮业务方面的知识，招聘普通员工主要测试专业基础知识和操作知识，招聘中高层管理人员主要应测试其管理知识和体现其综合能力的相关知识。

二、面试法

目前，在酒店员工的招聘中，面试是最常用的一种甄选方法。它是供需双方通过正式的交谈，使酒店能够客观地了解应聘者的语言表达能力、反应能力、个人修养、逻辑思维能力、业务知识水平、工作经验等综合情况，使应聘者能够了解更全面的酒店信息和自己在酒店发展的前景。那么如何提高面试的效率，通过面试准确地判断适合酒店的人才、吸引这些人才，是人力资源工作者所要探讨的。

(一)面试的类型

1. 顺序性面试

收到简历以后，首先由部门中职位较低的人初选一遍，然后面试。合格的面试者被推荐给上一级，最后由领导拍板。这样从低到高的面试就是顺序性的面试。

优点：早些去除不合格的人选，节省领导的时间。

缺点：职位低的人对职位的理解可能有误差。

顺序性面试适用于应聘人员非常多的时候。

2. 系列化面试

不是由一个部门来做出录用决定，而是多个相关部门看了以后，最后商议做出是否录用的决定。

比如应聘销售员职位，由人力资源部根据销售经理提供的能力需求先面试一遍，再把筛选出来的人交给销售部门的经理去面试。因为候选人将来要与其他相关的部门打交道，如市场、售前技术支持，所以要请市场部的人来看一下，再请售前支持部的人面试一下。

优点：可以覆盖不同的层面，不易有偏见。

缺点：容易造成拖延。

适用于要求团队沟通特别好的职位。

3. 小组面试

小组面试有两种形式。一种是多位应聘者同时面对面试考官的情况。在这种面试中，通常要求应聘者作小组讨论，相互协作解决某一问题，或者让应聘者轮流担任领导主持会议、发表演说等。这种面试方法主要用于考察应聘者的人际沟通能力、洞察与把握环境的能力、领导能力等。其优点是效率高，有助于面试考官对应聘者直接进行比较，容易达成一致意见；缺点是对应聘者的评价容易带有较多的主观色彩。第二种形式就是一组面试考官同时或轮流面试一个人，然后小组决定录不录用他。这种方式的优点是从多方位考核，节省时间，不容易错过一些话题；缺点是对候选人压力太大。这种方式适用于招聘管理人员和需要承受压力的职位。

4. 结构化面试

所谓结构化，包括三个方面的含义：一是面试过程把握(面试程序)的结构化。在面试的起始阶段、核心阶段、收尾阶段，面试主考官要做些什么、注意些什么、要达到什么目的，事前都会有相应策划。二是面试试题的结构化。在面试过程中，主考官要考察应聘者哪些方面的素质，围绕这些考察角度主要提哪些问题，在什么时候提出，怎样提，在面试前都会做出准备。三是面试结果评判的结构化。从哪些角度来评判应聘者的面试表现，等级如何区分，甚至如何打分等，在面试前都会有相应规定，并在众考官间统一尺度。

优点：减少了面试的随意性，突出重要问题，避免遗漏，方便对面试结果的横向比较和分析。

缺点：缺少灵活性，不利于应聘者的发挥和完整地阐述自己的想法，也不利于面试考官对某一问题的深入了解。

这种方式不适合面试高级管理人员或工作中个性化色彩较强的职位。

5. 非结构化面试

在非结构性面试中，没有既定的模式、框架或程序，面试官可以"随意"地向应聘者提出问题，而且对应聘者来说也没有固定的答题标准。即使是对应聘同一工作的不同对象，面试官也可以问他们各不相同的问题。但要注意的是：这种"随意"并非海阔天空地闲聊，从面试官的角度来说，他必须在谈话过程中对应聘者进行观察，从总体上把握面试的效果。

这类非结构性的优点是灵活性高，面试官可以针对应聘者的特点进行有区别的提问，给其发挥的空间，同时也能使面试官抓住问题回答中的关注点不断深入地提问，以了解应聘者的真实想法。

缺点是这种方式对面试官的素质要求非常高，面试结果容易受面试官的主观因素影响，面试结果无法量化，无法同其他应聘者的评价结果横向比较。

为了更充分地发挥结构化面试和非结构化面试的优点，避免它们的缺陷，酒店在实际面试中可以将两者结合起来使用。

6. 压力性面试

压力性面试是将应考者置于一种人为的紧张气氛中，让应考者接受诸如挑衅性的、非议性的、刁难性的刺激，以考察其应变能力、压力承受能力、情绪稳定性等。典型的压力性面试，是以考官穷究不舍的方式连续就某事向应考者发问，且问题刁钻棘手，甚至逼得应考者穷于应付，考官以此种"压力发问"方式逼迫应考者充分表现出对待难题的机智灵活性、应变能力、思考判断能力、气质性格和修养等方面的素质。

美国西南航空公司的面试

美国西南航空公司在早年航空业蓬勃发展的时候，给全世界创造了几十种类型的职位，包括飞行员、飞机维修师、研发人员、空中小姐、空中少爷以及地勤人员。西南航空是一个非常有名的公司，因此世界各地的应聘信像雪片似的寄往航空公司。那么，西南航空是怎么处理这些应聘信的呢？

公司首先筛掉了基本技能不符合要求的人，剩下的凡跟职位有点相关的人，他们都要进行初次的面试。

面试的过程是这样的：首先，他们把参加面试的应聘者每 20 人分为一组，让他们都坐在会议室里，然后让每个人排着队到前面来演讲三分钟，主要讲述你叫什么名字，应聘什么职位，为什么能应聘这个职位，只讲三分钟，时间一到就换人。这样，20 个人的面试，一个小时就结束了。

面对这个问题，很多人都认为是在看演讲者的口头表达能力、逻辑思维能力、仪表仪态方面的基本表现。同时通过他的演讲可以观察出这个人对自己是不是有期望，如果有，那对他自身的发展很有利，也就能和公司达成一致的目标。

其实，西南航空公司的主考官看的是当别人在上面演讲的时候，其他应聘者正在干什么。因为西南航空公司强调的是客户服务意识，所以那些来回溜达、接电话、看报纸、写自己的东西、跟别人交头接耳、轻蔑之色溢于言表的人在初次面试时就被淘汰了。

那么，什么样的人能够成功地进入第二轮面试呢？是那些注重倾听别人讲话，懂得尊重他人的人。

其实在面试中，主考官有时候是“醉翁之意不在酒”，其“意”候选人并不知道。面试中很有名的一个做法叫声东击西，就是表面上好像看的是这个方面，实际上看的却是另外一个方面，这个案例就是典型的声东击西。候选人在这儿讲三分钟，而主考官根本不看演讲者，他看的是底下坐着的人，看他们正在干什么。

西南航空公司有一段很有名的话：“我们的成本优势可以被超过，我们的飞机和航线也可以被模仿，但是我们为我们的客户服务感到骄傲，这是没有人能够模仿得出来的。通过有效的招聘，我们为公司节省了费用，并且达到生产率和顾客服务的更高水平。”

正是由于这种客户服务意识，西南航空公司在当时市场特别低迷的情况下，它的运营成本是每英里 7 美分，是全行业里最低的；而且在 1994 年的时候，它获得了美国运输部颁发的奖章，以表彰它的飞行准时、行李处理的及时和最少的客户投诉。它取得的这个业绩是因为它招对了人！

(资料来源：张晓彤. 如何选、育、留、用人才)

(二)面试的步骤及技巧

酒店面试招聘人员应参照以下步骤，做好面试前后的各项工作，并注意面试过程中的细节。

1. 面试前的准备

(1) 确定面试主试人和面试方式。酒店对普通岗位候选人的面试一般由人力资源部和用人部门经理担任。可以采用小组面试，也可以采用顺序面试。表 3-5 所示是一般酒店常采用的面试责权划分。

表 3-5　酒店常用面试责权划分

招聘职位	初　试	复　试
普通员工	人力资源部+用人主管	人力资源部经理+用人主管
基层管理人员	人力资源部经理+用人主管	人力资源部经理+分管副总
中层以上管理人员	人力资源部经理+用人主管	人力资源部经理+总经理

(2) 准备面试材料。根据招聘职位的工作说明书设计面试评估表。

(3) 准备好面试者的求职简历，准备面试提纲和问题。

(4) 选择和布置面试场地。使场地避免干扰，并创造有助于沟通的环境。

常见的面试场地布置如图 3-2 所示。

2. 进行面试

(1) 建立和谐气氛，帮助应聘者缓和情绪。

(2) 向应聘者介绍酒店的情况，不断地向应聘者传达“这是一个非常棒的工作环境”这样的信息。

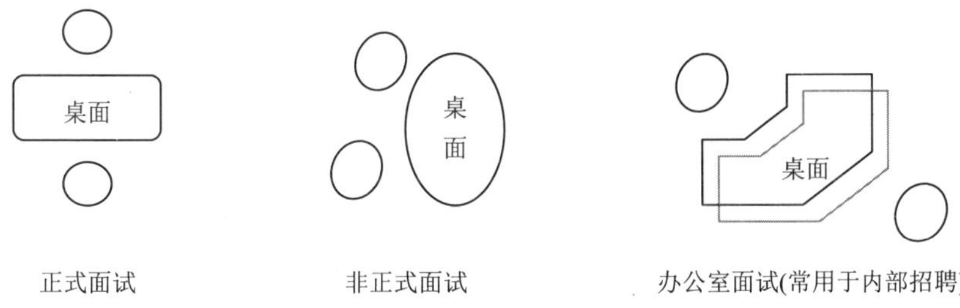

图 3-2　面试场地布置图

(3) 将整个面试的程序安排预先简要地告诉应聘者，以便对方做好准备。

(4) 面试提问，向应聘者提出试探性和深入性的问题。提问时注意以下几点。

首先是掌握面试时间，不要让应聘者支配整个面试，使得你无法问你所有的问题。在面试中最好的发言比例是应聘者有 60%的发言机会，面试主持人占 40%。其次要保证事先准备的问题都涉及，在准备阶段设计好的问题可以给你一个一般性的指导。从应聘者的回答中也可能引发出另外的问题，可以选择那些自然引发出来的与面试有关的问题加以跟踪提问。第三是不要传递面试主持人所期望的答案的信息。最后对应聘者要尊重，不要像审囚犯那样审问应聘者，不要采取讽刺或漫不经心的态度。

(5) 询问应聘者是否有问题，并对提问进行解答。

(6) 结束面试时主试者应告诉对方如果被录用，大约何时可以获得录用通知书，并且表达对对方的友好和尊重。在下一个候选人进来之前，把上一个候选人的笔记做全。然后再请下一个人进来面试，以保证对前一个候选人的评价是一个完整的印象。

面试者切记不要轻易许诺你不能确认的事情，以免应聘者被录用后如果没有兑现之前的承诺，会给其造成上当受骗的感觉。

知识拓展 3-4

面试提问 STAR 法

在面试时，主考官可以根据应聘者过去做过什么、做得怎么样，来预见他进入酒店后的工作表现。

询问过去要讲究方法，“星星”面试法——“STAR”是最常用的，如图 3-3 所示。

“S”是 Situation，情景；“T”是 Target，目标；“A”是 Action，行动；“R”是 Result。用这个面试法能很快挖掘出应聘者过去所做过的事情。先问情景：“以前是在什么情况下做这件事的？”然后问目标：“能不能告诉我你做这件事的目的是什么？”接下来问行动：“你为了做这件事情采取了哪些行动？”最后问结果。

比如，有的应聘者会说：“我在原来的酒店是销售冠军，销售量排名几乎一直是第一位。”很多招聘经理、部门经理听了会很满意：“不错，这个人是销售冠军呐。”但对人力资源专家而言，这个回答没有任何意义，用人单位从中得不到任何信息。应聘者说："我一直销售很好。"面试官就会追问："你以前是在什么情景下销售做得好呢？酒店的氛围怎么样？客房怎么样？销售的区域需求量怎么样？"然后再问："你采取了什么行动来保证销售额？是经常拜访客户？还是运气好、客房好？"最后要问结果，如果他说"我是酒店最好的销售员之一"，就要问他："你们酒店有几个销售人员？有什么指标来判断你是最好的销售之一？你的销售到底是第一，还是第二，具体的销售额是多少？"不断地追问过去所发生的事情，才能把应聘者过去的行为表现问出来。

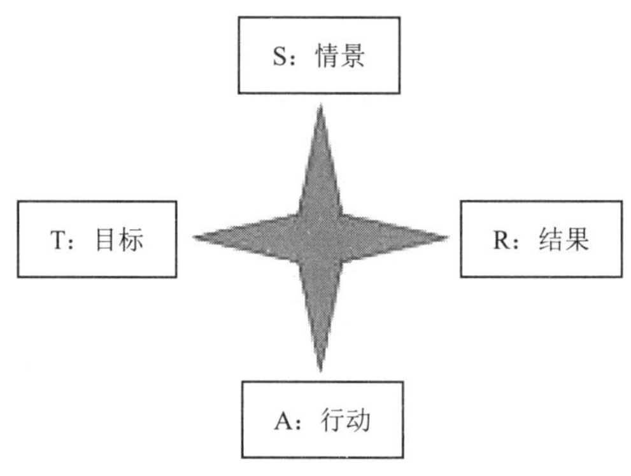

图 3-3　星星面试法

再如，很多招聘者经常喜欢问应聘者这样的问题："谈谈你自己"、"你认为自己是一个好的管理者吗？""你能承受压力吗？""你的团队协作能力如何？"等，这些问题能引出这 STAR 的四个角吗？不能。这种问题我们把它叫 Close Question，就是关门的问题。如果人们只能用"是"或"不是"来回答，就不是一个好问题。

可以这么问："请你给我举一个过去跟客户打交道最困难的例子，好吗？"应聘者收到这个问题，他可能会说："让我想想，在我上一家公司有一个客户，当时客户是什么情况，我为了赢得这个客户，我做了一些什么事情，最后我赢得了这个客户。"四个角都具备了，这时候他的答案就比较有可信度，因为是他过去曾做过的事情，情景、时间、地点、人物、中心思想全都具备。其实这个问题的中心思想是想知道他跟人沟通的能力怎么样，处理问题的能力怎么样，通过他跟客户打交道的例子，已经了解了这些方面，这就是 STAR 的作用。对方如果能回答出 STAR，就是一个好问题。

(资料来源：张晓彤. 如何选、育、留、用人才)

(三)面试结果评估

面试结束后，主试者应立即仔细查阅一遍面试记录，认真填写面试评估表。面试评估中有很多的误区，招聘者在面试时要注意避免，常见的误区有以下几种。

(1) 晕轮效应。又称光环效应，是指在人际相互作用过程中形成的一种夸大的社会印象，正如日、月的光辉，在云雾的作用下扩大到四周，形成一种光环作用。常表现在一个人对另一个人的最初印象决定了他的总体看法，而看不准对方的真实品质，形成一种好的或坏的“成见”。所以晕轮效应也可以称为“以点概面效应”。例如，有一个人要应聘销售人员，面试者发现他长着“四环素牙”，认为牙齿关系一个人的身份，此人做销售有失身份，就认为他不适合作销售。这个牙齿的缺点太突出了，以至于这个人哪怕着装特别得体，业务非常熟练，都被这个牙齿的晕轮笼罩了，而不愿意去考虑其他。相反，一个人的某个优点特别突出，他的其他缺点，如英文水平不好也能容忍，计算机不好也没什么。

避免方法：时刻提醒自己，如果候选人的某个亮点太亮了，就必须把它淡化，并刻意地去挖掘他背后那些信息。

(2) 首因和近因效应。如果一天中来面试的人特别多，安排得满满当当的，面试者通常记住的是第一个来的和最后一个走的，中间的如果有特别的亮点，你记住他了，还有可能犯了晕轮效应的错误。而中间的那些候选人，因为种种原因有可能被面试者扼杀掉、淡化掉，记不住他们，这叫首因。记住离面试者最近的，发生事情最近的，这叫近因。这两个效应会把中间的候选人直接给扼杀了。

避免方法：给每个候选人做专业的面试计划，做好详细的面试记录。

(3) 判分时“前紧后松”或“前松后紧”。给应聘者打分，前后尺度不一致，经常出现“前紧后松”或“前松后紧”，因此，考官必须认真作记录，必须用同一尺度去衡量各位应聘者，力求公平。

三、评价中心分析法

评价中心是一种程序，是各种方法的组合，而不是一种具体的方法。它是多重测验组在逻辑上的延伸，是组织选拔管理人员的人才评价过程。在这种程序和过程中，有多个评价人员，针对特定的目的与标准，使用多种评价技术，如心理测验、情境模拟、角色扮演、无领导小组讨论等主客观人才评价方法，对被测者的能力、素质进行综合评价，为组织选拔、提升、鉴别、发展和培训员工等服务。常见的评价中心分析法有如下几种。

(一)无领导小组讨论

把候选人分为几个小组，每组给出一个主题，让他们自己讨论，经过一定时间后拿出一个答案来，这叫无领导讨论。

无领导小组讨论的具体步骤如下。

(1) 讨论前事先分好组，一般每个讨论组 6～8 人为宜。

(2) 考场按易于讨论的方式设置，一般采用圆桌会议式，面试考官席设在考场四边(或集中于一边，以利于观察为宜)。

(3) 应聘者落座后，面试考官为每个应聘者发空白纸若干张，供草拟讨论提纲用。

(4) 主考官向应聘者讲解无领导小组讨论的要求(纪律)，并宣读讨论题。

(5) 给应聘者 5～10 分钟准备时间(构思讨论发言提纲)。

(6) 主考官宣布讨论开始，依考号顺序每人阐述观点(5 分钟)，依次发言，发言结束后开始自由讨论。

(7) 各面试考官只观察并依据评分标准为每位应聘者打分，不准参与讨论或给予任何形式的诱导。

(8) 无领导小组讨论一般以 40～60 分钟为宜，主考官依据讨论情况，宣布讨论结束后，收回应聘者的讨论发言提纲，同时收集各考官评分成绩单，应聘者退场。

(9) 记分员按歌唱比赛方法去掉一个最高分和一个最低分，然后得出平均分的方式，计算出最后得分，主考官在成绩单上签字。

无领导小组讨论的优点是能检测出笔试和单一面试法所不能检测出的能力或者素质；可以依据应聘者的行为、言论来对应聘者进行更加全面、合理的评价；能使应聘者在相对无意中显示自己各个方面的特点；使应聘者有平等的发挥机会，从而很快地表现出个体上的差异；节省时间，并能对竞争同一岗位的应聘者的表现进行同时比较(横向对比)，观察到应聘者之间的相互作用；应用范围广，能广泛应用于非技术领域、技术领域、管理领域等。但无领导小组讨论对测试题目和考官的要求较高；同时，单个应聘者的表现易受其他应聘者的影响。

(二)文件筐测试

文件筐测试通常又叫公文处理测验，是评价担任特定职务的管理人员，在典型职业环境下获取有关资料，恰当处理各类信息，准确做出管理决策，有效开展协调和控制工作的能力及其现场表现行为的综合测试。

文件筐测试的应用过程虽有差别，但总体来说，一般分为三个步骤，具体如下。

(1) 向每一位被测评者发放一套文件(一般 15～20 份)，包括：下级呈来的报告、请示、计划、预算，同级部门的备忘录，上级的指示、批复、规定，外界用户、供应商、银行、政府有关部门和酒店所在社区的函电、传真及电话记录，甚至还有群众的检举信或投诉信，这些都是在管理人员的办公桌上出现频率比较高的文件。

(2) 向被测评者介绍有关背景资料，然后告诉被测评者，他现在就是这个职位的任职者，全权负责处理所给全部公文材料。各被测评者要留下笔记、信件等，这是每一位被测评者工作业绩的最好记录。

(3) 处理结果将交由测评组按规定的考核维度与标准进行考评。

(三)角色扮演法

角色扮演是情景模拟中的一个重要方法。它要求应聘者扮演一个特定的管理角色来处理日常的管理事务，以此来观察应聘者的多种表现，以便了解其心理素质和潜在能力的一种测试方法。

在测评中要强调了解应聘者的心理素质，而不要根据他临时做出的意见做出评价，因为临时工作的随机因素很多，不足以反映一个人的真才实学。有时可以由主试者主动给应聘者施加压力，如工作时不合作，或故意破坏，以了解该被试者的各种心理活动以及反映出来的个性特点。

四、心理测试法

心理测试法是指通过一系列心理学方法来测量被测试者的智力水平和个性方面差异的一种科学方法。它通过对人的智力、潜能、气质、性格、态度、兴趣等心理素质进行有效测量，把员工的某些心理特征量化，使其具有客观性、确定性和可比较性。通过心理测试，酒店可以较为客观、真实地了解一个员工的人格与能力，判断和预测是否符合某一岗位的需要，从而将他安排到合适的岗位上，以保证人尽其才。

心理测试的内容主要包括智力测试、能力测试和人格测试。

(一)智力测试

智力测试就是对一个人的思维能力、学习能力、适应环境的能力和解决实际问题的能力进行的测试。所谓智力就是指人类学习和适应环境的能力。智力包括观察能力、记忆能力、想象能力和思维能力等。

在企业招聘中运用智力测验是衡量应聘者智力高低的参考，它对于管理中评价人的能力水平、筛选候选人、安排恰当的工作职位、保证工作任务的完成有重要的作用。但是并不是说所有的工作，智力越高的人就越适合。有研究表明，在实际操作的员工中，智商太高并不一定有利于工作。在一个团体中，所有人的智商都很高反而容易产生矛盾。因此，酒店对大部分职位应聘者的智力测试的目的应立足于评价其智力水平是否达到职位的基本要求、是否能完成该角色所赋予的工作任务等方面。

(二)能力测试

能力是指个人顺利完成某种活动所必须具备的知识、技术、心理特征和行为方式，概括地说就是指个体从事一定社会时间活动的本领。能力测试是衡量应聘者是否具备完成职位职责所要求的能力。能力测试有两个功能：一是判断应聘者具备什么样的能力，即诊断功能；二是测定在从事的活动中成功的可能性，即预测功能。

能力可以分为一般能力和特殊能力两大方面。

1. 一般能力测试

一般能力是指在多数基本活动中表现出来的能力，如观察力、记忆力、思维力、想象力等，是完成一项工作任务的前提和保证。例如，围绕酒店工作，观察力、决策力、表达能力、运筹能力、应变能力等的结合就是酒店管理岗位能力的体现和要求。

一般能力测试(GATB)最初是由美国劳工部于 1934 年开始花费了十多年的时间研究制定的，包括九种职业能力倾向：一般能力(G)、言语能力(V)、数理能力(N)、书写能力(Q)、空间判断能力(S)、形状知觉(P)、运动协调(K)、手指灵活度(F)和手腕灵活度(M)。这套测试所含的各种能力与不同的职业类型密切相关，经过测试可以对应聘者是否适宜从事所应聘的职位做出判断。例如，语言能力差的人不适合做公关或者接待服务，手指灵活度不高的人不适宜从事计算机文字处理的工作。

2. 特殊能力测试

特殊能力是指那些特殊职业所需要的能力。不同职位的工作性质对从业人员能力倾向的要求不同，选拔人员的标准也不同。例如，有些工作需要机械操作能力特别强的人，而有些工作需要擅长运算的人。同样，酒店部门不同对岗位能力的要求也不同，如总台接待员要求善于与人沟通；人力资源管理人员要具备较强的人际协调能力和亲和力；销售人员要求有较强的语言沟通能力，并能不断地接受新的挑战；保安人员要反应比较快。招聘过程中，通过对特殊能力的测试，酒店可以为应聘者确定更为合适的、准确的职位，以保证他们在将来的工作岗位上能极大地发挥个人优势，创造更高的绩效。

(三)人格测试

人格(个性)是指个人对现实的稳定态度和习惯的行为方式。按照不同的标准可以将人的人格划分成不同的类型。人格在很大程度上决定着人们的行为方式，而不同的职位所要求的行为方式又不同，因此对应聘者的人格进行测试有助于判断他们是否符合并能胜任所应聘职位。例如，对于客户关系主管这个职位来说，应聘者如果具有热情开朗、擅长交际的外向性格会更适合职位的需要，更容易获得良好的工作绩效。

九型人格学

九型人格(Enneagram)，又名性格型态学、九种性格，是婴儿时期人身上的九种气质，包括活跃程度；规律性；主动性；适应性；感兴趣的范围；反应的强度；心境的素质；分心程度；专注力范围/持久性。它是一个近年来备受美国斯坦福等国际著名大学 MBA 学员推崇并成为现今最热门的课程之一，近十几年来已风行欧美学术界及工商界。全球 500 强企业的管理阶层均有研习九型性格，并以此培训员工，建立团队，提高执行力。

人格测试的方法主要可以分为两大类：自陈法和投射法。

1. 自陈法

自陈法就是向被试者提出一组有关个人行为意向、情感、态度方面的问题，被试者根据自己的实际情况回答，测试者将被试者的回答和标准进行比较，从而判断他们的性格。测试的问题大多采用判断法或选择法。如主试者提问“如果受到客人刁难，你会心情非常沮丧吗”，要求被试者回答“是”或“否”。或者主试者对一个问题列出多项答案，供被试者根据自己的真实看法进行选择。自陈法的测量技术应用较普遍，学术研究和企业人力资源实践中常使用国外一些著名的测量工具，如明尼苏达多项人格测量表(MMPI)、加州心理调查表(CPI)、卡特尔 16 种人格因素量表(16PF)、爱德华个体偏好量表(EPPS)和艾森克人格问卷(EPQ)等。

2. 投射法

投射法就是通过一定的媒介，向被测试者提供一些意义不明确的刺激情境，让被测者在不受限制的条件下建立自己的想象世界，无拘束地、不自觉地表现出自己的态度、动机、需要、愿望、价值观等其人格特征的测量方法。采用投射法是因为人格结构的大部分内容处于潜意识中，某些欲望、动机、需要等心理特征不容易被直接观察出来，也很难通过自我评述得到客观而准确的答案。而且，当测试本身不显示任何目的时，被测试者就不会有意地防范或做出虚假的反应。

课外资料 3-1

画树可以看出人的性格

认识自己，对现代人来说一直是件困难的事。徐光兴教授指出，其实通过画一棵树，就可以知道你的内心世界或人格特征，在心理学中，这一方法被称为“树木人格测量法”。1950 年代，德国人柯赫创立了这一方法，1962 年的第五次国际儿童精神医学的学术会议上，这一测量法被正式批准应用于临床心理治疗实践。在图画心理学中，“树木人格测量法”常常被用于临床心理治疗实践。

“树木”象征着人的原始本能或内在情感，从某种程度上说是画者的自我投影和象征。树木的大小、上下、左右，以及正斜、偏倚度都有一定的喻义。通过画面中的树木的具体形状，就可以分析出他的精神世界和物质世界的状况，知晓绘画者过去的生活经验和未来的发展趋势，进一步也可分析判断出他对母亲和父亲的印象。

评估练习

1. 简要描述结构化面试的主要内容。
2. 熟练阐述面试的基本流程和基本技巧。

第四节　酒店员工的离职管理

教学目标

- 理解造成酒店员工离职的原因。
- 掌握离职面谈的基本程序。
- 掌握降低员工离职率的措施。

有调查表明，在离职员工中，只有 15%的人员是因为钱而离职。对于他们来说，受赏识和尊重是非常关键的，另外他们看中培训和承担更大责任的机会。他们寻求的是更大的职责、良好的同事关系、更多的培训和提高的机会。

酒店由于行业工资低、多数工作技术含量低，造成流动性大，离职人员多且频繁，对于酒店的服务质量及正常运作往往造成重大影响。所以，人力资源管理人员要对离职管理进行研究和分析，把离职造成的损失降到最低。

一、酒店人员离职原因分析

离职是指员工根据本人意愿，并经用人单位同意，与所在单位解除劳动契约关系(解除合同)的行为。

酒店作为劳动密集型产业，人员流动高于其他行业是正常的。酒店人员流动比例居高不下，是由多方面原因造成的。

(一)社会原因

首先是观念的影响，从计划经济到市场经济打破了从一而终的就业思想。其次是酒店业的发展提供了客观条件。酒店容量是决定人员流动的客观基础，20 世纪 80 年代我国仅 2000 多家星级酒店，岗位有限、人员饱和，想跳槽也难。而目前酒店数量迅猛增加，人才需求大增，客观上为人才流动提供了条件。

(二)酒店业本身原因

(1) 进入壁垒过低，过度重视经验，流失高素质人才。只要有初中以上的文化程度，外形条件达到一定的要求，进行一个月左右的培训都能进入酒店业，一般不需要什么较高的文化基础。重视经验，这是酒店业的又一个特点。酒店中的一些知识，只有参与了具体服务工作，才能很好地掌握和应用，大多数酒店把本专科毕业生从最底层培养。以上两个特点使得所有酒店从业人员都处于同一起跑线上，然而那些受过高等教育、具有良好管理知识的人才，不论从心理上或者是年龄上都不能接受酒店这种从底层培养的观念，从而使得很多酒店管理专业的本专科生转而从事其他的行业。

(2) 薪酬水平普遍低下，缺乏行业竞争力。据人社部 2012 年发布的报告显示各行业工资水平，2007 年以来，金融业第一；信息传输、计算机服务和软件业第二；农林牧渔业、住宿和餐饮业分列倒数第一、第二的格局并没有发生过变动。也就是说，酒店餐饮行业的平均工资在 19 个行业中连续十年倒数第二。住宿和餐饮业年平均工资 27 847 元，是全国平均水平的 66%。

(3) 工作强度大。在酒店企业，淡季的工作强度员工还可承受，一到旺季工作量明显加大，员工的工作时间一般在 10 小时以上，有时甚至达到 16～17 小时，这样的强体力劳动也是员工流失的一个很重要的原因。

(4) 人文环境差。一方面，在很多酒店，存在着部门之间沟通不畅，甚至相互拆台，同一部门不同领导之间相互推诿，常闹矛盾，员工之间拉帮结派搞对立的不良现象。另一方面，由于酒店业竞争激烈，一些生意不景气的酒店就要求员工无条件地服从客人。遇到一些素质差的客人，员工忍气吞声，除付出体力成本外更有精神折磨。

(5) 酒店业人才培养机制不完善。现在很多酒店已经意识到了人才缺乏的危机，也制定了许多留住人才的措施，如建立人才库，制订接班人计划，进行职业生涯设计等。但这只是停留在书面上，真实情况却不容乐观。这样的人才培养机制让进入酒店企业的员工看不到上升的空间，对于自身的前途没有信心。

(6) 奖惩制度不完善，目前好多酒店只重罚不重奖。这导致员工缺少进取心，而大学生刚从学校走上社会，满怀抱负，是禁不住这些环境消磨的。因此为了实现自己的抱负，他们往往另作打算。

(三)个体原因

(1) 为了实现自身价值。有调查表明，酒店业中大学生流失率达 66%，其主要原因在于心理预期与现实工作存在较大差距，对工作环境或发展空间不满意。

(2) 国有、股份制和外资等不同酒店企业的管理机制及员工薪酬差异较大，客观上为员工跳槽提供了动力和欲望。

(3) 为了寻求人生体验。如今伴随着体验经济产生了一种人生体验的新理念，即不断尝试新的工作，寻求一种内心的满足。在酒店专业学生中就有一部分人是这样的想法。

课内资料 3-2

员工离职的“2-3-2”原则

1. “2”是两周。为什么人家到你公司两周就辞职不干了？百分之百的原因是你在招聘时骗他了。你许诺他的那些东西两周过去了，都没有实现，他就不会再等，两周他就走了。

2. “3”是三个月试用期。为什么员工在试用期之内就辞职了？你肯定是在职位上骗他了，你许诺他带多少人，参加多少培训，有什么福利，有什么机会等，3 个月都没有发生，你给他太夸大了，没发生他就不会在试用期过了以后还再等。2-3-2 前面两个原因都跟招聘有关系。

3. 最后一个“2”是两年。员工做了两年，我们称为老员工。他希望要升职了，要工作轮换了，或者要升官了，这时你不能给他提供这个机会，你不能给他工作扩大化，到两年这个节骨眼上老员工也就留不住了。

(资料来源：张晓彤. 如何选、育、留、用人才)

二、离职面谈的内容

离职面谈一般包括以下内容：建立融洽关系，征求对原来工作的意见，探究离职的原因，做出结论等。通过离职面谈就可以对员工离职的原因有更深入的了解，并能揭示出酒店人力资源管理系统存在的问题。只有了解了问题，才能采取行动加以纠正。

(一)离职面谈的准备

面谈地点应选择轻松、明亮的房间，面谈时间以 20～40 分钟较为恰当。另外，还应准备好离职者的个人基本资料、离职申请书、以往考核记录表，掌握离职的真正原因，让离职者感受到面谈者对于当事人的重视程度。

(二)离职面谈中的咨询技巧

为营造一种轻松的气氛，可以先为对方倒杯茶水，以善意的动作打消彼此对立的情绪，建立相互信赖的关系，让离职者真正说出心中的想法。同时，在离职面谈过程中，应随时察言观色，从员工的角度出发，专注倾听员工所抱怨的人或事。当离职者产生抵触情绪时，要及时地关心他的感受，不要唐突地接入问题，更不可做任何的承诺。最重要的是将面谈重点记录下来，便于以后分析整理工作。

(三)离职面谈后的工作

离职面谈结束之后，应将面谈记录汇总，针对内容分析整理出员工离职的真正原因，并且提出改善建议，以防类似情况再度发生。另外，还要了解员工看中了另一家酒店哪些方面，是环境更好、待遇更优厚、工作节奏有快慢异同，还是对事业看法发生了根本转变。

三、降低员工流失率的措施

人才是酒店最重要的资产。如何善用人才、留住人才为酒店效力呢？要制定完整的方案，不仅要留住员工的人，更要留住他们的心。

如图 3-4 所示为酒店留人的一些措施。

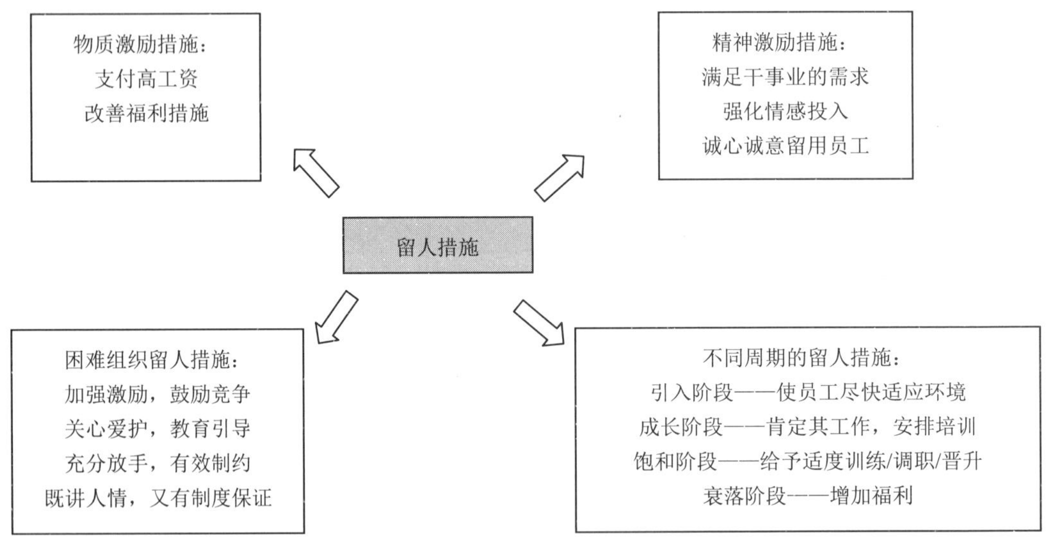

图 3-4　酒店留人措施

随着世界众多的知名酒店陆续落户我国，酒店业人才的储备不足现象逐渐显现。酒店应该如何留住人才呢？要关心员工是否快乐，让每一个员工在工作中得到快乐，真正地关心和照顾好每一位员工。

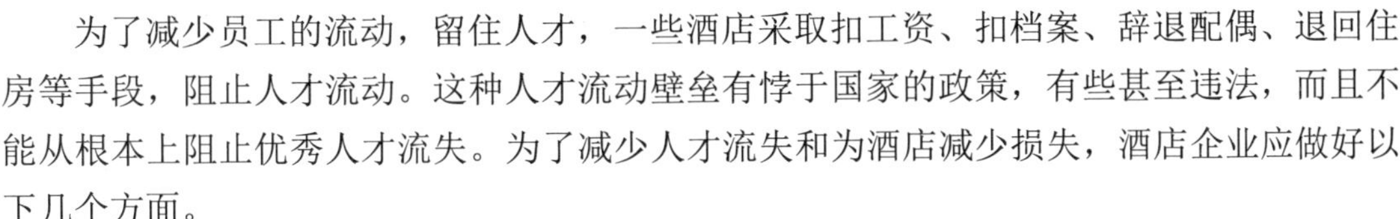

为了减少员工的流动，留住人才，一些酒店采取扣工资、扣档案、辞退配偶、退回住房等手段，阻止人才流动。这种人才流动壁垒有悖于国家的政策，有些甚至违法，而且不能从根本上阻止优秀人才流失。为了减少人才流失和为酒店减少损失，酒店企业应做好以下几个方面。

(1) 从招聘新员工把关。酒店应把好员工的入口关，坚持“宁缺毋滥”的原则，配合岗位要求，注重新员工素质，考察其个性特征与目标、工作经验、适应能力和稳定性，从而决定是否录用。员工入口关的把握，能有效地控制酒店人才流失率。

(2) 建立良好的薪酬结构体系。许多员工是以企业支付的薪资来作为衡量自身价值的标尺，往往将自己的劳动时间和劳动强度与身边的人、与外部企业同岗位人员进行比较，当感到自己的付出与所得到的回报不相匹配或不尽公平时，跳槽就是必然的选择。所以酒店企业要合理调整薪酬待遇，要考虑员工工龄、岗位特殊性，增设等级，明确反映不同岗位和不同级别的区别，要完善绩效奖金制度，切实综合员工工作态度、工作表现和工作成绩以及个人能力等多方面因素，进行科学量化，并与企业效益相挂钩。

(3) 训练与潜能开发。除了薪水福利之外，员工们通常还会考虑自己能力的提高，以及自己在酒店内部的前途问题。帮助员工在职业生涯的发展道路上顺利前行，也是人力资源部门最重要的职责之一。因此，应该为员工提供提高专业技能的机会，定期或者不定期地举办各种培训、讲座或会议。

酒店培训人才要有一个前提，即酒店的决策者要把培训的内容和酒店的实际需求与外部环境的变化结合起来，适时地变化培训内容，以保证培训的结果最符合酒店的需求，并且可以兼顾员工的成长。

(4) 畅通升职渠道，充分授权。埋没优秀员工是酒店的损失，并且他们一旦跳槽到其他酒店工作，又会产生竞争的压力。因此，当酒店发展到一定规模的时候，为了选拔后备管理人才，酒店应该妥善规划升职的通道。

权力与责任是一个问题的两个方面，将权力下放，等于加强了员工的责任。换言之，酒店的老板不必老是抱怨员工“过于现实”、“老想跳槽”、“对酒店不够忠心”，如果肯信任部下，将权力授予他们，不难发现他们的工作表现不仅优秀，同时也会乐在其中。

(5) 树立“员工第一”的思想。“没有满意的员工就没有满意的顾客”，员工是酒店经济收入的直接创造者，酒店应深入贯彻“宾客至上，员工第一”的思想，推行“以人为本”的管理模式，营造和谐工作氛围，充分尊重每一名员工，使员工满意。这样既能够增强员工的自信心，激发员工的工作热情，又能够提高员工对酒店的满意度和忠诚度，从而大大降低员工的流动率。

(6) 在酒店内部形成有效激励的氛围。马斯洛把人的需要从低到高分为：生理、安全、社交、尊重、自我实现的需要。据调查显示，为实现自身发展需要而跳槽的占相当大的比例。因此，先满足人才的物质需求、提供良好的待遇后，更重要的是重视、关心和尊重人才，为其实现自身价值提供发展空间；加强企业文化建设，营造良好的人文环境，建立共同的价值观。让人才在酒店有事业、有成就、有感动，形成价值认同，做到待遇留人、事业留人、文化留人、感情留人。同时，酒店应避免出现因所有权造成的“外行管内行”现象。实际上酒店业是非常有管理学问的行业，只有用好人才，给其提供用武之地，才能彻底改变人才不当流失的现状。

(7) 流畅的沟通渠道。当酒店规模不断扩大时，组织层级渐渐地复杂化，要使员工的意见能够充分反映给管理阶层知道，并不是一件容易的事情。酒店出现问题的主要原因就是由于信息失真或者沟通不良。如果让员工了解酒店的实际情况和具体操作过程，就可以消除误解，减少阻力。

(8) 建立合理的制约措施，可用合同约定合理的服务期限，对于商业秘密、客源管理可以通过规章制度加以管理。出现问题时通过法律手段得到解决，避免人才流失造成过大损失。

总之，酒店的发展离不开人才，酒店的管理者应重视员工高流失率的问题，从以上各个方面入手做切实有效的工作，既注重经济效益又注重保护员工利益，以保证酒店健康稳定的发展。

评估练习

1. 能够用自己的语言解释为什么要进行离职面谈？
2. 详细阐述离职面谈的基本流程。
3. 怎样才能降低酒店的离职率？

【工学结合】

1. 某校园大酒店是按照四星级标准建立的，拥有普通和标准客房 400 间(套)，大小餐厅 24 间，可同时容纳 1000 人用餐，辅助设施有会议室、康乐中心等。计划明年 5 月 1 日开业，目前酒店各项基本设施和装修已经完成，现需要招聘各部门经理级管理人员以及基层管理人员，请你根据实际情况拟订一份招聘计划，并拟订一份报纸招聘广告文案。

2. 模拟招聘。

角色分配：从班级中选择 6 名学员，扮演应聘者；选择 6 名学员，扮演考官；选择 2 名学员，扮演采访记者；其余学员，扮演观察者。

要求：

(1) 介绍酒店情况以及招聘岗位。

(2) 考官要根据评价表评价。

(3) 要求考官及观察者发表感想。

(4) 会后要求记者对学员随机采访。

3. 模拟离职面谈。

情景：扮演酒店人力资源部经理

内容：小李是一名酒店管理专业的本科生，毕业后应聘到酒店行政办公室担任文员一职，已经工作半年多，最近向你提出离职申请。于是你找到了小李，与其做离职面谈，小

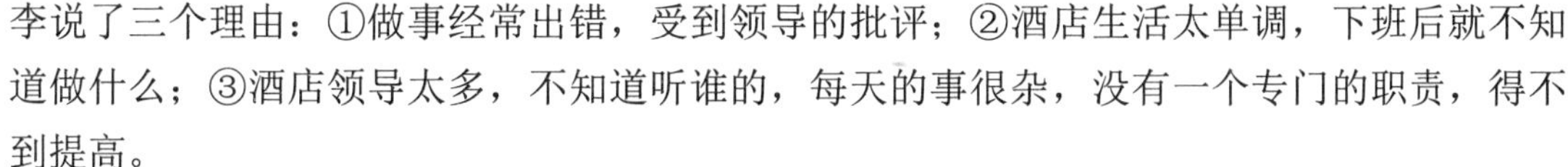

李说了三个理由：①做事经常出错，受到领导的批评；②酒店生活太单调，下班后就不知道做什么；③酒店领导太多，不知道听谁的，每天的事很杂，没有一个专门的职责，得不到提高。

本章小结

获取合格的、优秀的人力资源以补充酒店各个岗位的需要是人力资源管理中一个重要的功能，也是酒店人员流动的“输入口”。为了招聘到合格、优秀人才，必须依照招聘的原则，选择合适的员工来源、信息发布渠道，在恰当的时间内以最少的成本招聘到酒店需要的人才。本章还介绍了在面试过程中，怎样按照招聘的层次和酒店的实际情况选择合适的面试方法，以及面试中的一些技巧和需要避免的问题。但在实际工作中，仅重视招聘工作是不够的，我们还必须认真研究员工离职的原因，尽可能留住优秀员工，降低酒店的员工流失率。

第四章
酒店员工培训

引导案例

国际酒店管理集团的培训经

有着80年企业文化积淀的万豪国际集团拥有一整套完整的培训体系，设于华盛顿总部有200多人的专业研发培训课程，强大的研发队伍使集团拥有了适合不同层面员工的多种培训体系。普通级别的员工，可以得到有关服务技能和企业文化方面的培训，而针对主管、经理级员工，有为他们量身定做实用的基本管理技能课程，如果员工有进一步提高的要求，集团还可以向他们提供集团在各个城市酒店内的各类核心管理课程。值得一提的是，这些培训不仅是由专职的培训老师讲授，而且课程通常随着国际酒店管理潮流的变化而不断更新。除此之外，酒店内部的部门交叉培训项目和酒店间交叉培训项目，使同事间有了更多接触酒店业不同领域的机会，这些举措为集团在中国的发展储备了更多高级管理人才。找到合适的员工是一门学问，保留员工建立他们的忠实感才是企业长久发展的重要基础。

同样，香格里拉酒店集团很重视员工的发展，每个酒店都会给员工以英语培训，而这种培训会根据公司上下不同级别、不同部门的员工专门制定出系统的培训进程。

香格里拉还给每个员工提供网上学习的机会，使其与美国康奈尔大学挂钩，到学员毕业时候会颁发证书。在北京的香格里拉集团设有一个香格里拉学院，提供一些证书类学习课程，如英语、前台、餐饮服务、厨房、客房服务等，也有高级人员的培训证书。这些证书将在所有香格里拉酒店内通用。

辩证性思考

1. 为什么大酒店集团非常重视人力资源管理的培训工作？
2. 培训活动让酒店承担培训成本，如果员工流失，是不是意味着培训得不偿失？

第一节　酒店员工培训——酒店效益的源泉

教学目标

- 掌握酒店培训的内涵。
- 理解现代酒店培训的重要意义。
- 掌握酒店培训的特点和原则。

酒店业始终靠服务能力——人服务于人而生存发展。拥有训练有素的员工是企业经营长期成功的关键因素，也是打造酒店核心竞争力的重要手段。美国《管理新闻简报》中发表的一项调查指出，68%的管理者认为由于培训不够而导致的低水平技能正在破坏酒店的竞争力，53%的管理者认为通过培训明显降低了酒店的支出。Worldhotels 集团亚太区副总裁 RolandJegge 认为，中国酒店业在前台服务、订房服务、礼宾服务等方面还大有提高之处。加强员工培训，是现代酒店人力资源的一项重要内容。

一、培训的真实内涵

在一定程度上，培训是被包括在教育之内的一个不可或缺的组成部分。一个有用的培训可以理解为一个系统过程。在这个过程中企业的人力资源通过指导和实践活动获得知识、培养技能、改变态度、增进能力，从而提高企业整体的绩效。要全面理解培训的内涵，还必须认识到以下几点。

(一)培训具有高额的投资回报

一般的公司在员工培训上所投入的资金只相当于员工工资总额的 1.5%，而优秀企业在这方面的投入却要高得多。例如，Ritz Carlton 酒店公司每年要对每个员工进行 120 小时的培训。该公司认为，确保自己的员工具备按顾客的要求提供高质量服务所需要的能力、技能和知识是非常必要的。

根据一般的经验，企业花 1 美元对员工进行培训，可以在接下来的 3 年中创收 30 美元。因此，出色的旅游服务企业愿意通过投资得到这种回报。美国联邦快递公司每年投入占员工工资总额 4.5%的资金来对员工进行培训。该公司花了将近 7000 万美元建设了一个全自动化的教育培训系统，从而可以对 700 个特定区域的 4 万名快递人员和代理进行培训。假日酒店公司每年的员工培训费是其他酒店公司的 2 倍。这一投入的回报是：某些假日酒店的投诉次数从每月的 200 起减少到 2～3 起，与此同时，公司的收入则增加了 15%。Ritz Carlton 将培训与开发作为 HR 战略的一项重要内容，每年投入营业收入的 3.5%用于年度培训经费；每个进入管理层的人员一年之内要接受 250～310 小时的培训。重视员工培训，培育以顾客为中心的企业文化使 Ritz Carlton 无论在经营业绩还是市场形象方面都获得了巨大成功。

(二)培训是对员工的持续性投资

人力资本通常被称作企业经营的“软件”，当酒店投资系统性的培训课程时，员工增进了工作表现，酒店的管理水平、效益和盈利水平得以提高。如今酒店管理层越来越重视人力资本及其在酒店中的价值。上海波特曼酒店的总经理容志博先生曾在上海外资酒店部门经理培训班上说过：“你可以剥夺我的一切，包括衣服，但你不能剥夺我的知识、经验与才能。”这一切就是靠教育、培训与实践积累起来的人力资本。这些知识、经验与才能在以后获得的回报率要远高于其他物质资本的投资回报率。

通常，培训主要定位于熟练掌握具体的技术和技能。但现状是，酒店业始终处在一个不断变化的环境中。无论是招聘还是员工的培训发展，人力资源管理必须承认的一个前提是：大多数工作内容的变化是不可避免的，它将促使人们面对这些变化。因而，把培训视为一次性给人们提供生活和工作技能是不太恰当的，而把它看作一个贯通整个职业生涯的持续性的过程更为贴切。这个过程与酒店所有的员工相关，是对员工在本酒店工作期间的长期性的持续投资。国外国内许多业绩优秀的酒店集团及公司能因培训在提高员工士气和减少受训人员流动中受益，是源于他们对培训方案的重视，是源于以受训人的需求为重点目的而非企业的需求。2002 年 5 月，美国《财富》杂志评选出了最适宜工作的 100 家公司，发现这些公司都在尽最大努力满足员工对知识的需要。100 家公司中，有 53 家公司提供内部大学课程。许多著名的酒店企业拥有自己的培训机构，像香格里拉酒店管理培训中心、假日酒店大学、雅高大学等。

(三)培训是所有部门的共同职责

有效的培训应视为所有部门的共同责任，或由一个独立的部门负责规划、协调、执行所有酒店内部的培训，并且在具体执行和某些规划任务中，要把培训移交给一系列相关的经理和主管，所有部门的经理和主管应担负起培训本部门员工的主要责任。培训部门存在的主要目的是支持经理和主管在培训方面做出的努力。

课内资料 4-1

酒店在培训方面存在的问题

“头痛医头、脚痛医脚”式培训——哪出问题，哪培训。培训部是“消防队”，经常忙于救火，服务质量一出问题，培训部将承担所有培训责任，而营运部门承担次要责任。

“培训是个筐，什么都往里装”式培训——培训找不到重点，培训课程的设计随意性较大，前期缺乏培训需求调查。这是在拼凑培训课程，而不是按照职业生涯发展和晋升要求，有选择和有重点地安排年度培训计划。

“培训走形”式培训——年度培训计划设计得很好，但在实施过程中缺乏监督和跟踪检查，直接导致部门培训流于形式，达不到预期效果。

“蜻蜓点水”式培训——聘请专家进行一两次讲座，此举的最终效果是开拓管理者的经营管理视野，吸收一些精华理念，带来一些新的思路，但酒店整体培训工作得不到根本改变，因为专家带来更多的是课程，而不是体系。

从以上培训中不难看出培训中存在的问题，究其根本原因，最终还是培训体系建立不健全，但是，那些建立培训体系的酒店培训就一步到位了吗？事实说明还是没有达到其效果，一是执行力度不够，二是酒店重视程度不够，还是“功夫”不到家！

二、有效培训的重要意义

(一)培训对酒店的意义

1. 适应环境的变化，满足市场竞争的需要

酒店所处的环境具有复杂多变的特征，市场的竞争在不断升级，而竞争的核心是人力资源的竞争。现有人力资源面临着知识更新的日益加快，以及目标顾客需求的日新月异，如果不经常对员工进行培训，最终将难逃被淘汰的厄运。随着酒店管理进一步科学化和人性化，还必须对酒店自身所使用的组织结构、技术技能、设施设备、人际关系等各种因素加以协调和均衡，让各个因素之间构成一个有机整体。因此要求酒店不断提高自身的素质

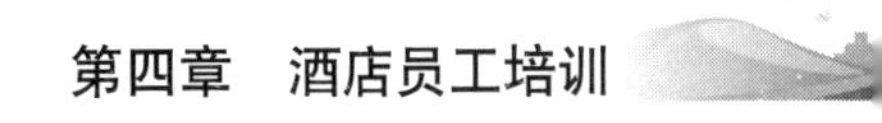

和能力，适应各种新变化和新情况，这使得培训不再是一种选择，而是生存与发展的必然手段。

2. 增强企业稳定性和凝聚力

酒店业长期经受员工流动率高的困扰，也愈发认识到员工队伍的稳定对服务质量的影响作用。CareerBuilder.com 于 2005 年做的一次调查显示，在所有行业中，酒店业工作者跳槽的意愿最为强烈。目前，全球酒店业的员工流动量达历史最高水平，41%的人换过 5 次以上工作，有 10%的人换过 10 家以上公司。除了工作过度和报酬过低的原因外，感到缺乏所需教育是流动率高的一个重要原因。岗位知识对员工工作舒适感、工作表现、工作满意度是至关重要的因素，影响着员工的去留。

3. 有效减低损耗和劳动成本

有关专家研究结果显示，培训可以减少 73%左右的浪费。通过培训，还可以有效减少事故的发生，保证员工人身和企业财产的安全。酒店行业的一项调查表明，未经培训员工的事故发生率几乎是受过培训员工的 3 倍，特别是在酒店内较具危险性的机器设备操作岗位，尤其如此。究其原因，在很大程度上归结于员工没有受过培训。未培训员工除了不知如何使用机器设备外，还会由于无知造成心理紧张与不安。

4. 全面提高劳动效率，提升服务质量

培训往往意味着员工不断掌握新技术和先进正确的工作方法，改变错误的或是落后的工作方法并补充和增长新的知识。服务质量的提高是综合因素作用的结果，而工作方法的不断改进则是综合因素中不可或缺的一环。比如，对要办理入住登记或就餐的顾客来说，等候是最感到头痛的事情。等候会影响我们在其他服务方面所做出的努力，较长时间的等候，甚至会使我们前功尽弃。因此，提高劳动效率，尽量缩短宾客的等候时间，才会让宾客感到满意。

5. 改善酒店“非专业化”的现状，提升酒店形象

许多酒店经营中“非专业化”现象突出。比如说，铺满进口豪华地毯的大厅，泛出阵阵臭味；崭新的设备上面满是尘土；在酒店布局设计上随心所欲，把卡拉 OK 放到商务中心的对面；把保龄球场建在客房的上一层，而且不做隔音处理；在豪华的灯具上，安装了一个光线暗淡的节能灯泡；在西式餐厅挂上灯笼或是贴上对联。归根结底，这些是酒店的设计和管理缺乏“专业化”，是酒店经营者的“无知”导致的。这种“无知”可以通过培训来改变。

(二)培训对员工的意义

1. 培训可以提高员工素质

酒店员工素质的提高主要依据有计划的培训的实施。酒店不仅仅需要对员工进行工作

技能的培训，而且必须教会员工如何积极地与顾客相处，并灵活地解决那些难以避免的问题，同时员工还应具备敬业精神、职业道德与使命感意识。员工经过培训，可以扩大视野，增长知识，提高技能，以适应工作的需要，同时有益于个人能力的培养和素质的全面提升。

2. 增强员工的自信心和安全感

培训具有很强的目的性、针对性，员工不断地接受培训—工作—再培训—再工作后，具备胜任工作的能力，专业技能水平也不断向前发展。这样，不仅能使员工在工作中充满自信心，更能增强员工工作的稳定性和安全感。

3. 为员工晋升创造条件，促进职业发展

员工经过培训后，不仅能胜任本职工作，在现在的工作岗位上出色地工作，还储备了承担更重大的责任、更高职务所需的知识技能，为获得更大发展创造了条件，还可以扩大员工的知识面，拓展工作领域，为员工实现自己的职业理想打下基础。

知识拓展 4-1

在印度、泰国，常常会看到一个近乎荒谬的场景：一根小小的柱子，一截细细的链子，就能拴住一头几千斤重的大象。其实，那些训象人在大象还是小象的时候，就用一条铁链将他绑在水泥柱或钢柱上，无论小象怎样挣扎都无法挣脱。小象渐渐地习惯了，不再挣扎，直到长成大象，即使可以轻而易举地挣脱链子，也不再挣扎。

我们当然明白，小象是被绑住无法挣脱，而大象则是被习惯束缚住想不到挣脱。其实，不管怎么培训，目的都是让员工养成酒店人良好的职业态度和职业认知，以及独立处理问题的习惯，并把这种习惯自然而然地持续下去。

三、培训的特点和原则

(一)酒店培训的特点

培训与教育的目的、对象、形式等都有所区别，而酒店业的培训与其他行业相比，有其自身的特点。

1. 针对性

针对性的核心是实用性。酒店员工培训的针对性主要体现在以下两个方面。

(1) 根据员工需要和岗位需要进行培训。如酒店前台接待人员、餐厅服务员、客房服务员，他们的岗位不同，职能不同，工作内容不同，其培训需求也不同。

(2) 学以致用。员工参加培训的目的是为了增加知识，提高技能，学习以后立即用于工作实践。比如，岗前培训是为了培训对象能适应本职工作，而在岗培训是围绕提高本职工作能力而补充有关的知识技能。

因此，员工的培训过程与内容要与其实际工作相互渗透，有机地结合，使员工通过培

训，确实能将所学的知识技能及时运用于工作，转化为生产力。

2. 多样性

培训活动不是一个封闭的系统，而是动态开放性的系统，这就决定了培训工作多样性的特点。多样性体现在以下三个方面。

(1) 多层次。酒店员工培训是全方位、全员性培训。员工不同的职务、年龄构成、知识结构和专业技术等级决定了不同的工作内容和要求，因此，要划分不同层次和采取不同的方法进行培训。对于基层员工，主要应侧重于培训其业务技能、技巧，改善服务态度，增强其能力，同时也可学习基本的管理知识。对层次较低的管理人员，由于他们长期工作在组织业务活动的第一线，经验丰富，但较为系统的管理知识和综合管理能力相对比较缺乏，因此，对其进行培训时，应考虑适当设置提高他们理论知识方面的课程；对较高层次的管理人员的培训，课程设置要以提高他们的系统理论知识和全面的管理能力为重点。

(2) 多形式。多样性的培训内容决定了不可能采用单一的培训形式，培训可以按不同标准划分为不同形式。例如，根据培训时间来划分，有中长期培训、短期培训和速成培训等；根据培训方式来划分，有全脱产培训、半脱产培训、业余学习等；根据培训性质来划分，有岗前培训、在岗培训、转岗培训、岗位培训、技术等级培训、晋升培训等。培训方法上可采用讲授、讨论、示范、案例分析、操作演练、管理游戏等。

(3) 多渠道。多渠道培训是指酒店不应局限于自身力量，要广开门路和渠道，进行形式多样化的培训。如内部培训、参加讲座培训班、到有关院校进修、委托旅游院校进行骨干强化培训和出国培训等。

3. 速成性

酒店培训的对象大多是在岗员工，一方面，由于工作需要，不可能采取全员脱产培训，培训与工作往往一体化，即以在职培训为主。另一方面，工作具有季节性的特性也对员工培训提出了客观要求。因此针对这一现状，酒店应见缝插针，尽量选择酒店工作不忙时进行培训，充分利用工作间隔、经营淡季等时间开展培训。

4. 持续性

市场是不断变化的，宾客的需求也呈现出多样化的特点，酒店必须不断强化服务规范，不断发现问题，改进服务。同时为满足员工多样化的培训需求和长期的职业生涯发展要求，企业的培训工作应该是长期的、持续性的。这其实就意味着，酒店服务质量的提高是无止境的。

5. 强化外语培训

酒店业的服务对象主要是各国宾客，我国星级酒店有大量的外国宾客，而语言是员工与宾客沟通的桥梁，因此员工的外语水平直接影响到能否为宾客提供满意的服务，酒店也会在培训内容中安排大量的外语培训，尤其是国际化通用语言——英语的培训。许多酒店都有自己的外语教师，负责酒店各部门的外语会话训练，并经常性地举办各种比赛和沙龙来强化外语学习效果。同时工作的压力会迫使员工自觉主动地去学习、使用和提高外语水平。

(二)培训的原则——成人学习的原则

成人教育理论家麦尔坎·诺斯(Malcolm Knowles)认为，自我激励是学习的最佳激励要素，“需要学习”、“愿意学习”是成人学习项目成功的关键所在。培训员应该向受训员工介绍“WIFM”(What's in it for me)的概念，即“对我有哪些好处？”回答了这个问题，员工培训就会达到最佳效果。比如，酒水知识培训对员工有哪些好处？熟知酒水单上的酒水种类和内容，就能够对宾客的菜肴酒水的搭配提供建议，能够用丰富的语言介绍酒水并得到回报，而宾客的满意会促使消费额的增加，从而带来更多的利润。当然，增强自尊和成就感也成了学习的动力。

一般来说，成人学员需要的是以生活、工作或解决问题为中心的培训。能够立即将新知识、新技能或才能加以应用，学习具有实用性，会强化整个学习过程。为了达到这一目的，《美国注册酒店高级培训师 CHT 认证指导教程》中指出，培训师应注意采用“Learn”的教学方法。

(1) 多讨论(Let Discuss)。讨论可以让学员融入到教学过程中，达到更高的学习水平，并使学习水平超越对信息的基本记忆阶段，进入到更高水平的思维和分析阶段。培训师要允许员工对培训问题提出不同意见并讨论。

(2) 重视经历(Experience Based)。员工的经历应作为学习的源泉。成人学员会将学习资料与已知相联系，他们希望自己在过去的工作和教育中所积累的经验得到认可。在培训中，应让他们对所讨论的相关问题发表自己的见解和感受。

(3) 积极参与(Active Involvement)。学员是学习过程中活跃的参与者，他的参与程度越高，对培训所学内容的理解、记忆和运用的程度就越高。培训中要鼓励学员的积极参与。

(4) 相关内容(Relevant Content)。培训内容应与员工需要的知识、技能与态度的学习相关，培训重点要针对实际问题，成人学员想要了解的正是如何解决这些现实的问题。培训中要有大量的对现实问题的案例、练习和讨论，要强调培训对学员的实用性，并告诉他们如何学以致用。

(5) 多活动(Numerous Activities)。无论采用什么样的培训方法，都要包括互动式培训形式，开展多种多样的活动来满足学员的学习偏好，并告知他们活动的目的。为利于活动的开展，可以采用圆桌式分组的课堂布置形式等。

课外资料 4-1

麦当劳的全职生涯培训

人们一定会感到很惊讶，一个麦当劳餐厅经理的诞生，需花费数十万元的投资和接受超过 450 小时的训练。这是因为，麦当劳强调全职业规划培训，也就是“全职业培训”。在麦当劳，从计时员工到高阶主管，结合他们的职业生涯规划，都有不同的培训计划。通过各区域的训练中心以及汉堡大学进行阶梯式培训，使得麦当劳的员工能够持续不断地学习、成长。由此不难发现，麦当劳非常重视员工的成长与职业生涯规划，在培训上投入巨资也是情理之中的事情了。

麦当劳的计时员工分为服务员、训练员、员工组长与接待员，这些人都是计时的。麦当劳为什么要培育他们？为什么要给他们这么多的训练？实际上，除了传递全球一致的产品与服务以外，更重要的是促使麦当劳的员工持续不断地学习，并最终成为国际型企业的优秀员工。

以经理这个职业为例，在麦当劳，经理不只是从计时员工晋升，也有直接从实习经理培育而成的。当麦当劳在招募实习经理这个职位的时候，更关注其是否具有做餐厅经理的潜能。在餐厅经理培育的一连串训练计划方面，就是要将实习经理训练成餐厅经理。其具体内容非常丰富，诸如怎样进行最基本的餐厅运作，怎样使顾客的就餐非常顺畅，怎样订货，怎样排班，怎样领导餐厅，怎样建立团队，怎样经营企业等。

在成为经理前，主管要接受不同阶段的培训。中层主管的职责和餐厅经理有所不同，着重表现在两个方面：一个是顾问的技巧，另一个是部门的领导。除了训练、营运之外，还有很多其他的专业职能的训练。

麦当劳的高层主管，必须在汉堡大学接受一系列训练课程。只有在某种程度上把握从基层到中阶主管的发展历程，才能成为高阶主管。麦当劳的高阶主管训练有三个方面，即全球讨论会、外部发展讨论会、执行辅导。

麦当劳的管理人员 95%要从员工做起。每年，麦当劳北京公司要花费 1200 万元用于培训员工，包括日常培训或去美国上汉堡大学。麦当劳在中国有 3 个培训中心，培训中心的老师都是公司有经验的营运人员。一般来说，餐厅部经理以上人员都要到汉堡大学学习。目前，北京 50 家连锁店已有 100 多人在汉堡大学学习过。

一旦员工加入管理组，麦当劳就会向其提供一套结合国内外资源的训练计划。除了在麦当劳训练中心接受营运及管理方面的教育外，当其晋升至餐厅经理时，还能到汉堡大学深造，接受更专业、全面的训练。

在麦当劳，无论职位高低，给员工的训练永远是现在进行式，员工的成长也因而持续不断。在迈向个人成功之路上，员工将亲身参与麦当劳独特而完整的训练课程，体验成为麦当劳经理人的特殊荣耀。

在麦当劳，培训就是要让员工尽快得到发展。很多企业的人才结构就像金字塔，越往上越小；而麦当劳的人才体系则像棵圣诞树——如果员工能力足够大，就会让他升一层，成为一个分支，再上去又成一个分支，员工永远有升迁的机会。

这种全职业培训也使麦当劳公司保持了很低的人才流失率，部门经理以上层次的人才基本上没有流失。麦当劳认为，要想留住人才，薪酬福利很重要，但发展机会更重要。企业在对员工进行培训时，一定要与其发展相结合，应当计划一下其未来的一两年内可能到达什么位置。大量事实证明，让员工清楚地看到发展的前景是很重要的。

在麦当劳的企业里，有超过 75%的餐厅经理、50%以上的中高阶主管及 1/3 以上的加盟经营者是由计时员工开始的。“麦当劳的训练魔法”一直令外界好奇，究竟麦当劳是如何进行人员培训的呢？

对于如何看待员工的培训和发展，麦当劳创始人雷·克罗克先生说过两句耐人寻味的话。第一句是：“If we’re going to go to anywhere，we’re got to have some talent. And going to put my money into talent.”意思是：不管我们走到哪里，我们都应该带上我们的智慧，并且不断地进行智慧投资。所以，早在 1976 年，麦当劳的创始人就已经决定要在人员的发展上做出很大的投资。另一句话是：“Cash，you can get；talent，you have to develop.”这句话的意思是：钱，你可以赚到；但是，对于智慧，必须花心思去培养。

和其他企业不同的是，麦当劳的培训不只是一个课程，而是融入到工作中的，它重视员工的意见，主动地执行训练计划，并且把培训训练和员工职业生涯规划结合在一起。在麦当劳香港汉堡大学的课程中，有一堂课叫作“与成功有约”，目的是让高层主管有机会分享成功经验，同时也帮助那些未来的领导者成长。

还有一个就是“衡量”。在企业的培训里面，“衡量培训”与企业的成果有没有结合是一个关键。所以，麦当劳有很好的培训训练需求分析，针对需要去设计课程。同时，必须评估员工训练的成果，评估其有没有达到组织的要求。

企业的价值观会影响培训训练的成效。在麦当劳员工培训训练结构上，有两个重要部分：一个是职业生涯学习过程；另一个是麦当劳培训训练中心，就是全球麦当劳的员工学习发展中心，包括汉堡大学。

麦当劳最主要的价值观就是“以人为本”。作为快速餐饮服务，必须在训练过程中把麦当劳“以人为本”的价值观带入每个人每一次的用餐经历中：人在传递服务的过程中，如果有一些互动、有一些关怀、有一些感受，往往会做出更好的结果。这正是麦当劳“以人为本”价值观在每一天的实际工作中的具体体现。

(资料来源：http://guide.ppsj.com.cn/sart/9751/)

评估练习

1. 酒店培训的重要意义是什么？
2. 简述酒店培训的特点和重要原则。

第二节　培训的系统过程

教学目标

- 掌握怎样进行培训需求分析。
- 掌握怎样进行培训设计。
- 了解培训资料的制作。
- 理解如何正确实施培训。

● 掌握培训评估的方法。

有许多现成的培训设计模式，但几乎所有的模式都强调设计的系统性，主要包含培训需求分析、培训设计、制作与实施、培训评估几个主要过程。各环节之间相互联系、相互制约、相互作用，并构成了一个反馈循环系统，如图 4-1 所示。

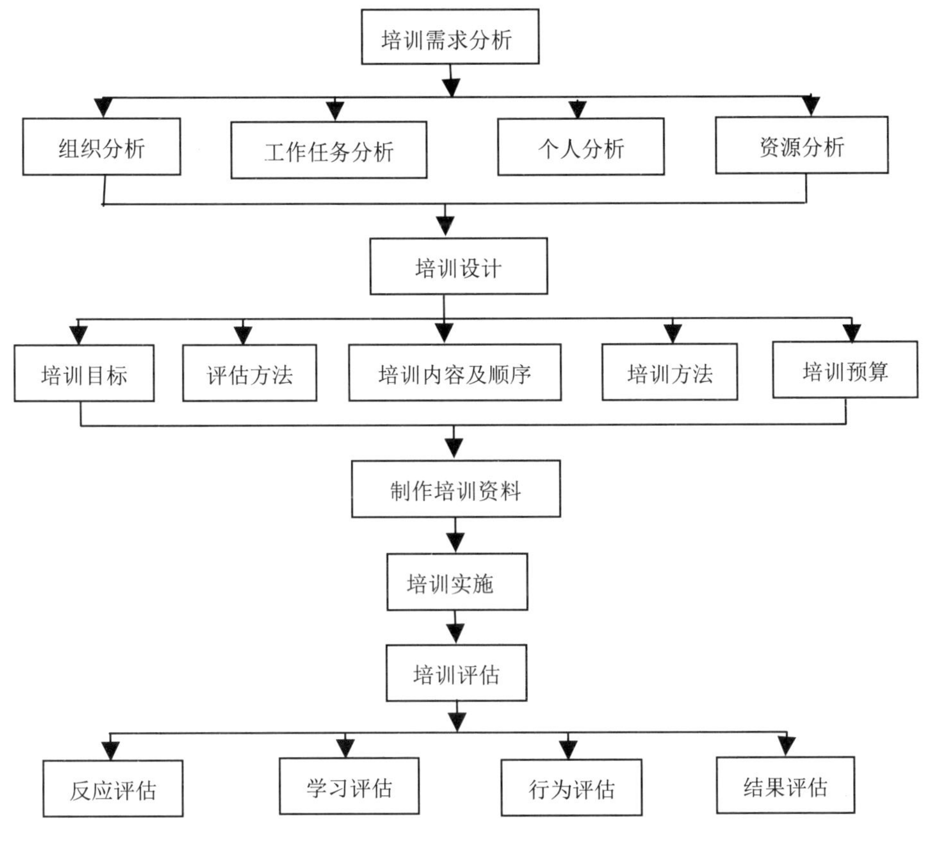

图 4-1　酒店员工培训流程图

一、培训需求分析

需求分析就是通过对酒店及其成员的现有状况与理想工作状况的差距进行分析，来确定是否需要培训以及培训内容的系统方法。需求分析具有很强的指导性，它既是确定培训目标、设计培训计划的前提，也是进行培训评估的基础。

案例 4-1

酒店整体概念培训

两位客人走进一家三星级酒店大堂，正好碰上刚送完行李的行李员。行李员以为客人要住店，就指引他们去总台登记。不料客人并不是住店，而是来就餐的。客人问：“你们旋转餐厅很有名，在几楼？”行李员答：“28 楼。请乘左边的快速电梯上去。”问：“是广东菜吧？”

答：“有粤菜，也有淮扬菜。实际上，像上海这样开放的城市酒店，菜肴已是集各帮之长，像这里也有北京烤鸭，也有四川火锅。很难绝对说只是哪一帮。你们不妨上去试一试。”客人又提出第三个问题：“价钱贵不贵？”答：“旋转餐厅和二楼的潮州餐厅一样很豪华，档次高，价格比较贵。一般情况下，平均每位的消费总要 100 多元，如果点海鲜或高档菜的话恐怕要200 多元了。底楼东侧的百花厅也可以吃，价格适中。你们两人去吃，100 元出头就差不多了。”两位客人得到了准确的信息，相互商量了一下，决定还是直奔28 楼旋转餐厅。抬腿之前，又问了行李员一句：“旋转餐厅开到几点？”“晚上 11 点。”行李员不假思索地回答。别以为这位行李员是位先进员工，在这家酒店，每位员工——不管是哪个部门、哪个岗位，也不管是前台，还是后台——八点之后都必须进行酒店整体概念培训。

案例分析

酒店将所有的服务设施和项目写成培训手册。员工对全店这些设施的服务作用、服务对象、所在位置、性能、特点、开放时间、专门要求等都必须牢记心中，并进行考核，过关后方能上岗。这就是酒店的整体概念培训。当客人来到酒店，客人在酒店里向任何一位员工打听任何一项服务项目，都能得到及时满意的回答。如果刚才那两位客人碰上的不是行李员，他们同样也能如愿以偿。在客房，楼层服务员也会把酒店的餐饮、康乐、购物、商务等服务向客人介绍得一清二楚。曾有几位北京客人住店，晚上想玩卡拉 OK，楼层服务员把卡拉 OK 娱乐厅的位置、表演内容、开放时间、散座和包厢收费方法和价格都详细告诉了客人。客人再三致谢，玩得十分尽兴。

对于前台一线员工，尤其是前厅、餐厅、销售部门的员工，这种整体概念培训更为详细严格。如销售人员，必须对客房数、客房结构、房价、客房档次，及其浮动幅度，各个餐厅餐位、毛利率、售价、菜肴品种和特色菜肴等都了如指掌。有一位会议筹办人员在与某家酒店的销售人员洽谈后，得知有周到、妥帖、细致和熟练的情况介绍，费用核算和活动安排后，感到十分满意，于是，当场拍板，放弃对另两家酒店的选择，决定把国际会议放在该酒店举行。

(资料来源：http://blog.163.com/cheng_carlos/blog/static/30797661200757941054０/)

(一)培训需求分析的层次和内容

1. 组织分析

组织分析(Organization Analysis)是指确定培训需求的第一步是把酒店作为一个整体进行检查，分析酒店的组织目标和经营目的，来确定完整的、有针对性的培训需求。要通盘考虑哪些技能和体系能最有效地促成组织目标的实现，比如，处理顾客投诉的技巧、计算机等技术体系的运用、沟通技巧等。同时必须确保培训目标与组织目标相一致。每个培训计划都要从组织的层面去考虑，可能影响到企业整体，一个经常用于解释组织分析的例子是制造业。如果组装流水线上要求提高生产效率 25%，对组装流水线上的一个工作单位进

行培训，其生产效率的提高对整个企业毫无意义，因为其他单位的生产效率没有变化。应用于酒店也是如此。当前台人员在向住店会员发放新的餐厅优惠券时，餐厅员工也要同时接受认读和了解新的优惠券的使用方式的培训。还有，企业的管理理念和企业文化也要与培训的内容相一致和吻合，这样的培训才有效。如果企业要求员工有问题一律向主管和经理汇报，这种情况下培养员工的独立决策能力就是无效的。

2. 工作任务分析

工作任务分析(Job Analysis)就是要看清每项工作都包含哪些任务和行为，以及完成这些任务所需要的知识、技能及能力和素质等。只有通过工作任务分析，才能确定培训的逻辑顺序，保证培训的重点内容。它是定位培训过程的根本依据。具体做法请参阅第二章。

3. 个人分析

个人分析(Individual Analysis)主要是确定培训对象，并了解他们的学习特点和培训需求。

培训部门、岗位主管共同对任职人员进行需求分析，分析哪些人员需要培训，酒店理想的工作绩效与任职人员的工作绩效之间有无差距，差距多大，目标学员的资历如何，他们是否愿意从事这项工作，为何愿意参加培训，是强制、自愿还是晋升的要求，目标学员对培训的看法、期望及态度是什么，他们有什么特殊的学习需求，他们对要讲授的内容熟悉程度如何，从而确定受训人员和培训内容。

4. 资源分析

以上的三种分析可以作为依据来进行培训设计，但酒店现有的可用资源也许并不支持这种设计。所以，资源分析(Resourse Analysis)可以帮助确定企业可利用的资源及其限制资源和条件。与培训相关的资源主要指培训的设施和设备，包括：

- 培训教室安排。教室的桌椅、座位数、教室大小等。
- 辅助人员及其服务设施。包括助教、秘书服务、复印机、电脑、电视、投影仪、录像机、白板、活动翻纸等。
- 实习、实地考察场地安排。

火患猛于虎

2006年3月27日，位于乌鲁木齐市红旗路119号的城市大酒店发生火灾，火势由该酒店2楼燃烧到顶楼24楼。火灾发生时，城市大酒店内共有客人98人、酒店工作人员300多人，全部被安全疏散。根据火灾现场的状况分析，初步断定引发这起火灾的主要原因：一是该酒店领导报警不及时，贻误时机致使火势扩大；二是酒店人员在着火后乱作一团，灭火和疏散组织不力；三是酒店楼体使用易燃铝塑板，且烟道与楼体过近，造成大火；四是酒店多处消火栓和喷淋系统无法使用，给灭火造成障碍。

火灾启示：需要强化消防安全培训。

(二)培训需求分析的方法

1. 座谈

培训需求分析人员与管理者和员工座谈，组织与员工的专题讨论，倾听其培训需求。

2. 问卷调查

专门设计培训需求分析问卷，然后对问卷进行分析和归纳。

3. 观察

对受训人员的工作情况进行观察，了解其工作态度、工作技能等工作规范的掌握情况，从中发现共性问题。观察可能对行业产生影响的新动向，从而确认培训需求。

4. 测试

在培训前后，对受训人员进行口试或笔试，了解其对学习内容的掌握情况，以针对性地进行教学。

5. 检查

通过工作检查，发现员工在知识、技能、外语、工作态度、沟通、协调等方面存在的问题，分析实际绩效与标准绩效的差距。

6. 顾客投诉

通过对顾客投诉的分析和归类，可以真实反映酒店存在的问题，从中找出顾客反映强烈的问题开展培训。

7. 审阅资料

审阅员工表现评估表、顾客反馈卡、值班经理日志和顾客来信，参阅离职反馈表，发现问题所在。

在培训需求分析过程中最好是几种方法同时并用。

二、培训设计

当特定的培训需求确定后，就需要针对需求进行设计，明确培训的目标，确定培训的方法、评估的方式、培训的内容与顺序、培训预算等。

(一)培训目标

培训目标是学员接受培训后所表现出来的工作能力水平的描述。培训目标必须阐明在员工培训完成后，受培训员工应取得的学习成果和成效。要注意保证每个目标都应是可测量的。目标越清楚、具体、可衡量，就越能对培训的过程、培训的内容、学员的学习和评估手段有指导作用，越能保障培训的实效。此外，一次培训目标不能订得太高，应切合实际。培训目标也是考核培训效果的标准。在实际工作中，可以通过明确下列内容，来确定培训目标。

(1) 参加了一个特定的培训过程以后，受训员工能够做什么？比如，学员能计算每月食品成本；能为宾客办理登记入住；能画出部门的组织结构图并说明内部相互关系。可以用行为动词来描述可衡量的、可观察的工作表现，例如，“列出”、“画出”、“完成”、“参加”、“设计”、“组建”、“说明”、“解决”、“填写”等。

(2) 有时培训活动是为了提高员工对企业的感情，如教员工健身、按摩、减肥等，这类属于反应式的培训项目。而更多时候，酒店为提高服务质量，改变员工对客服务态度而设计培训课程，也要尽量避免用“状态”类的词语来表述，比如，“要形成对客服务积极的服务态度”，而可以替代描述为：经常对宾客微笑；与宾客目光交流，用乐观积极的语音语调；对宾客有问必答。这四个句子都是表明“对客服务积极”的可衡量、可观察到的动作和行为。

(3) 受训员工能达到的可接受的基本工作水平和标准是什么？包括完成的准确性；语序的错误率；允许学员反复练习的次数；时间或速度上的要求；行业规范等。比如，“能在15分钟之内完成……”“正确率在90%以上”，“最后考试时……”

(4) 受训员工演练或考试时所需的条件和资源是什么？包括学员可使用的资源，比如“可运用计算器”，对学员的限制，比如，“不能使用课堂笔记”等。

(二)考评方式

许多专家都认为，试题的编写应早于教学内容的确定，教学内容要以之后的衡量与评估为中心来设计。为了验证培训效果，督促受训人员学习，每一次培训后必须进行考评。要选择一个能较好地测试培训结果的方法进行考评。唐纳德·科克帕特里克(Dnald Kirkpatrick)提出了著名的“四层评估模型”，确定了从反应、学习、行为、结果四个层面来做培训评估。

(三)培训内容与顺序

培训内容与顺序是培训设计的核心部分，它要列明培训课程体系的构成。要想提高和保证培训效果，就要选择好培训内容。明确了培训内容接着就是确定培训的先后次序，即内容的主次，这个次序安排一般是由负责员工培训工作的人员和用人部门的主管共同协商确定的。有时需要培训的内容太多，在一定的时期内不可能全部满足，或者因为资源(人、财、物、时间、信息)的不足，一些培训内容就不得不暂缓或放在次要位置上。这样正式制订培训计划时，就有一个权衡和筛选的过程，以保证培训的重点和有效。一般要按逻辑结构对内容排序。

- 从已知到未知。
- 从简单到复杂。
- 逐步或按事件发生顺序。
- 从一般到具体。

由于酒店作为劳动密集型行业，包含的岗位、工种及业务技能也非常多，因此，酒店培训的内容十分丰富，从酒店产品知识、礼仪礼貌、服务技能、业务知识到外语、沟通技巧、投诉处理等管理知识和能力培训，不一而足。这一部分具体将在本章的第三节讲述。

(四)培训安排

设计培训安排要确定培训的时间和地点，以及培训教师、培训组织者、培训教室等。

- 选择培训时间。培训时间安排要考虑在不影响酒店正常业务活动和员工正常排班的情况下，选择合适的时间。有时候相同内容的培训要分几批进行，为了提高效率，还要考虑选择怎样的培训时间既能减少培训次数，又保证了培训的覆盖率。
- 确定培训地点。事先选择确定培训地点，可使培训组织者、教师和受训员工做好培训准备。如果采用服务现场培训的方式，则既要选择合适的地点，又要考虑合适的时间，才不影响酒店正常业务活动的进行。
- 培训教师。提前确定培训教师，有利于培训教师提前准备培训内容，从而保证培训效果。还要根据培训内容和培训方式考评培训教师，因为培训效果的好坏与教师的教学水平有很大的关系。
- 明确培训组织人。培训组织人包括两方面的人员：一是培训计划的执行人或实施人，二是培训计划中某一个培训项目的执行人或责任人。明确培训组织人有利于培训工作的顺利开展，使得培训教师和受训人员知道有问题找谁，能及时解决问题，保证培训工作的高质、高效。

(五)培训方式和方法

一方面，要明确培训计划中的每个培训项目采用何种培训形式和方式，是外派培训还是内部组织培训；是外聘教师还是酒店内部人员担任；是半脱产培训、脱产培训还是业余培训等。培训形式和方式直接影响到受训人员对培训内容的接受程度，同时也便于受训人员做好受训准备。

另一方面，根据培训项目和培训对象，选择灵活的培训方法，以保证培训的效果。例如，是采用教学讲授式，还是现场指导式；是角色扮演，还是模拟训练等。这些会在本章的第三节详细讲述。

(六)培训预算

培训预算是指培训费用预算。培训费用一般是指实施培训计划的直接费用，它分两个部分：一部分是整体计划的执行费用，另一部分是每一个培训项目的执行或者实施费用。国际大公司的培训总预算一般占上一年总销售额的1%～3%，最高的达7%，平均达1.5%，或者员工年度总收入的1%～3%。而我国的许多企业都低于0.5%。甚至不少企业在0.1%以下。酒店培训总预算是这样使用的：50%企业内部培训，40%派遣员工参加外部培训，10%作为机动。

案例 4-3

XX 大酒店餐厅服务培训计划

一、培训时间

3 月 23～28 日，上午：8:30～11:00，下午：2:00～4:30。

二、培训目的及要求

通过培训，使学员掌握企业经营的理念、服务的理念，餐厅服务员的素质要求，餐饮服务礼仪规范及各种待客服务技巧，学会用礼仪包装自己，自觉塑造良好的职业形象，营造良好的服务氛围，提高综合服务素质，提升对企业的忠诚度，增强团队的凝聚力，为迅速、全面提高酒店餐厅服务档次打下良好的基础。

三、培训内容

(一) 企业形象塑造及餐厅服务员个人形象塑造的重要性。

(二) 服务的含义、服务的理念、服务的模式。

(三) 餐厅服务员的素质要求。

(四) 餐厅服务员的职业道德要求。

(五) 餐厅服务员的礼节礼貌的基本要求。

(六) 餐厅服务员仪容仪表仪态的基本要求。

(七) 餐厅服务中常用的礼貌用语。

(八) 如何树立“前台员工是酒店内部的顾客”的理念，加强前后台的合作。

(九) 沟通客人的技巧。

(十) 熟记客人。

(十一) 语言技巧。

(十二) 建立有效的团队。

(十三) 如何创造客人、如何留住客人。

(十四) 电话礼仪。

(十五) 如何与客人打招呼。

四、培训方法

1. 课堂讲解。

2. 礼仪训练：仪态的训练每天练习 20 分钟；微笑训练，每天练习 20 分钟。

3. 录像教学。

4. 角色扮演。

5. 感受训练。

6. 每天课前 10 分钟，由每位学员轮流到讲台进行演讲。演讲内容可以是亲身经历的服务案例，也可以是讲故事、讲笑话或者朗诵文学作品。

7. 学员共分 6 个小组，围绕所讲内容进行讨论。

8. 讲解技能大赛标准，现场纠正指导。

五、考核办法

1. 评出“微笑小姐”、“微笑先生”，对获奖者给予奖励，并拍下照片悬挂在酒店宣传栏上。

2. 菜点、酒水等企业相关知识考试或者知识竞赛。

3. “微笑在我心中”、“请为我们的工作而自豪”演讲比赛。

4. 餐厅服务技能大赛。

5. 培训班可命名为“××酒店餐厅服务上岗证考试培训班”。

三、制作培训资料

这一阶段主要是挑选编写或指定所有培训资料、文件和评估资料的阶段。这往往是整个培训过程中最复杂最费时的阶段。

(一)挑选培训资料

这些培训资料包括教师用书、学员手册、讲义、课本、幻灯片、软件、录像带、学员评估资料。许多国际知名酒店集团用的是集团内部统一印制编发的培训资料，在其各酒店内通用。还有些酒店选用国内供应商和咨询机构出版的现成资料，比如美国酒店协会教育学院、中国旅游酒店业协会等。无论是外购还是内部编制资料，都要与培训目标相一致。

(二)制作培训资料

培训资料的制作过程与进度因要编制的资料类型不同而不同。但一定要紧紧围绕学习目的，难易适中，要保证资料的所有内容都是准确的。

(三)制作课程评估资料

因在前期的设计阶段就确定了评估的方式，现在要制作评估资料并予以保存。美国培训与发展协会提供了编制评估资料的技巧，包括给学员足够时间填写评估表；培训过程中安排学员讨论感受；关于培训优缺点问题的数量要尽量相等；提倡快速当场评估；建立经常性的书面反馈；将表格设计成易于统计的格式；学员有提交匿名书面评估的选择；保存评估表以供将来参考等。

四、培训实施

培训实施是指对制作的培训课程进行实际的授课，包括教授学员如何最佳利用既定的培训资料，进行课堂授课，组织讨论及活动，协调培训课程等。

酒店有大量的技术操作性的培训课程，最适合采用国际上认可的、具有科学性的“TSFC四步培训法”，即：

- 准备(Tell You)：课前准备并告知学员培训的相关知识和技能。
- 示范(Show You)：示范和重复培训步骤。

- 练习(Follow Me)：学员在培训师指导下对所学知识和技能进行练习。
- 检查与跟踪(Check You)：对学员完成的任务进行检查并给予积极支持和及时反馈。

案例 4-4

年度培训计划的实施

某酒店是一家五星级酒店，经营业绩在当地一直名列前茅，可提到培训计划的制订与实施，培训经理小王却并不感到轻松。

上次，小王花了几个通宵加班加点写了十几张纸的年度培训计划，内容很周详，受到了老总的表扬。但一年下来，计划中的内容最多只实现了 60%，主要原因是酒店经营状况好，经常与培训计划冲突，时间上无法保证，相关部门也不配合。可近来，前台部门的服务中经常出现差错导致客人的投诉，问题恰恰出在员工缺乏有效的培训上。这下，小王、相关部门经理，连老总都成了“救火队员”，整天忙于处理这些突发事件，小王也不知道到底怎样才能扭转这种被动的局面。

思考与练习

该酒店应如何处理好经营与培训的关系？

五、培训评估

评估为培训是提高培训技能，为学员更好地利用培训资源，为酒店改进培训设计提供了途径。当每项培训工作结束后，都应该对培训的效果进行客观评估，进行数据分析和反馈等，以总结经验，改正不足，进一步推进培训工作。对每一项培训工作评估，应该综合考虑以下几个方面：培训内容是否按原计划、原方式顺利完成？受训者实际接受的程度如何？受训者在培训后有哪些变化？受培训者所在岗位和部门的工作有何改观？培训投资与收益的分析结果如何？培训时成功与失败之处有哪些？

案例 4-5

敬语缘何招致不悦

一天中午，一位住在某酒店的国外客人到酒店餐厅去吃中饭，走出电梯时，站在梯口的一位女服务员很有礼貌地向客人点头，并且用英语说：“您好，先生。”客人微笑地回道：“你好，小姐。”当客人走进餐厅后，引台员发出同样的一句话：“您好，先生。”那位客人微笑着点了一下头，没有开口。客人吃好午饭，顺便到酒店的庭园中去遛遛，当走出内大门时，一位男服务员又是同样的一句：“您好，先生。”这时客人下意识地只点了一下头了事。等到客人重新走进内大门时，劈头见面的仍然是那个服务员，“您好，先生”的声音又传入客人的耳中，此时这位客人已感到不耐烦了，默默无语地径直去乘电梯准备回客房休息。恰巧在电梯口又碰见了那位小姐，自然是一成不变的套路：“您好，先生。”客人实在不高兴了，装做没有听见似的，皱起眉头，而这位服务员小姐却丈二和尚摸不着头脑！这位客人在离店时写给酒店总经理一封投诉信，内容写道：“……我真不明白你们酒店是怎样培训员工的？在短短的中午时间内，我遇见的几位服务员竟千篇一律地简单重复着一句‘您好，先生’，难道不会使用些其他语句吗？……”

案例分析

在酒店培训员工的教材中规定有“您早，先生(夫人，小姐)”、“您好，先生……”的敬语使用范句。但是服务员们在短短时间内多次和一位客人照面，不会灵活地使用敬语，也不会流露不同的表情，结果使客人听了非但毫不觉得有亲切感，反而产生厌恶感！

“一句话逗人笑，一句话惹人跳”，指的是语言表达技巧的不同，所产生的效果也就不一样。酒店对各个工种、各个岗位、各个层次的员工所使用的语言做出基本规定是必要的，然而在实际工作中，不论是一般的服务员、接待员，还是管理人员或者部门经理，往往容易因为使用“模式语言”欠灵活，接待客人或处理问题时，语言表达不够艺术，以至于惹得客人不愉快，甚至投诉。礼貌规范服务用语标志着一家酒店的服务水平，员工们不但要会讲，而且还要会灵活运用。可见语言的交际能力是每位服务应接人员应该具备的第一工作要素。

(资料来源：http://blog.163.com/cheng_carlos/blog/static/30797661200757941054 0/)

培训设计中提到的“四级培训评估法”可以比较全面地回答上述问题，它是一种综合评估培训效果的方法。

第一级，反应评估。受培训者作为培训的参加者，在培训中和培训后必然会对培训活动形成一些感受、态度及意见，他们的反应可以作为评价培训效果的依据。这一级的评估是在培训刚刚结束后，立即对受训者进行了解，及时掌握他们对培训内容、培训方法、培训讲师和培训地点以及时间等方面的反应，完成关于受培训者对具体培训科目综合看法的分析。“反应评估”可采用的方法经常是，培训结束之前就所需要了解的问题进行问卷调查，“你喜欢这样的培训吗？”“你对培训师的表现是否满意？”

第二级，学习评估。这一级评估的目的是确定受训者学到了哪些知识？提高了哪些技能？改进了哪些态度？“学习评估”的方法有观察受训者按工作角色进行的演练、个人技能表演、笔试和讨论、应变能力测试、演讲等。

第三级，行为评估。受培训者在培训中获得的知识和技能能否应用于实际工作，能否实现由学习成果向工作能力的转化，是评价培训效果的重要标准。经过培训后，员工的实际工作表现是对培训效果最客观的反映。“行为评估”就是核查受培训者在参加培训后对所学内容的吸收程度，特别是在工作中对所学内容的自觉运用水平。因为很难预测行为变化的实际发生时间，建议行为评估通常在其回到岗位1～3个月后进行。评估的行为变量包括工作的积极性、服务的规范性、操作的熟练性、分析解决问题的有效性等。在评估中，首先对受训者的工作行为是否发生了变化做出判断，然后分析这种变化是否由培训所引起，分析受培训者行为变化的程度。

“行为评估”的方法有：受训者行为观察、受训者的谈话和调查、培训后对受培训者上级主管的问卷调查。

第四级，结果评估。利用一系列数字化指标，比较研究员工培训对酒店经济效益、服务水平和顾客满意度等方面的影响。培训结果评价的另一个重要内容是，评估培训费用的使用效果，即评估培训对实现酒店目标的影响性质和影响程度。例如，对提高劳动生产率、改进服务质量、提高员工士气、降低缺勤率、降低员工流动率、降低成本、利润增长等方面的影响。

“结果评估”主要是采取对比的方法，即培训前后有关经营数据的比较、培训成本和收益比较分析、顾客满意度调查。其中，培训收益分为短期收益与长期收益，短期收益体现为通过培训提高的员工工作效率；长期收益体现为员工能力和素质的改善对酒店发展的作用。

评估练习

1. 作为直线管理者，如何进行培训需求分析？
2. 作为培训实施者，如何设计科学的培训日程？
3. 培训在实施阶段要注意哪些问题？
4. 如何完成培训效果的真实评估？

第三节　酒店培训的内容和方法

教学目标

- 理解酒店培训的主要内容。
- 掌握酒店培训的主要方法。

一、酒店培训的内容

(一)酒店培训的主要内容

酒店的活力及优质服务很大程度上是由于很重视员工的培训。酒店培训的内容十分丰富，包括以各种形式对员工进行服务知识、服务技巧、语言及管理等各方面的培训，不断提高员工的素质。总的可以分为四个方面：职业态度(Attitude)、职业知识(Knowledge)、职业技术(Skill)与职业习惯(Habit)。职业态度与职业习惯是每一位员工都需要掌握的，而职业知识与职业技术对不同的员工有不同的要求。例如对员工和领班来说，关键是要掌握作业的知识与技术；对主管和部门经理来说，关键是要掌握组织督导的知识与技术；对总经理和董事长来说，关键是要掌握经营管理的知识与技术。具体来说，酒店的培训内容主要有以下几类。

(1) 职业素质培训。

(2) 企业文化培训。

(3) 酒店服务及管理技巧专题培训。

(4) 部门专业实务培训。

(5) 外语培训。

案例 4-6

SLQ 公司的培训设置

SLQ 每年会拿出至少 2%的员工薪酬作为培训基金。每个管理层员工每月需参加 4 小时以上的培训，宾客服务员和服务主管每月需参加 6 小时以上的培训，其中，2/3 是在岗培训。它的店内培训课程内容丰富，实施阶梯式培训，按员工、主管、经理和总监四个层级设置不同的培训课程，如图 4-2 所示。

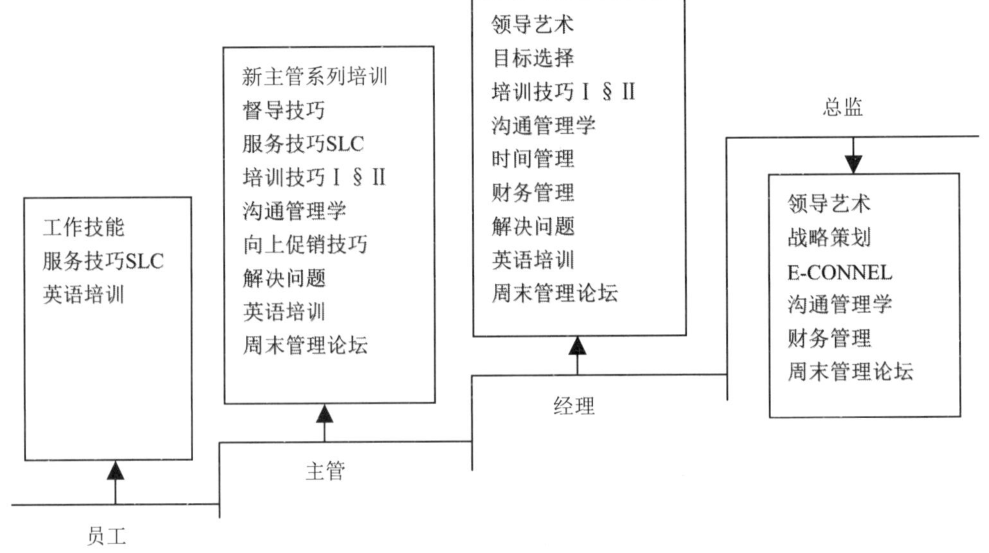

图 4-2　SLQ 公司的培训设置

(二)酒店培训的类型

1. 根据酒店员工的不同层次划分

1) 决策管理层培训

培训对象：部门经理以上中高层管理人员。

培训内容：树立市场与竞争观念、影响因素分析及策略制定、酒店战略管理、营业预算、成本控制、投资收益控制和经营决策等内容。

2) 督导管理层培训

培训对象：部门经理以下基层管理人员。

培训内容：管理理念、概念与能力的训练；酒店专业知识的深化培训；处理人际关系与宾客关系等方面的实务技巧；激励员工的方法等。

3) 操作层培训

培训对象：对客服务的一线员工、各技术工种操作人员及后台勤杂人员等基层员工。

培训内容：从专业知识、业务技能与工作态度等方面进行培训，提高他们的专业素质水准。

2. 根据员工与酒店之间发展的阶段和关系分类

1) 职前培训

职前培训是指员工在进入企业之前，企业为新员工提供有关组织的背景、基本情况、操作程序和规范的活动。主要分为两类，一类是酒店一般性的职前培训，又称入职培训；另一类是部门专业的职前培训。

(1) 入职培训。

入职培训(Orientation)有“方向、定位”之意，所以国外统称新员工的入职培训为“导向培训”(Orientation Training)。其目的是帮助新员工树立酒店意识，获取必备的专业知识，明确自己的角色定位，以符合酒店工作人员的基本要求。酒店入职培训通常由人力资源部或培训部来主持。

一般来说，入职培训可以帮助员工解决两大问题。

第一是与工作相关的问题：必须遵循的企业标准、管理层的期望、政策和规定是什么？

第二是文化问题：我将如何行动？有什么规定？与管理层的关系是什么样的？

其具体包括以下内容。

- 酒店行业的基础知识和从业优势。
- 本酒店介绍：包括酒店的历史、酒店的组织结构、酒店(集团总部)管理人员介绍、酒店的规模及子酒店的数量。
- 本酒店企业文化：酒店的远景目标、经营理念、使命、经营哲学等。
- 本酒店的产品知识。
- 酒店政策和法规与员工手册。
- 薪酬制度与发薪方法；升迁政策；安全法规；休假规章；员工福利措施；工作时间及轮值规则；奖惩办法；冤屈申诉程序；劳资协议；解聘规定；员工礼貌礼节与行为准则等。
- 员工活动及服务设施：定期组织的员工活动，员工更衣室、员工餐厅、倒班宿舍、班车、员工阅览室等。
- 仪容仪表、礼仪礼貌：酒店员工的仪表标准、礼貌规范和电话礼仪。
- 安全与保卫：消防安全知识、食品卫生安全、保卫措施。
- 酒店各部门介绍。
- 服务意识和技巧培训。
- 酒店参观。

培训时间一般在 3～5 天，培训开始或结束前会有酒店管理层的欢迎与问候，还会组织各种形式的测试以检验学员的培训效果。

(2) 部门专业的职前培训。

入职培训结束后，新员工回到各部门报到，并开始部门的专业岗位训练，有些酒店也称作部门入职培训。部门经理或部门的培训师会向员工进行部门业务知识的传授，以帮助新员工尽快熟悉工作岗位的任务要求，掌握业务程序和规范。

2) 在职培训

在职培训(on-the-job Training，OJT)又称“在岗培训”、“不脱产培训”，是指酒店员工在工作岗位完成生产任务的过程中所接受的培训。OJT 是入职培训的继续、延伸和深化，是从初级水平向中级阶段发展的培训。对一个注重培训的酒店来说，OJT 会始终贯穿于员工的整个职业生涯。

有些部门，例如前台和客房，会以老带新的方式指定一位老员工用 1～3 个月的时间负责指导、帮助一名新员工进行岗位实训，使他在学会技能的同时学到如何解决问题和困难的技巧。这是一种非常有效的学习方式，与行为模仿培训一样，都是非常适于酒店行业的培训方法。但有时可能会使用不当，因为“师傅”的指定不在于他能有效地教会别人，而在于他能很好地完成培训技能，而工作做得好并不等于也能教好别人。所以，合适的培训员的选定也是非常重要的。另外，OJT 的实施要避免影响酒店正常的经营运作，也别忘了要及时地对受训人的掌握情况做出反馈或重复要点。

在职培训主要定位于岗位业务培训，但形式和内容多种多样，主要分为两类。

(1) 工作指导培训。

一个特别有效的 OJT 方法是工作指导培训，JIT 是“二战”中开发出来的一种培训方法。当时由于战备工业急速扩张，企业需要有一种方法快速有效地培训成千上万名新员工，而他们中许多人从没工作过。

工作指导培训(Job Instruction Training，JIT)方案的开发始于工作分解，就是分步骤地列出应如何进行工作。比如准备食物，入住登记等。伴随工作分解的是对每一步骤的关键点进行描述，关键点就是帮助员工有效而安全地执行任务的建议，应该回答下列问题。

- 步骤中有什么促成或破坏工作的因素吗？
- 步骤中有潜在的危险吗？
- 有使任务更易于执行的指导吗？

(2) 交叉培训。

交叉培训(Cross Training)又称工作轮换，是指让受训人有计划地从一个岗位换到另一个岗位，以使员工熟悉不同部门或岗位的业务，具备多项专业技能。这种方法常用于酒店管理人员的培训，一般让他们在上任前在每个岗位上都工作几周。此外，当酒店增设新的服务项目，或经过工作再造赋予某一岗位新的工作流程和任务时，也需要对员工实行交叉培训。比如，当酒店的行政楼层全部升级为全新的智能化系统，包括客房服务、智能灯光、温度控制、电动窗帘、遥控器等智能控制系统时，就有必要为前台员工、宾客关系主任等安排工作轮换，使他们尽快熟悉新的客房服务系统的使用和服务的注意事项等。

交叉培训的作用

实施交叉培训有助于酒店更加有效地控制成本，在旅游旺季业务量突增或员工生病、休假以及顾客额外需求导致酒店内部出现工作缺位时能够及时弥补。同时，还可以降低员工的跳槽率。因为一方面，员工喜欢培训所带来的挑战，减少了长期重复同样工作而产生的厌烦情绪，增加了新鲜感；另一方面，使员工一专多能，效率大幅度提高，从而节约了劳动成本，工资水平上涨。马里奥特酒店集团采用交叉培训管理模式后，进行了大规模减位政策，压缩了30%的管理职位，人力资源投资成本减少，每年的净收益增加了10亿美元，并使员工规模达到了最优化。Westin酒店实施交叉培训后，高质量的员工队伍和优质的服务已经从顾客的信息反馈中得到证实：82%的客人有再度下榻Westin的打算，87%的客人准备把Westin推荐给他人，这无疑验证了交叉培训的可行性与高效性。

3) 脱岗培训

顾名思义，脱岗培训(off-the-job Training)是指受训人在实际工作之外的环境下学习关于工作程序的相关内容的一种培训。一般会安排去相关的教育机构，如酒店集团培训机构、酒店管理培训公司、旅游院校等参加为期较长的学习和进修。普通员工和管理者都有机会去接受脱岗培训，像因酒店进行全面的更新改造、酒店增加了服务项目、员工岗位变更、职位晋升等，都可能会安排部分员工进行这种形式的培训。当然，有完善的培训计划和管理体系的酒店会根据人才的培养战略，有计划地选派管理人员和优秀的员工脱产学习深造。员工脱产培训的时间可长可短，有全日式、间日式、兼时式等多种形式。

课内资料 4-2

联想集团的“入模子”

“入模子”是联想员工的典型台词。

这是“为新员工融入联想，在联想的鱼缸里自由游动”而开设的相关培训内容。

“入模子”顾名思义是说职工必须进到联想的“模子”里来，塑造成联想的理想、目标、精神、情操、行为所要求的形状。联想主要从两个层次开展对职工的“入模子”教育。

新员工入模子培训，每个月一期，时间为一周。对于一般员工，联想有个“入模子”的基本要求，就是要按照联想所要求的行为规范做事。联想的行为规范主要指执行以岗位责任制为核心的一系列规章制度，包括财务制度、库房制度、部门接口制度、人事制度等。执行制度是对一个联想员工最基本的要求。

各种制度有效地制约着企业的运行。按照联想职工“入模子”的基本要求，职工从开始受到压力“入模子”，到习惯成自然的过程，“这个过程就是联想全体员工素质提高的过程”。

(资料来源：http://www.788111.com/html/news1/2003-11-26/0000000100001999n.html)

二、酒店培训的方法

(一)讲授法

讲授法(Instructions)是传统的培训方法，也是目前最常用的培训方法之一，主要是由教师或专业人员对受训者授课，要求授课人能有效地组织材料并进行讲解。

课堂讲授的优点：传授的知识比较全面、系统，容易传输，参加人数可多可少，所以成本较低；时间集中，讲课不易受干扰；对培训设施和培训环境的要求也比较宽松，有利于操作；培训教师发挥的空间比较大；易于掌握培训进度。

课堂讲授的局限：采取单向沟通的方式，缺乏反馈和练习，容易感觉枯燥。培训教师和受训者之间缺乏互动交流的机会；内容灌输得多，受训者不易记住和及时消化；教师水平不高将明显影响培训的效果；难以顾及受训者的个体差异，进行因材施教。

(二)讨论法

讨论法(Discussions)是对某一专题进行深入探讨的培训方法。讨论法又分问题讨论法和案例研讨法。

问题讨论法是由培训者提出问题，并设定一定的限制条件，通过分组，组织和引导参加者开展讨论并给予提示，最终得出正确结论的一种方法。分组互动最好每组 3 位成员，超过 5 个人容易跑题，时间控制在 5～7 分钟时效果最好，但并不建议在午餐后进行。

案例研讨法是让受训者对实践中的案例进行分析、研究，并提出自己的见解，最终通过分析比较，找出一种最佳解决方案的一种方法。所用案例一般由说明、正文、附件和思考题四部分组成。其中说明又包括案例的目的、适用范围、使用建议、内容梗概及演示处理。正文和思考题则由培训教师根据培训的目的和培训对象的情况而定。有的案例还需要一些附件，如有关数据、图表等。案例应来源于实践，具有典型性、普遍性、实用性，要关注真实的细节。案例的答案不是唯一。

讨论法较适用于中、高级管理人员的培训。

讨论法有利于启发和挖掘员工的分析能力、判断能力、比较能力、决策能力和创造能力，而且形式非常灵活，适用于各个层次的培训，是一种省时而且有效的培训方法。讨论法在实施过程中有一定的难度。

讨论法的弊端：课堂不易控制，容易跑题，结果可能与培训者的初衷相去甚远；由于员工之间的差异性，在讨论发言中有可能出现不易引起其他人兴趣的情况。因此培训者在主持讨论时应注意：定好主题，定好主持人，定好形式，定好时间。

知识拓展 4-3

两种不同培训方法的比较

更衣室制度培训的内容极为简单，就是对新进酒店的员工进行教育，使其懂得并执

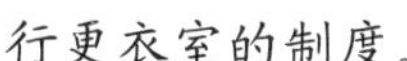

行更衣室的制度。

第一种方法——灌输式。

更衣室制度总共不过15条。诸如：“不准吸烟；不准随地吐痰；不准乱扔杂物；不准嬉闹推搡；更衣箱内不要存放贵重物品；不要随意放置更衣箱前的凳子，保持环境整齐……”等小小的十几条，在厚达几十页的《酒店规章制度》的培训小册子中，仅仅占不到眼的一页之地位。当培训部经理讲到这部分时，往往照本宣读，一念了之，然后硬性地将其与其他内容一起，作为对新员工规章制度知识的考试内容。新员工对酒店的更衣室本来一无所知，但为应付考试，不得不花费很大精力死记硬背。由于没有亲身感受，考试完了上岗，这些规定并没有往心里去，违反规定的现象屡屡发生。

第二种方法——参与式。

培训开始时，并不把规定给新员工看，培训部经理把十几名新员工领进酒店更衣室，让他们仔仔细细了解更衣室的设施和环境，然后把员工带回教室。员工分成两组，先充分讨论，再由各组自己来制定更衣室纪律规定。讨论场面十分热烈、发言踊跃。甚至有的新员工提出了一些很幼稚可笑的“规定”，如“不能光屁股”，“男同志不能进女更衣室”等。但不管怎么说，他们确实开动脑筋独立思考了。讨论后进行归纳，少数服从多数，那些可笑的提议并没有被写进各小组的规章制度。然后，两个小组对面而坐，双方各自亮出归纳的草稿。相同的条款双方认同。对不同的条款，双方进行了激烈的辩论，有时甚至各执一词，互不相让。在这种情况下，培训部经理进行指导，摆出一些道理，提供一些思路。逐渐地，双方观点趋同：各组抛弃了自己不合理的条款，采纳了对方合理的内容来补充自己的疏漏。最后，两个小组定稿之后，内容就基本一样了。这个时候，培训部经理才把酒店现在的更衣室规章制度拿出来给大家看。一比较，15条内容都有了，只是员工们把有的内容细化了，有的内容合并了，一共是18条，还有一条是店规中原来没有的。新员工提出“不准在更衣室存放和阅读黄色报纸杂志”的规定。培训部经理觉得这条很有道理，培训结束后，即将这条新建议上报总经理。几天后，酒店更衣室制度中多了一条新规定，第16条就是这次培训中产生的新建议。

思考与练习

两种培训方法孰优孰劣呢？参与式培训方法的特点是什么？

(三)角色扮演法

角色扮演法(Role Plays)是让员工模拟实际情景，扮演各种角色进行训练的趣味性很强的一种方法，从而改进和提高自己在职位上表现出的态度与行为。这种培训方法多用于改善人际关系的训练。主管与属员之间，销售人员、服务人员与客人之间，领班与服务员之间，由于所在职位不同，感受与态度也常不同。因此，角色扮演法的做法是：让员工扮演与自己工作相关的另一职位上的角色，并进行模拟，亲自体验对方的感受，消除员工之间、员工与管理者之间、管理者之间的隔阂，以达到相互沟通与理解的培训目的。

其缺点在于其情景的人为性，降低了情景的现实性；角色扮演更强调个人，不重视集体，不利于培养受训者的团队精神。

组织角色扮演主要有四个步骤。

(1) 提供背景资料。说明进行角色扮演的理由，设定时间。

(2) 开始角色扮演。征求志愿者，分配角色和任务。

(3) 听取学员感受。征询学员的感想，作简要总结。

(4) 结束。说明角色扮演活动的成果，感谢学员参与。

(四)操作示范法

操作示范法(Demonstrations)是最常用、最有效的基层培训方法，除由教师亲自示范外，还包括用教学电影、幻灯片和参观学习。这种方法适用于较具机械性的工作，如摆台、上菜、现场烹调、调酒、做床、清扫、办理宾客入住登记、接受预订等。

操作示范法的程序是：先由教师讲解操作理论与技术规范，并按照岗位规定的标准、程序进行示范表演。对于操作过程中的重点和难点可以反复强调示范。然后由员工模仿演练，同时教师应进行指导，纠正错误动作，直到员工符合操作标准。

知识拓展 4-4

“培训”字母缩写示范

海洋世界培训师使用“培训”缩写词 T.R.A.I.N。

T-(Teach)：通过演示进行教学。

R-(Repeat)：重复练习直到满意为止。

A-(Ask)：提问。

I-(Imitate)：模拟工作环境。

N-(Note)：指出优秀的操作。

(五)情景培训法

情景培训法(Situations Training)是提出一些工作中有代表性的问题，并假设几种解决问题的方法，让员工讨论和选择正确答案，并申明理由，并由指导教师做出综合分析的一种方法。美国餐厅协会(the National Restaurant Association)曾经出版过供情景培训的指南，现摘录两则情景培训案例。

案例 1：餐厅一位乘客没有察看菜单就点了一道常吃的菜，结账时，他却说，餐厅多收了 1 元钱。因为此菜价格是刚调上去的，而你也没有提示顾客这一点，最后，顾客感到很尴尬和恼怒，你该怎么办？下面有四个不同的回答。

(1) “非常抱歉，先生，我只是这里的一员，价格是由我们经理制定的。”

(2) “对您不了解我们价格的变动深表歉意，没有提醒您注意确实是我的失误。”

(3) “没有转告您价格的变动很是抱歉，但作为特殊情况，这次就按原价收费。”

(4) “让我与经理联系，因为你是老主顾，或许经理会按原价收费。”

案例分析：菜单价格的变动确实会带来很多问题，特别是给常客造成的影响更大。对此，你是无能为力的。因为当真提醒他，顾客会说“我付得起”，难免给客人造成看不起他的感觉，因此，你的提示或回答既不要引起客人的反感，又不能使客人感到尴尬。你不能擅自改变账单价格，因为价格是管理部门制定的，你也不能让经理出面解决，为此可能导致顾客和经理难堪。因此解决这一问题的最佳方法是责备自己没有提醒客人注意价格变化。主动承担责任，会得到客人的谅解。所以，最佳答案是(2)。

案例 2：罗斯太太是餐厅的常客，通常由一位老服务员玛丽提供服务。这次是你接待罗斯太大，她点了一份午餐后，要求额外加一块黄油。然而，在最后结账时，她竟因为黄油的附加费大为恼怒。她说，玛丽从来没有多收钱。但她知道按规定应该收费，你应该如何回答？

(1) “对不起，如果玛丽没有收费，那是她的失误，因为菜单上已经标明。”

(2) “我不知道玛丽对您的优惠，我也要立即取消这笔费用。”

(3) “这是经理的规定，我无权处理。”

(4) “或许玛丽是按经理意图办的，我不了解，我立即与经理联系核实。”

案例分析：这一问题会使你感到为难。因为你的这位同事犯了一个严重的错误，为了某种目的，破坏了餐厅的规定。问题的两个方面都应考虑到：一方面要让顾客知道这种特殊待遇是不应该的，另一方面还要考虑到给玛丽带来的后果。你不应该再按玛丽的方法去做，因为她违反了餐厅的规定。但是你又不能轻率地说这是经理的规定。最佳答案是(4)，请示一下经理有没有特殊优惠。如果顾客知道这样做是错误的，又不想连累玛丽，她会主动阻止你与经理联系，并且以后不再要求这种特殊优惠了。

(六)管理游戏法

管理游戏法(Management Games)是 20 世纪中期产生于美国的一种高级管理培训方法。它是用于表现和辅助学员学习的练习、图解、活动或小插曲。它的形式生动活泼，寓教于乐，能强烈激发学习热情；它能够浓缩时间，加速学习循环；在游戏中易于感受和培养综合管理意识和能力，如沟通、团队合作、领导、决策、创新思维等。管理游戏的设计很重要，必须使员工在游戏般的气氛中有所领悟，有所收获。在设计和实施时需注意以下几点。

- 简短。通常 1～30 分钟。
- 花费少。没有或花费很少，所用道具简单。
- 参与性。学员身心全面参与。
- 相关性。与培训和所学内容相联系，能说明一个小要点。

美国航空公司由加速学习法将原来一个小时的培训模块减成了 15 分钟，他们是怎么做到的呢？把需要掌握的资料改编成歌词，用儿歌“宾果”曲调把它唱出来。

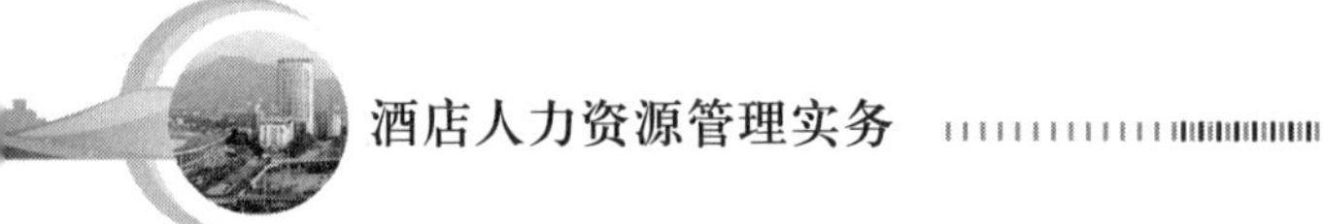

(七)远程培训

利用计算机互联网开展远程培训(Distance Training/E-learning)，是国际教育和职业培训改革的潮流和发展方向。学员不受地域的限制，可以足不出户地坐在办公室或家中，利用业余时间参加远程培训学习；学习效率可以接近或达到直接参加面授班的效果。酒店通过制定和管理培训内容，进行多种形式的在线教育的培训。远程培训的独特优势如下。

- 高效便利。足不出户便可获取大量的信息和资源。
- 成本大大降低。培训管理费用的大大减少。
- 极高的灵活性。省却寻找培训教师，安排上课计划的麻烦，满足对不同熟练程度的员工多样化的教育需要。
- 手段的创新。学习模式灵活选择，信息资源多样丰富。

案例 4-7

香格里拉启动员工在线远程培训项目

2005 年 4 月 1 日起，香格里拉与康奈尔网络学院合作，首次为公司管理层员工提供在线远程培训，这个培训计划将在未来的 5 年中为香格里拉集团提供 3000 个在线职业发展机会。学员从 57 门课程中任选并完成规定的五个方面的课程(包括人力资源管理、管理学基础、酒店及食品服务管理、战略管理和财务管理)，就可以获得康奈尔网络学院颁发的证书。在完成一系列其他相关课程之后，学员还将获得由康奈尔大学颁发的证书。在线培训计划为员工提供了一个可以高度灵活安排学习时间的拓展自身知识的平台。这项员工职业发展计划对公司在全球范围内的拓展计划来说至关重要。

(八)拓展训练法

拓展训练(Outward Bound)原意为义无反顾地投向未知的旅程，去迎接一次次挑战。这种训练起源于“二战”期间的英国。当时大西洋商务船队屡遭德国人袭击，许多缺乏经验的年轻海员葬身海底，针对这种情况，汉思等人创办了“阿伯德威海上学校”，训练年轻海员在海上的生存能力和船触礁后的生存技巧，使他们的身体和意志都得到了锻炼。战争结束后，许多人认为这种训练仍然可以保留。于是拓展训练的独特创意和训练方式逐渐被推广开来，训练对象也由最初的海员扩大到军人、学生、工商业人员等各类群体。训练目标也由单纯的体能、生存训练扩展到心理训练、人格训练、管理训练等。

拓展训练通常利用崇山峻岭、瀚海大川等自然环境，通过精心设计的活动达到“磨炼意志、陶冶情操、完善人格、熔炼团队”的培训目的。主要用于团队建设、领导才能、新员工拓展、客户关系、挑战极限等训练科目。

拓展训练的课程主要由水上、野外和场地三类课程组成。水上课程包括游泳、跳水、扎筏、划艇等；野外课程包括远足露营、登山攀岩、野外定向、伞翼滑翔、户外生存技能等；场地课程是在专门的训练场地上，利用各种训练设施，如高架绳网等，开展各种团队组合课程及攀岩、跳越等心理训练活动。

课内资料 4-3

拓展训练项目之一——“钻死亡电网”

“钻死亡电网”是一项需要队员高度配合、集体意识极强的项目。要求一组队员逐个从大小不等、只能使用一次的网眼中通过，如网眼用尽，而仍有队员未通过，这个项目就失败了。曾有队员感慨地说：“如果不从团队的整体利益出发，每个人都想从大洞里过去，结果必然会有队员掉队，集体就告失败；如果按照队员的高矮胖瘦协调好，就能保证每个队员都能顺利通过。”这个项目揭示了一个浅显的道理：在实际工作中多一些合作，整体利益才能得到保证。

评估练习

1. 简要阐述酒店培训的主要内容。

2. 为保证培训效果，如何对培训方法进行选择？

【工学结合】

1．5～6 人为一组，选择酒店某一线部门某岗位某项服务工作的标准，掌握其操作规范(如清扫客房卫生间、补充客房用品、仪表规范、前厅入住登记、收银流程、餐厅摆台、托盘、斟酒等)，并据此设计 15 分钟的培训教案，最后以小组为单位，自备道具，组员分别扮演培训师与被培训者进行情景模拟培训。

2．针对某一酒店某部门的现状和培训需求(可选择自己实习的酒店)，制订该年度的部门培训计划书。

3．制作一次酒店知识型培训讲义或课件，综合灵活运用各种培训方法组织实施培训。

本 章 小 结

员工培训是酒店发展和员工进步的共同需要。酒店从培训中不仅可以提高员工的整体素质，提高劳动生产率，降低损耗和成本，更重要的是可以使顾客得到更周到的服务和更好的产品。酒店员工培训有自身的特点和规律，在实施不同的培训内容时，应科学选择培训方法，遵循相应的原则，把握运行程序，实行科学管理。这样才能保证培训的效果，达到培训的目的。

第五章
酒店员工职业生涯规划

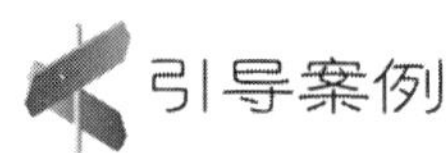

Michael 的酒店职业生涯

Michael 从某大学酒店管理专业以优异的学习成绩毕业后，进入了一家国有酒店前厅部工作了一年。一次偶然的机会，他了解到某知名管理酒店集团正在招聘管理培训生，审视自己后，他果断地前去应聘并且成功地成为该集团的管理培训生。他先在该集团其中一家酒店接受了为期半年的全面认知培训，从餐饮部、房务部、厨房到销售部、人力资源部、工程部等，转了个遍，了解了酒店各部门的功能和相互关系，半年后，集团对他作了一次职业个性和能力测试和诊断，给 Michael 初步设定了职业方向——销售经理，Michael 对此也十分感兴趣。然后派他去上海的另一家所属酒店的销售部继续学习，Michael 又用一年的时间对销售部的各部门工作岗位和任务作了全面的掌握，并完成了集团对他的考核。去年初，他被任命为集团在南京所属酒店销售部的一名见习销售经理，通过一年的用心学习和实践锻炼，他真正熟悉和掌握了销售部的全部工作并接受了集团对他的又一次评估，一切顺利。终于，今年 1 月，Michael 被任命为酒店的一名销售经理。此时的 Michael 比两年前成熟了不少，他也暗暗给自己定下目标，向酒店职业经理人迈进！

辩证性思考

1. 职业生涯规划对个人的职业成功是否很关键？
2. 酒店承担人力资源管理的管理者们对下属的职业生涯规划要承担什么责任？

第一节　职业生涯规划概述

教学目标

- 理解职业生涯规划的含义。
- 理解职业生涯规划的意义。
- 注意职业生涯规划中的主要问题。
- 掌握酒店员工职业生涯规划的发展路径。

职业生涯规划是近几年企业人力资源管理中常见的人才发展模式。我们常听说，“选择了一个企业，就是选择一种生活”。每个酒店都有义务最大限度地利用员工的能力，并且为每一位员工提供一个不断成长以及挖掘个人最大潜力和建立成功职业的机会。每家酒店要想在激烈的人才竞争和市场竞争中取得长期优势，就必须为员工创造条件，使他们有机会获得一个有成就感和实现自我价值的职业，从而吸引和留住优秀的员工。因为我们知道，优秀的员工是酒店最宝贵的资产。如果员工觉得自己在酒店没有发展前途，就不会安心工作，迟早都会跳槽。员工的大量跳槽会直接导致酒店服务质量和劳动生产率的严重下降，进而导致大量顾客的流失和酒店经济效益的下降。

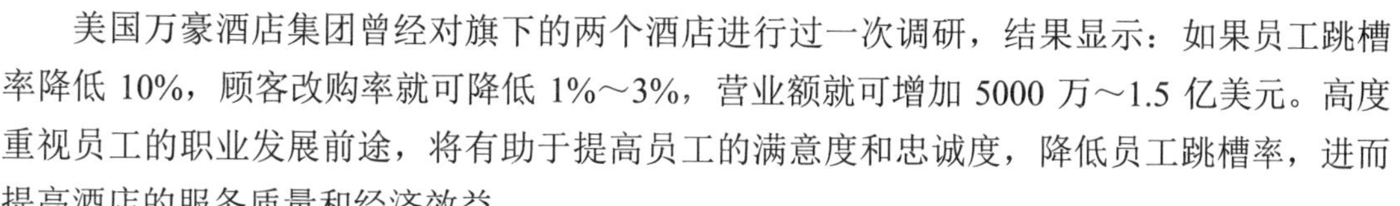

美国万豪酒店集团曾经对旗下的两个酒店进行过一次调研，结果显示：如果员工跳槽率降低 10%，顾客改购率就可降低 1%～3%，营业额就可增加 5000 万～1.5 亿美元。高度重视员工的职业发展前途，将有助于提高员工的满意度和忠诚度，降低员工跳槽率，进而提高酒店的服务质量和经济效益。

一、职业生涯规划的含义

根据美国组织行为专家道格拉斯•霍尔(Douglas T. Hall)的观念，职业生涯是指一个人一生工作经历中所包括的一系列活动和行为。职业生涯系统是组织机构搜集各种人力资源方面的政策、优先权和行为，并用以管理雇员进入组织、融入组织及离开组织的整个流程。一个完善的职业生涯系统能够协调雇员的行为(包括进入、融入及离开)进入一个规范的程序，这样有助于雇员尽快地适应组织环境。

职业生涯规划(Career Planning)是指组织或者个人把个人发展与组织发展相结合，对决定个人职业生涯的个人因素、组织因素和社会因素等进行分析，制定有关对个人一生中在事业发展上的战略设想与计划安排。职业生涯规划一般分为个人的职业生涯规划和组织的职业生涯管理。个人的职业生涯规划是以实现个人发展的成就最大化为目的的，通过对个人兴趣、能力和个人发展目标的有效管理实现个人的发展愿望。组织的职业生涯管理的最终目的是通过帮助员工的职业发展，以求组织的持续发展，实现组织目标。组织职业生涯管理是以提高公司人力资源质量，发挥人力资源管理效率为目的的，通过个人发展愿望与组织发展需求的结合实现组织的发展。

知识拓展 5-1

“When my children grow up，I don’t want them to have a job，I want them to have a career.”这是英国首相布莱尔在参观 Sheffield Job Centre 时说的一番话。

二、职业生涯规划的意义

哈佛大学有一个非常著名的关于目标对人生影响的跟踪调查，对象是一群智力、学历、环境等条件差不多的年轻人。调查结果发现：27%的人没有目标；60%的人目标模糊；10%的人有清晰但比较短期的目标；3%的人有清晰且长期的目标。

经过 25 年的跟踪研究，他们的生活状况如下。

3%有清晰且长期目标者，25 年朝着一个目标不懈努力，不怕挫折与艰险，几乎都成为社会各界的成功人士，其中不乏行业领袖、社会精英；10%的有清晰短期目标者，短期目标不断被达成，生活状态稳步上升，成为各行各业不可缺少的专业人士，大都生活在社会的中上层；占 60%的模糊目标者，在安稳的环境下生活、工作，生活平淡，没有什么特别的成绩，成为社会大众化人物；剩下 27%的是那些 25 年来都没有目标的人群，过得很不如意，经常失业，最终成为社会下层人物。

其实，他们之间的差异仅仅在于：25 年前，他们中的一些人知道自己到底要做什么，该做什么，而另一些人则不清楚或不很清楚。可见，职业目标对人生影响之重大，不容忽视。人生，不能没有职业目标。

(一)通过职业生涯设计可以明确个人职业发展的目标

职业生涯规划的重要内容之一是对个人进行分析，通过分析来确定符合自己兴趣与特长的生涯路线，正确设定自己的职业发展目标，并制订行动计划，使自己的才能得到充分的发挥。现代社会中，职业发展的机会众多，常常使求职者无所适从，缺乏明确的目标，使得不少人在职业发展的道路上走了不少弯路。有了职业生涯发展目标，就会使人在每一天的工作和学习中，都为这个目标积累资源，创造条件。

案例 5-1

小周的职业生涯之路

在青岛市团委组织的一次大型招聘会上，毕业于某职业技术学院的小周，向一家五星级酒店申请了餐饮主管一职。小周在校学的是酒店管理专业，大学成绩样样优秀，在班上是班长，还担任过学生会宣传部长，专业对口，工作能力强，工作五六年了，有实际工作经验，按理说用人单位应该非常乐意接收。但是小周毕业五六年，根本没有设立自己的职业理想，也从没对自己的职业生涯去进行规划，而是哪门工作好找，哪门工作好挣钱，就干哪门。刚毕业时经学校推荐去了一家国际知名品牌酒店餐饮部做服务员，酒店也很重视他，帮助他制订了职业生涯规划，让他在餐饮部一步一步做来，但他没做半年就觉得挣钱少、工作太累不干了。后来又从事过医药销售、保险代理、开办个人实体工艺品店等七八个工作，但也从此就没接触过酒店行业。当酒店人力资源部经理看过小周的简历后，惋惜之余婉言拒绝了他。小周也很后悔，事业发展之路在他的面前变得渺茫起来……

思考与练习

1. 小周为何没有应聘成功?
2. 频繁跳槽好吗?
3. 作为一名酒店管理的高职学生，该如何进行自己的职业生涯设计呢?

(二)通过职业生涯设计可以帮助员工认识自身的个性特质、现有与潜在的资源优势，促进员工更快地成长

职业生涯设计立足变革时代，重视和强调人对未来发展的适应性，这就促使人更快地成长。在进行职业生涯规划时，组织不仅要帮助员工正确地认识自我，知己所长，明己所短，而且还要为员工创造机会发现其潜力，并通过一系列的强化措施树立其专业优势，从而帮助员工重新对自己的价值进行定位并使其持续增值。例如，有的酒店通过组织演讲比赛、职工文艺活动，发现口才优秀、仪表端庄的员工，就可以考虑对其进行系统化的训练

和培养，使之成为酒店大型活动和娱乐部门的专业主持人，直至公关活动代言人。

(三)通过职业生涯设计有利于制订更为科学、合理的培训开发计划

作为新员工进入企业时，每一个人都会有自己的发展愿望和计划，即对哪些工作有兴趣，希望两年后做什么，五年后做什么，成为什么样的人，朝哪个专业发展等。但是，并不是所有的人都具备与组织人力资源动态需求相吻合的知识和能力，只有通过职业生涯设计，才有可能帮助员工认识和发现其职业发展道路的每一个阶段所必须接受的训练与开发。同时，职业生涯规划遵循人的个性发展观，企业员工的使用与配置、发展与培训等，都要考虑员工的个性特征，将其合理安置在适宜的工作岗位上，就能最大限度保证能力与职业的匹配，因而可以充分地激发个体的积极性和创造性才能，实现人的价值。

(四)通过职业生涯设计有利于人尽其才，避免人力资源的浪费

个人制定的职业发展目标和职业生涯规划能否实现，除了个人主观努力以外，还需要组织创造外部条件。因此，组织应该了解每一位员工的气质、性格、能力、兴趣、价值观和理想等，特别要了解员工的职业发展规划和设想，从而为他们创造实现职业目标的环境和条件。

(五)积极有效的职业生涯规划是留住高素质员工的法宝

高素质、高学历员工是企业人力资本的主要储备。多家酒店的总经理在接受笔者调查时表示，他们在酒店发展过程中感触最深的就是高素质、高学历员工的缺乏。某一家新开业酒店的前厅部招聘了 10 名大学生员工，经过半年时间，仍继续在职的只有 6 人，一年不到的时间只剩下了 3 人，其他员工大部分均已辞职或工作调动，人员流动率达 70%。据了解，流失的员工中，60%以上大学生是由于酒店职业规划的严重滞后而使其不知未来职业方向，再加上自身的期望过高又在短期内难以被满足而离职的。如此大的人员流动必将对酒店服务质量和服务水平及人才培养产生重大影响。

有效地开发并留住符合要求的后备管理人才和大量的技术骨干，对他们进行职业生涯规划和管理，将是酒店未来发展的基础。

酒店的接班人计划

接班人计划(Succession Planning)，又称管理继承人计划，是指公司确定和持续追踪关键岗位的高潜能人才，并对这些高潜能人才进行开发的过程。香格里拉酒店集团对接班人计划及目标的描述是：接班人计划是一个提高、鉴定、发展和帮助员工职业发展的系统。该计划通过人才需求预测、内部人才评估与推荐/大学生定向培养计划、人才发展支持系统、接班人计划执行评估等几个部分组成一个完整的流程，使酒店的发展与人才的需求能够更好地结合，从而避免人才短缺或人才过剩，也使员工能够了解酒店发展和人才需求，从而

进行职业生涯的规划，将个人发展与酒店发展更好地结合。目前在国内酒店集团如开元旅业集团，国外如香格里拉集团都有该计划并初见成效。

三、职业生涯规划的注意问题

(一)企业在员工职业生涯规划中的主动地位

企业的经营目的是利润最大化，而其实现的条件在于企业中每位员工工作效率的最大化，影响员工工作效率最大化的最主要因素，就是员工的职业爱好与身体特质，而这两个因素恰恰就是影响和决定员工职业生涯的两大因素。

酒店应当积极地协助员工，与其共同发现他们自己的爱好和特长，而不能简单地运用激励理论，一味地对员工进行物质、精神上的激励，因为在众多条件具备的情况下，兴趣爱好以及身体特质对员工的工作效率起着决定性的作用。北京的某个酒店，为了使员工更好地工作，给每个员工都设计了职业发展方向，其中：员工的方向是领班；领班的方向是主管；主管的方向是部门经理等。而酒店的管理者们没有考虑到员工的感受和需求，只是一味地凭借自己对员工的认识来为员工设计他们的职业生涯，忽略了员工的不同特点。企业为员工设计职业生涯规划的做法，很多企业都在使用，员工一入职，直接领导就直言不讳地告诉他，某岗位就是该员工在这个企业的发展方向。孤立的物质和精神激励，固然能够起到一定的作用，但是企业还应当以发现员工的特质作为提高劳动效率的首要工作。

在发现和确定员工特质方面，可以采用与员工正式和非正式交流的形式予以了解，同时也可以注意从员工在工作中处理不同工作内容的态度、工作结果中发现，最主要的还是要诱导员工积极主动地发现自己的兴趣爱好和生理心理特长。

知识拓展 5-3

走向成熟——联想集团总裁杨元庆自述

我到联想没想过来做销售，本希望做研究开发。而且这也只是一个短线的想法，只不过想拿它当跳板，先做做开发，然后就出国留学。我也没想到要做一个总经理，而且是要创品牌的总经理，更没有想到后来要做总裁，要承担那么大的责任。我自己感觉好像每一步都是被推着走上来的。但是我的好处是“做一行要爱一行”，我希望有好的表现，能够得到赏识，当然更重要的还是让自己的生活更充实，这是我更追求的。

(资料来源：www.365webs.com)

(二)职业生涯前景应对员工有激励作用

我们在对员工确定生涯前景时，要考虑的不是员工的现有状况如何，而是要挖掘员工的潜质，设想员工发挥出所有潜能时将是一个怎样的情景，这样就可以突破员工现有情况的局限，从而向员工描绘出一幅其所渴望企及的美好前景。管理人员与员工进行沟通，以勾画出员工未来可能达到的状态，这主要应从正面进行，即多谈谈员工的优点，使员工突破自身的胆怯心理，帮助他们看到自身的长处有助于实现自己的生涯前景。

针对员工而非岗位。员工通常都有一种感觉，即希望生涯规划是为他们量身定制的，而不是为岗位的所有人定制的，这样员工就会感受到自身对组织的重要性，从而激发出潜能，也就能体现出员工生涯前景的独特之处。

生涯前景应对员工有激励作用。管理人员对员工进行的生涯前景设计应能满足员工的价值观和需求，必须让员工从中看到个人利益，以及这些利益对自己带来的好处，这样才能使生涯规划发挥对员工的激励作用。

(三)职业生涯规划也是实施压力管理的基础

良好的职业生涯规划帮助员工改善思维，抛弃不切实际的期望值太高的目标，而建立现实客观的 SMART 式的发展目标：S——Specific (特定的、适合自己的)、M——Measurable(可衡量的)、A——Achievable(可实现的)、R——Realistic(实际的)、T——Time-based(基于时间的)。它使员工站在最合适的定位上，处于一个最佳的平衡状态，既不会因为定位过高而面临过度压力，也不会因为定位过低而面临匮乏压力。综合起来看，职业生涯规划是目标管理的第一步，也是最关键的一步，没有良好的职业规划，所有的压力管理就无从谈起。

四、酒店员工职业生涯发展路径

职业生涯的核心就是实现职业目标的路径。职业生涯的路径大致可以分为三种类型：纵向发展路径、横向发展路径和双重职业路径。

(一)纵向发展路径

纵向发展又称为传统的晋升道路，即行政级别的晋升。它是员工在组织内从一个层级到另一个层级纵向发展的过程。每一个当前的职务能力是下一个较高层次职务的必要准备，员工必须一级接一级地向上发展，以获得自身发展所需要的经历。例如，一家大型酒店的客房部管理人员的纵向发展路径，可以是“客房部服务员——楼层主管——部门经理——行政管家——房务总监”。传统职业路径的优点是直线向前，清晰明了，让员工清楚地了解自己向前发展的特定职务序列。纵向发展路径往往通过内部招聘和晋升来实现。这种路径的不足之处在于：由于上层职务通常少于下层职务，且职务层次排序的方式单一，因而传统职业路径适用面窄，不一定适合每一位员工的特点。

(二)横向发展路径

在企业组织结构日趋扁平化的今天，传统行政级别的晋升涉及的人数毕竟较少，因此，为了最大限度地调动员工的工作积极性，酒店鼓励员工针对自己的特长提出横向发展要求，帮助发展自己的多重技能。与此同时，员工的满足感不仅仅来自传统的行政级别晋升，还

包括技术水平的提高、专业水平的提高、管理技能的提高和其他多个方面。对许多员工来讲，采取横向工作职务调动虽然没有提高职务等级，但可以使员工更新工作内容，开发个人潜力，从而调动其工作积极性和主动性，获得职业成就。因而对于大多数普通员工来说，横向发展路径是一条有吸引力的行之有效的职业发展途径。横向发展具体内容包括扩大现有工作内容和工作轮换。

扩大现有工作内容是指在员工的现有工作中增加更多的挑战性或更多的责任，比如安排执行特别的项目、在一个团队内部变换角色、探索为客户提供服务的新途径等。培训一章中提到的工作轮换方法也是职业横向发展的具体应用。工作轮换是指在酒店里的几种不同职能领域中为员工做出一系列的工作安排，或者在某个单一的职能领域或部门中为员工提供在各种不同工作岗位之间流动的机会。比如，酒店前厅部和客房部的工作内容衔接最多，为了熟悉彼此的工作流程，保证客人入住酒店所受到的服务流畅、快捷，就可以考虑将前厅部与客房部的员工进行同级别的平行调换来丰富其工作经验，增强其独立解决问题的能力，保证两个部门今后沟通的畅通，还有助于员工今后的纵向职业发展。

(三)双重职业路径

双重职业路径一重指管理型的发展道路，另一重指技术专长型的发展路径。它最初用来解决接受过专业化技术培训，但不期望升迁到管理职务上的员工发展问题。双重阶梯的发展标志是职级的上升，而不是行政级别的变更。职级的增长伴随着薪酬的提高，也伴随着责任的加大，以及工作任务的丰富化。公司鼓励有技术专长的员工持续努力地发展技术水平，在技术阶梯上发展。而有管理专长的技术岗位的员工，也可以选择传统阶梯，成为中、高层管理人员。

双重阶梯的职业生涯路径模式设计了多条平等的晋升阶梯。在双重阶梯的职业生涯路径模式下，一部分具有管理能力的员工得以在行政道路上晋升，另一部分员工选择技术型的发展道路，从而避免所有人都拥挤在管理跑道上挤独木桥的情况，使各类型岗位上的员工都有了更多的发展机会。通过向普通员工提供与管理人员平等的职业发展机会和有激励性的薪酬制度，使技能型员工感到被企业重视，提高其忠诚度，同时也可以使他们做到岗位相互匹配，并且提高自身的创新能力和适应变化的能力。

双重职业路径允许员工成为技术技能专家，将其技能贡献给企业却不成为管理者，鼓励员工在平凡的岗位上做到最好和最优。并且，酒店可以将某一个具体工作岗位分为职级，例如将服务员按工作技能和经验和受客人欢迎程度分为若干等级，实行差别待遇、差别薪酬以激发员工的工作动力。在酒店行业中，选择双重职业发展路径最具有代表性的工作岗位就是厨师，一方面勤于钻研的厨师大都会成为酒店必须依靠的技术骨干；另一方面现实工作中的厨师文化水平普遍不高，既掌握精湛的烹调技术，又具备较高管理素质的人实不多见。那么，对于厨师队伍就可以采取双重职业发展路径，以培养技术专家为主。其中发现具有管理能力的人可以考虑引导其向厨政管理和餐饮管理等管理型职业发展。

课外资料 5-1

35 岁以前成功的 12 条黄金法则

《福布斯》世界富豪、日籍韩裔富豪孙正义 19 岁的时候曾做过一个 50 年职业生涯规划：20 多岁时，要向所投身的行业宣布自己的存在；30 多岁时，要有 1 亿美元的种子资金，足够做一件大事情；40 多岁时，要选一个非常重要的行业，然后把重点都放在这个行业上，并在这个行业中取得第一，公司拥有 10 亿美元以上的资产用于投资，整个集团拥有 1000 家以上的公司；50 岁时，完成自己的事业，公司营业额超过 100 亿美元；60 岁时，把事业传给下一代，自己回归家庭，颐养天年。现在看来，孙正义正在逐步实现着他的计划，从一个小老板的儿子，到今天闻名世界的大富豪，孙正义只用了短短的十几年。

评估练习

1. 简述职业生涯规划的重要意义，结合自身条件，说明如何进行职业生涯规划。
2. 在职业生涯规划过程中要注意哪些问题？
3. 酒店员工的职业生涯规划路径选择的依据是什么？

第二节　职业生涯理论

教学目标

- 理解职业发展阶段理论。
- 掌握职业锚理论。

一、职业发展阶段理论

萨柏(Donald E. Super)是美国一位有代表性的职业管理学家。萨柏的职业生涯发展阶段理论是一种纵向职业指导理论，重在对个人的职业倾向和职业选择过程本身进行研究。

萨柏以美国白人作为自己的研究对象，把人的职业生涯划分为五个主要阶段：成长阶段、探索阶段、建立阶段、维持阶段和衰退阶段。各阶段人的追求和特点不同。

(一)成长阶段(0～14 岁)

该阶段的主要任务：认同并建立起自我概念，对职业好奇占主导地位，并逐步有意识地培养职业能力。

萨柏将这一阶段具体分为三个成长期。

(1) 幻想期(10 岁之前)：儿童从外界感知到许多职业，对于自己觉得好玩和喜爱的职业充满幻想和进行模仿。

(2) 兴趣期(11～12 岁)：以兴趣为中心，理解、评价职业，开始作职业选择。

(3) 能力期(13～14 岁)：开始考虑自身条件与喜爱的职业相符合否，有意识地进行能力培养。

(二)探索阶段(15～24 岁)

该阶段的主要任务：主要通过学校学习进行自我考察、角色鉴定和职业探索，完成择业及初步就业。

该阶段也可分为三个时期。

(1) 试验期(15～17 岁)：综合认识和考虑自己的兴趣、能力与职业社会价值、就业机会，开始进行择业尝试。

(2) 过渡期(18～21 岁)：正式进入职业，或者进行专门的职业培训，明确某种职业倾向。

(3) 尝试期(22～24 岁)：选定工作领域，开始从事某种职业，对职业发展目标的可行性进行实验。

(三)建立阶段(25～44 岁)

该阶段的主要任务：获取一个合适的工作领域，并谋求发展。这一阶段是大多数人职业生涯阶段中的核心部分。

该阶段分为两个时期。

(1) 尝试期(25～30 岁)：个人在所选的职业中安顿下来。重点是寻求职业及生活上的稳定。

(2) 稳定期(31～44 岁)：致力于实现职业目标，是个富有创造性的时期。

在该阶段职业中期可能会发现自己偏离职业目标或发现了新的目标，此时需重新评价自己的需求，处于转折期。

(四)维持阶段(45～64 岁)

该阶段的主要任务：这一长时间内开发新的技能，维护已获得的成就和社会地位，维持家庭和工作两者间的和谐关系，寻找接替人选。

(五)衰退阶段(65 岁以上)

该阶段的主要任务：逐步退出职业和结束职业，开发社会角色，减少权利和责任，适应退休后的生活。

由于成长阶段属于非职业范畴，可省略不计，故一般职业生涯规划可分为探索阶段、立业与发展阶段、维持阶段和衰退阶段，各阶段人的追求不同，如表 5-1 所示。

表 5-1　不同职业发展阶段的特点

职业发展阶段	对工作方面的需求	对情感方面的需求
职业探索阶段 (25 岁前)	1.要求从事多种不同的工作 2.希望自己探索	1.进行试探性的职业选择 2.在比较中逐渐选定自己的职业
立业与发展阶段 (25～44 岁)	1.希望干具有挑战性的工作 2.希望在某一领域发展自己的专业知识和技能 3.希望在工作中有创造和革新 4.希望经历 3～5 年时间转向其他领域	1.希望面对各种竞争，敢于面对成败 2.能处理工作和人际关系矛盾 3.希望互相支持 4.希望独立自主
职业维持阶段 (45～60 岁)	1.希望更新技能 2.希望在培训和辅导青年员工中发展自己的技能	1.具有中年人较稳健的思想感情 2.对工作、家庭和周围的看法有所改变 3.自我陶醉以及竞争性逐渐减弱
职业衰退阶段 (60 岁以后)	1.计划好退休 2.从掌握转向咨询和指导性工作 3.寻找自己的接班人 4.寻找组织外的其他活动	1.希望把咨询看作对他人的帮助 2.希望能接受和欣赏组织外的其他活动

资料来源：李景元. 从大学生到人事主管. 北京：企业管理出版社，2001

二、职业锚理论

在众多的职业生涯发展理论中，职业锚理论是一种指导、制约、稳定和整合个人职业决策的职业自我观定位理论。由于该理论的实用性、操作性和综合性特点，因而它成为众多的职业生涯发展理论中格外重要和引人注目的理论。

(一)职业锚的含义

职业锚(Career Anchor)是由美国著名职业心理学家埃德加·H. 施恩(Edgar.H.Schein)教授提出的。他认为，职业生涯发展实际是一个持续不断的探索过程，在这一过程中，每个人都在根据自己的天资、能力、动机、需要、态度和价值观等慢慢地形成较为清晰的与职业有关的自我概念，随着一个人对自己越来越了解，这个人就会越来越明显地形成一个占主要地位的职业锚。

那么究竟什么是职业锚呢？职业锚是指一个人不得不做出职业选择的时候，不会放弃的职业中那种至关重要的态度和价值观。“锚”是指抛到水底可以使船停稳的器具，“职业锚”则又有职业稳定、方向、定位等含义。在职业心理学中，职业锚实际就是人们选择和发展自己的职业时所围绕的自己确定的中心。当一个人对自己的天资和能力、动机和需要以及态度和价值观有了清楚的了解之后，就会意识到自己的职业锚到底是什么。直到他们不得不做出某种重大选择的时候，比如到底是接受企业将自己晋升到总部的决定，还是辞去现职，转而开办和经营自己的公司；正是在这一关口，一个人过去的所有工作经历、兴趣、资质、潜能等才会集合成一个富有意义的职业锚。这个职业锚会告诉此人，对他个人来说，到底什么东西是最重要的！

可见，职业锚是“自省的才干、动机和价值观的模式”，是自我意向的一个习得部分。具体而言，是个人进入职业生涯早期的工作情境后，由习得的实际工作经验所决定，并在经验中与自省的才干、动机和价值观相符合，逐渐发展出的更加清晰、全面的职业自我观，以及达到自我满足和补偿的一种长期稳定的职业定位。因此，职业锚是个人和工作情境之间早期相互作用的产物。个体只有经过若干年的实际工作后才能被真正地发现。

另外，要深入了解职业锚概念，要注意以下几方面。

- 职业锚以雇员习得的工作经验为基础。
- 职业锚不是根据各种测试出来的能力、才干或者作业动机、价值观所做的预测，而是新雇员在工作实践中，依据自身的和已被证明的才干、动机、需要和价值观，现实地选择和准确的职业定位。
- 职业锚是雇员自我观中的动机、需要、价值观、能力相互作用和逐步整合的结果。
- 雇员个人及其职业锚不是固定不变的。

(二)职业锚的类型

施恩通过对美国斯隆研究院毕业生工作经历的纵向研究，提出了以下五种类型的职业锚。

1. 技术或功能型职业锚

属于这一类型的人在进行职业选择时，主要注意力是工作的实际技术或职能内容。他们总是围绕着技术能力或业务能力的特定领域安排自己的职业，根据能够最大限度地在其特定的领域保持挑战机会的标准进行工作流动。这些特定领域包括工程技术、财务分析、营销策划和系统分析等。

他们虽然在其技术能力领域内也会接受管理职责，但他们对管理职业并不感兴趣。例如，一个技术或功能型职业锚的财务分析员，他希望在发挥自己财务会计专长的领域中谋求发展，其最高目标是公司的财务副总裁，而不在任何其他职能领域中涉足，也许对全面管理抱有强烈的抵触情绪。在组织的许多工作岗位上都会有倾向技术或功能型职业锚的人，如咨询公司的项目经理、工厂的技术副厂长、企业中的研究开发人员、统计人员和会计人员等。

2. 管理型职业锚

管理型职业锚的人把管理本身作为职业目标，而具体的技术工作或职能工作仅仅被看作是通向更高的管理层道路上的必经阶段。他们认识到在一个或多个职能领域展现能力的必要性，但却没有一个职能领域能让他们久留。职业经验告诉他们具有升任组织高层领导所需的知识和技能，并能够把以下三种最基本的能力加以科学组合：第一，分析能力。这种能力要求对环境敏感，具有判断信息的有效性和解决问题的技巧。第二，人际沟通能力。是指能够影响、监督、率领、指挥和控制组织的各级人员，更有效地实现组织目标的能力。

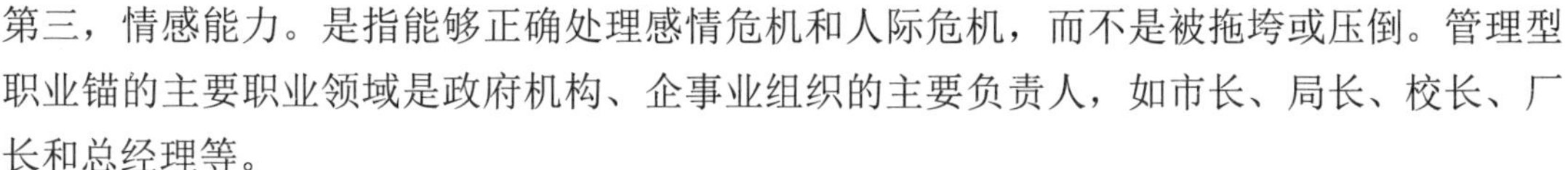

第三，情感能力。是指能够正确处理感情危机和人际危机，而不是被拖垮或压倒。管理型职业锚的主要职业领域是政府机构、企事业组织的主要负责人，如市长、局长、校长、厂长和总经理等。

3. 创造型职业锚

创造型职业锚的人时时追求建立或创造完全属于自己的成就。他们要求拥有自主权、管理能力和施展自己才华的特殊能力，创造是他们自我发展的核心。他们敢于冒险，具有形形色色的价值观和动机，他们个人的强烈需要是能够感受到所发生的一切都是与自己的创造成果联系在一起的。比如，成功的企业家就属于创造型职业锚，他们在创建新公司时，表现出非凡的创造性才干，而一旦建成，他们就会厌倦或不适应正规的工作而退出领导层，自愿或不自愿地让位于总经理，而自己继续开始创造性的追求。创造型职业锚的主要职业领域是发明家、冒险性投资者、产品开发人员和企业家等。

4. 自主与独立型职业锚

属于自主与独立型职业锚的人追求一种能最大限度地摆脱组织约束，施展自己职业能力的工作情景。他们认为，组织生活是受限制的、非理性的、侵犯个人自由的，因此，他们喜欢更有独立性和自主性的职业。这种类型的人自主需要比其他需要更强烈，他们很少体验到错过提升机会的冲突，很少会感到失败或缺少更大抱负的愧疚，仿佛摆脱组织控制是最大的快乐。他们的主要需要是随心所欲地制定自己的步调、时间表、生活方式和工作习惯。自主与独立型职业锚的主要职业领域是学者、科研人员、职业作家、个体咨询人员、手工业者和个体工商户等。

5. 安全型职业锚

安全型职业锚的人倾向于根据组织对他们提出的要求行事，力图寻求一种稳定的职业、稳定可观的收入和稳定的事业前途。因此，他们比较容易接受组织对他们的工作安排，相信组织会根据他们的实际情况秉公办事。不论他们个人有什么样的理想和抱负，当个人目标和组织目标发生矛盾时，他们都会选择服从组织目标的要求。如果追求安全型职业锚的人具有很强的技术才能，他们也可能晋升到一个高级参谋的层次。但是，由于要求高度的感情安全，从而限制了他们沿着等级制度向更高层次的晋升。在现实生活中存在两种类型的安全取向：一种人的稳定源和安全源主要是来自给定组织中稳定的成员资格，如在政府部门或大公司工作。另一种人的安全源是以地区为基础，包括一种定局，使家庭稳定和自己融入社团的感情，如有的人在职业早期流动了几次，最后还是选择了在自己的家乡某公司就职；还有的人总是在同一地区选择职业，即使其他地区的就业机会再好，也不会离开本地区。

为了更直观地说明五种职业锚的作用和特点，现将五种职业锚的特点列成表格(见表 5-2)，以便对照参考。

表 5-2　五种类型职业锚的典型特征、成功标准、主要职业领域、典型职业通路对照表

类　型	典型特征	成功标准	主要职业领域	典型职业通路
技术或功能型	职业生涯选择时，主要注意力是职业的实际技术或职能内容，即使提升，也不愿到全面管理的位置，而只愿在技术职能区提升	在本技术／职能区达到最高管理位置，保持自己的技术优势	工程技术、财务分析、营销、计划、系统分析等	财务分析员——主管会计——财务部主任——公司财务副总裁
管理型	能在信息不全的情况下，分析解决问题，善于影响、监督、率领、操纵、控制组织成员，能为感情危机所“激动”，而不是拖垮，善于使用权力	管理越来越多的下级，承担的责任越来越大，独立性越来越大	政府机关、企业组织及其各部门的主要负责人	服务员——领班——主管——部门经理——部门总监——酒店总经理
安全型	依赖组织，怕被解雇，倾向于根据组织要求行事，高度的感情安全，没有太大的抱负，考虑退休金	一种稳定、安全、整合良好合理的家庭、职业环境	教师、医生、幕僚、研究人员、勤杂人员等	助教——讲师——副教授——教授等
创造型	要求拥有自主权、管理能力、施展自己才华的特殊能力，喜欢冒险，力求新的东西，经常转换职业	建立或创造某种东西，它们是完全属于自己的杰作	发明家、冒险性投资者、产品开发人员、企业家等	无典型职业通路，极易变换职业或干脆单挑
自主与独立型	随心所欲地制定自己的步调、时间表、生活方式与习惯，认为组织生活是不自由的、侵犯个人的	在职业中得到自由与欢愉，活得舒服	学者、职业研究人员、手工业者、工商个体户	自己领域中发展自己的事业与个人理想

资料来源：林泽炎. 员工职业生涯设计与管理. 广州：广东经济出版社，2003

评估练习

1. 结合本节内容，说说你处于职业发展的什么阶段，有什么特点。
2. 运用职业锚理论，为自己进行初步职业设定。

第三节　酒店员工职业生涯规划和管理

教学目标

- 理解职业生涯规划和管理。
- 知道个人如何进行职业生涯规划和管理。
- 理解酒店在个人职业生涯规划和管理过程中的重要作用。

卡耐基说：“我非常相信，这是获得心理平静的最大秘密之一——要有正确的价值观念。而我也相信，只要我们能定出一种个人的标准来——就是和我们的生活比起来，什么样的事情才值得的标准，我们的忧虑有 50%可以立刻消除。”

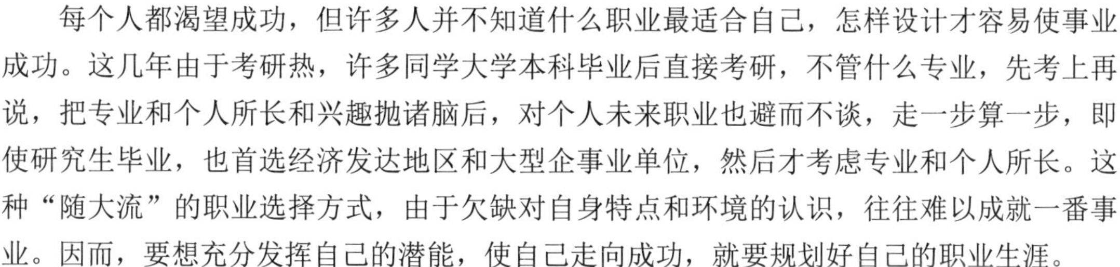

每个人都渴望成功，但许多人并不知道什么职业最适合自己，怎样设计才容易使事业成功。这几年由于考研热，许多同学大学本科毕业后直接考研，不管什么专业，先考上再说，把专业和个人所长和兴趣抛诸脑后，对个人未来职业也避而不谈，走一步算一步，即使研究生毕业，也首选经济发达地区和大型企事业单位，然后才考虑专业和个人所长。这种“随大流”的职业选择方式，由于欠缺对自身特点和环境的认识，往往难以成就一番事业。因而，要想充分发挥自己的潜能，使自己走向成功，就要规划好自己的职业生涯。

一、职业生涯规划的要素与准则

(一)职业生涯规划的要素

职业生涯规划具有明显的个性化特征，不同的人在制订职业生涯规划时所考虑的要素不同，但一些决定要素是不容忽视的。著名职业生涯规划专家罗双平曾用公式总结出职业生涯规划的三大要素，即：

职业生涯规划=知己+知彼+抉择

其中，“知己”是自身条件的充分认识和全面了解；“知彼”是对欲从事职业的环境、相关的组织等信息的有效掌握；“抉择”是在知己知彼的基础上再来确定符合现实，能充分发挥自己专长且有浓厚兴趣并与环境相适应的职业目标。

(二)职业生涯规划的准则

个人职业生涯规划设计应该遵守以下准则。

1. 择己所爱，选择自己所喜欢的职业

从事一项你所喜欢的工作，工作本身就能给你一种满足感，你的职业生涯也会从此变得妙趣横生。兴趣是最好的老师，是成功之母。调查表明：兴趣与成功几率有着明显的正相关性。在设计自己的职业生涯时务必注意：考虑自己的特点，珍惜自己的兴趣。

2. 择己所长，发挥自己的专长

任何职业都要求从业者掌握一定的技能，具备一定的能力条件。而一个人一生中不能将所有技能都全部掌握。所以你必须在进行职业选择时择己所长，从而有利于发挥自己的优势。运用比较优势原理充分分析别人与自己，尽量选择冲突较少的优势行业。

3. 择世所需，符合社会的需求

社会的需求不断演化着，旧的需求不断消失，新的需求不断产生。新的职业也不断产生。所以在设计自己的职业生涯时，一定要分析社会需求，择世所需。最重要的是，目光要放长远，能够准确预测未来行业或者职业发展方向，再做出选择。不仅仅是有社会需求，并且这个需求要长久。

4. 择己所利，追求职业生涯的收益

职业是个人谋生的手段，其目的在于追求个人幸福。所以你在择业时，首先考虑的是自己的预期收益——个人幸福最大化。明智的选择是在由收入、社会地位、成就感和工作付出等变量组成的函数中找出一个最大值。这就是选择职业生涯中的收益最大化原则。

二、个人职业生涯规划的基本步骤

个人职业生涯规划，是指个人根据自己的特点，对所处的组织环境和社会环境进行分析，制定自己一生中在事业发展上的战略设想与计划安排。个人职业生涯现划包括下面几个步骤，如图 5-1 所示。

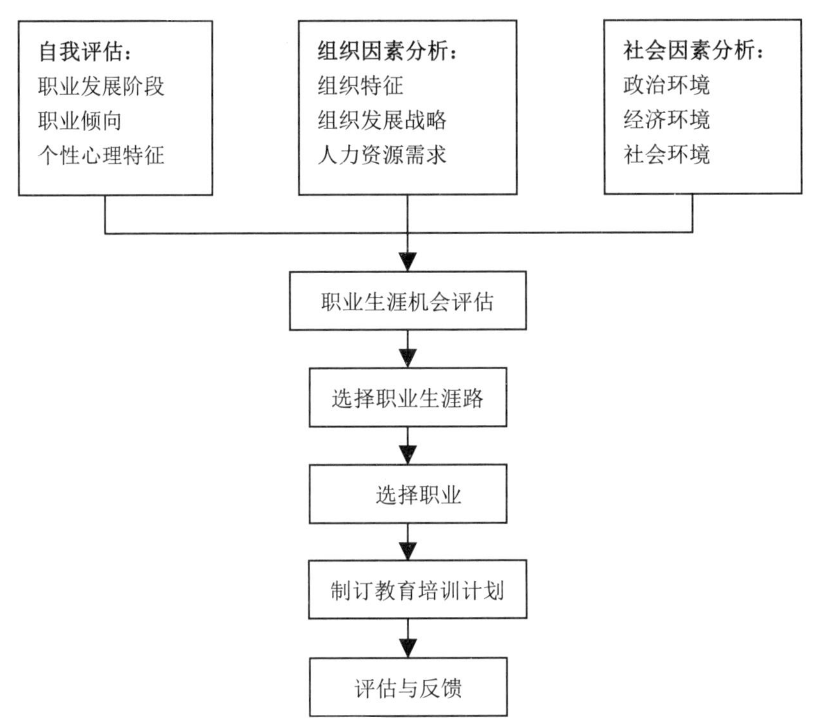

图 5-1　个人职业生涯规划的基本步骤

(一)自我评估

自我评估是个人职业生涯规划的基础，一般来讲，对自己的认知越深刻，职业生涯规划的目标性和方向性就越强。这主要包括对个人的需求、能力、兴趣、性格、气质、思维方式、价值观、情商、潜能等的分析，简而言之，就是确定我是谁、我想做什么、我能做什么，以确定什么样的职业比较适合自己和自己具备哪些能力。自我评估除了自我认知和反思外，最好结合科学的测评和定位来帮助完成，比如做测试题或专家访谈等。

课内资料 5-1

酒店员工职业生涯规划问卷

基本个人信息：(略)。

(一)职业现状调查

1. 你现在对你的现有岗位满意吗？(请在方框内注明理由)

A. 很满意　B. 比较满意　C. 不太满意　D. 很不满意

请简述选择原因：

2. 你个人在本酒店两年内的短期职业目标是什么？你的 2～5 年内的中期职业目标是什么？你的 5 年以上的长期职业目标是什么？

3. 你自己是否找到了你与实现目标所需能力的差距？如果是请说明理由。

A. 已经找到，并且知道了差距在哪里　B. 正在探寻，苦于不知差距在哪里

C. 不想探寻，没有必要　D. 没有差距

4. 对你来说，实现自己的目标主要依靠的是什么？

A. 给我证明自己的工作机会　B. 领导的赏识

C. 更丰富的专业知识和技能　D. 平和的心态

5. 距离你的职业目标，你有什么期待和计划？

A. 寻找信息，积极准备，寻找能证明自己的工作岗位

B. 暂时未作考虑，把本职工作做好，提高自己的业务水平，有机会争取职位晋升

C. 暂时不换工作，参加继续教育，提高自己的竞争力，保住自己的这份工作

D. 暂时没有计划，视情况而定

E. 其他

6. 如果因客观原因，你需要更换工作，你想以何种方式更换工作？(注明理由)

A. 换行业，不换职业

B. 换职业，不换行业

C. 既换职业，又换行业

D. 从没有考虑过改变，以稳定求发展

7. 如果有本行业的职业精英给你指点，你需要哪些有益的经验和教诲？(多选)

A. 本行业的最新动态及本行业发展趋势

B. 在这个行业里发展应具备何种素质和技能

C. 本职业的发展空间和社会需求度

D. 如何在这个职业中提升自己的能力

E. 其他

8. 请对自己的性格做一个简单的描述。

(二)对职业规划需求的调查

1. 你认为参加学习和培训的主要目的是什么？

A. 稳定自己现有的工作，真正能学有所用

B. 提升自己的工作职位，能有进一步的拓展

C. 改变自己的职业，重新选择一种职业

D. 学到有用的知识，自己创业

E. 其他

2. 在对你的职业规划上，希望酒店提供哪种形式的辅导和帮助最适合你？

A. 及时的咨询解惑

B. 合适的工作岗位

C. 各行业背景和各职业背景分析

D. 现有的岗位情况介绍和岗位培训机会

E. 酒店内部人际关系间的沟通与交流

F. 其他形式(若喜欢其他形式，请在下面写明)

(二)组织与社会环境分析

短期的规划比较注重组织环境的分析，包括组织的特色、发展战略、人力资源状况。长期的规划要更多地注重社会环境的分析，包括社会各行业对人才的需求和供给状况、国际政策及社会价值观的变化等。比如，在进入一家酒店前，既要分析这家酒店的企业文化和风格、企业规模、组织结构和人员状况，又要分析酒店将面临的环境的特点和条件，从而趋利避害，得到较好的职业生涯发展。

(三)职业生涯机会评估

职业生涯机会的评估包括对长期机会和短期机会的评估。通过对社会环境的分析，结合本人的具体情况，评估有哪些长期的发展机会；通过对组织环境的分析，评估组织内有哪些短期的发展机会。

在充分认识组织环境与社会环境之后，应评估各种环境因素对自己职业发展的影响，根据自己的兴趣、爱好和特长，考虑自己的性格、气质与能力等特征是否适合这样的环境发展，对职业发展中的各种机会进行评估。这时候可采用 SWOT 分析法。

- 优势(Strength)：自己出色的方面，尤其是与竞争对手相比，具有优势的方面，如语言表达能力强，身体素质好等。
- 劣势(Weakness)：与竞争对手相比处于落后地位的方面。如不善于交际，活动能力比竞争对手差等。
- 机会(Opportunity)：有利于职业选择和职业发展的一些机会。如酒店重视大学生的个人发展，酒店规模或产品市场扩大需要更多的中层管理者等。
- 威胁(Threat)：存在潜在危险的方面。如所在企业走向衰落，不喜欢自己这种性格的人来担任直接上司等。

运用 SWOT 分析方法进行评估时，要尽可能地对面临的各种职业发展机会进行评估，

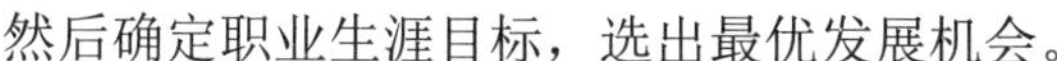

然后确定职业生涯目标，选出最优发展机会。

(四)职业生涯目标确定

职业生涯目标的确定包括人生目标、长期目标、中期目标与短期目标的确定，它们分别与人生规划、长期规划、中期规划和短期规划相对应。职业生涯规划的分类如表 5-3 所示。首先要根据个人的专业、性格、气质和价值观以及社会的发展趋势确定自己的人生目标和长期目标，然后再把人生目标和长期目标细化，根据个人的经历和所处的组织环境制定相应的中期目标和短期目标。

表 5-3　职业生涯规划的分类

类　型	任　务
人生规划	整个职业生涯的规划，时间长约 40 年，设定整个人生的发展目标。如成为一个酒店业的杰出职业经理人
长期规划	5～10 年规划，主要设定较长远的目标。如规划 30 岁时成为一家五星级酒店的部门经理，35 岁时成为一家国际知名酒店集团所属酒店的部门总监、副总经理
中期规划	一般为 2～5 年内的目标与任务。如规划熟悉酒店不同业务部门的业务，从督导层向中层管理者晋升
短期规划	两年内的规划，主要是确定近期目标，规划近期完成的任务。如对专业知识的学习，两年内掌握哪些业务知识

(五)制订行动方案

制订行动方案即把目标转化成具体的方案和措施。这一过程中比较重要的行动方案有职业生涯发展路线的选择、职业的选择，相应的教育和培训计划的制订。行动方案要尽可能具体、可量化，以便于实施和检查。

(六)评估与反馈

人是随着环境的变化在不断成长和变化的。影响职业生涯的因素很多，有的变化因素是可以预测的，有的则难以预测。如果职业生涯计划行之有效，就必须根据个人需要和现实的不断变化对职业生涯目标与计划进行评估和调整。职业生涯规划的评估与反馈过程是个人对自己的不断认识过程，也是对社会的不断认识过程，是使职业生涯规划更加有效的有力手段。

课内资料 5-2

职业生涯规划的 5 个“What”的思考模式

第一，What are you? 要求一个人对自己做一个深刻反思与认识，对自身的优势与弱点都要加以深入细致的剖析。

第二，What do you want? 要求一个人对自己未来职业发展的目标和前景，做出一种愿望定位、心理预期和取向审视。

第三，What can you do? 要求一个人对自己的素质，尤其是自身的潜能和实力进行全面的测试和把握。

第四，What can you support you? 要求一个人对自己所处的环境状况和所拥有的各种资源状况有一个客观、准确的认识和把握。

第五，What can you be in the end? 要求一个人对自己所提出的职业目标以及实现方案做出一个具体明确的说明。

(资料来源：http://www.365webs.com)

三、酒店对员工的职业生涯规划和管理

职业生涯管理，是指管理部门根据酒店组织发展和人力资源规划的需要，在组织中制订与员工职业生涯整体规划相适应的职业发展规划，为员工提供适当的教育、培训、轮岗和提升等发展机会，协助员工实现职业生涯发展目标。职业生涯管理是一种动态管理，它贯穿于员工和组织发展的全过程。

职业生涯管理是实现员工和企业双赢的重要的人力资源管理工具：从员工层面上讲，是员工借助职业生涯规划，准确认识自我，确定职业目标并采取行动实现目标的过程；从企业层面上讲，企业借助职业生涯管理帮助员工确定个人在本企业的职业发展目标，并为员工提供相应的培训机会，使企业发展目标与员工职业发展目标结合起来，建立企业与员工间的双赢关系，实现企业更快更好的发展。那么究竟如何做好职业生涯管理呢？

(一)职业生涯规划与企业远景规划的统一

企业吸引人才的最重要条件之一就是提供足够合适的发展空间，即所谓“选择了一个企业，就是选择一种生活”。如果企业领导者可以树立长远的经营目标，摆脱短期化经营行为，就是赢得人才信任的关键一步。优秀企业对企业发展进行长远规划，使企业经营走向理性化。对企业员工来说，他们需要看到的是规范的现代企业模式，面对一个有充分发展活力、有充分归属感的企业，这样他们会很容易找到自己的平台，看到自己光明的未来。

现实的职业生涯发展规划中，我们全面要解决的是如何让员工的职业生涯和企业发展相统一，如何让员工提升自身能力，以面对职业生涯发展中的要求，这也是大多数管理人员感到困惑的事情。

一个有远景的企业，表明它的企业正在走向成熟。走向成熟的企业，对内部管理、团队建设、员工素质等企业各方面的要求会越来越高，这时候企业员工的职业生生涯规划才是企业真正最需要做的事。职业生涯规划应是基于企业远景之下的规划。

课外资料 5-2

张瑞敏论个人职业生涯计划

个人生涯计划与海尔事业规划的统一是海尔在塑造共同“远景”时提出的观点。张瑞敏认为，海尔要实现企业的总体目标，首先要实现个人生涯计划与海尔事业规划的统一。要调动全体员工的积极性，不断提高产品的质量，首先要解决共同价值与个体价值的关系问题。企业的基础是个人，没有个人能力的发挥，没有了解个人能力是怎样发挥作用的，企业就不能成为一个有机体，也就不可能形成企业活力。事实上，企业的所有问题都在于人，而每个人都有自己的意愿。设立企业的共同远景就要关注个人、个人的意愿、心智和思考方式。如果员工本身没有被充分激励，没有向实现个人价值的目标挑战，就不会有企业的成长。所谓共同远景，就是要充分兼顾员工个人的利益、个人的人生目标、个人的爱好和志向，充分调动每个员工的积极性，激励他们为企业的共同事业贡献力量。

(二)成立职业生涯管理委员会，推动职业生涯管理战略的实施

酒店高层的意志对企业的文化氛围和人力资源战略具有决定性影响。酒店要成立职业生涯管理委员会，作为职业生涯管理的最高机构。其人员组成一般应包括企业最高领导者、人力资源管理部门的负责人、职业指导顾问、部分高级管理人员、企业外部专家以及企业内部部分职业发展成功的资深人员。它的主要职责是制定企业每年的职业生涯管理年度策略，对有潜力的员工进行定位，并对其发展道路进行指导和监督。同时，各部门经理都应在职业生涯管理战略实施中担当重任，保证这项工作的开展。

(三)客观科学地评估员工个人能力和潜力，给予员工公平的发展机会

酒店能正确评价每个员工的能力和发展潜力是职业生涯规划制订和实施的关键。它对组织合理地开发、引用人才和个人职业计划目标的实现有着极为重要的作用。酒店对员工个人能力和潜力的评估有许多方法，常见的有以下两种。

(1) 从选聘员工的过程中搜集有关的信息资料。这些信息资料包括各种能力测试和员工填写的有关教育、工作经历的表格以及人才信息库的有关资料。

(2) 搜集员工目前工作岗位表现方面的信息资料。这些信息资料包括工作绩效评估资料和有关晋升、推荐或工资提级等方面的情况。

以上两种是传统的评估方法。由于工作绩效考评中往往会因评估人的偏见以及考评体系的局限而造成效度或信度较低，故而绩效考评也不可能真正地评估出一个人的能力和潜力，并且按照“彼得原理”，即使发现某些员工在目前自己的工作岗位上干得不错，也无法确认他具有能力和潜力去从事更高或更复杂的工作，同样，也不能说明某些在目前工作岗位上干得不理想的员工就不能胜任更高级、更复杂的工作。因此，要多方面、多角度地评估员工表现并结合其他方法综合运用。

案例 5-2

帮助员工规划企业生涯

张娟是一名房务部的楼层清洁员，近段时间以来，她很烦躁，感觉事事不顺，每天做着枯燥乏味的卫生清洁工作，脾气变得越来越暴躁，与同事之间的关系也越来越紧张，还时不时地要受领班的批评，刚毕业时梦想的宏伟理想好像离自己越来越远，遥遥无期。她开始怀疑是不是自己选错了专业，不适合酒店行业，但也不知道该去做什么。

时间不长，张娟向部门经理申请提出要调换一下部门，在别的部门适应适应，经理做了她的思想工作，出于她的性格比较内向，建议她继续在房务部工作。

工作一段时间之后，张娟感觉还是没有改变原来的状态，听到周围的朋友讲酒店行业是吃青春饭，又了解到自己的同学在上海的一家房地产公司做销售小姐，她很想去做，于是，她向酒店提出了辞职申请。

人力资源部接到她的辞职申请后，人力资源部经理按照常规进行了一次离职约见，询问到离职的原因时，她只说不适应酒店的工作，询问到她的去向时，回答要去上海做售楼小姐，问到她对售楼小姐的了解时，她回答先去看看再说。人力资源部经理感到张娟的职业方向性不是很明确，鉴于她所学的专业是酒店服务与管理，刚招聘来时对工作满怀热情，还有可以挽回的希望，就同张娟进行了一次围绕她的职业规划议题的深入谈话，从她本人的性格、职业特长分析，描绘了她若干年以后的工作理想，帮助她做了一个个人职业规划设计。经过两小时的深入交谈，张娟的眉头舒展开了，对自己的职业发展重新充满信心，答应人力资源部经理她会继续在酒店做下去，并立志在酒店行业进一步发展。

(资料来源：www.51glw.com)

案例分析

此案例在酒店业中比较常见，酒店行业是一个人员流动率相对大的行业，如何在日常的管理过程中，体现出以人为本的管理思想，如何关心员工，需要从一点一滴做起，从细微处关注。更为重要的是在管理过程中，如何帮助员工进行职业规划，是酒店管理需要重视和研究的课题。从这个案例分析中我们可以得出以下几点结论。

1. 在日常的酒店管理过程中，除按照制度对员工加强管理外，还需要经常性地了解员工的思想动态，关心他们的思想、生活。员工的情绪发生变化，就需要从侧面了解他的一些情况(比如家庭、个人情感、个人思想等)，在管理过程中给予人性化管理。特别是基层管理人员、领班级和主管级，员工在工作中出差错，就批评，不是管理的最佳方法。

2. 部门在管理中，应定期进行员工思想教育，酒店的培训教育大多偏重于知识技能，而忽略了思想教育，思想教育应引起酒店管理人员的重视。

3. 酒店员工的职业规划应成为管理者的一个课题，特别是人力资源部，从事酒店行业的人员大多都是年轻人，他们大多缺乏对自己职业的规划，在我们的管理中，根据员工的个人状况帮助他们实现个人生涯，无论对酒店还是对员工都是一个双赢的举措。

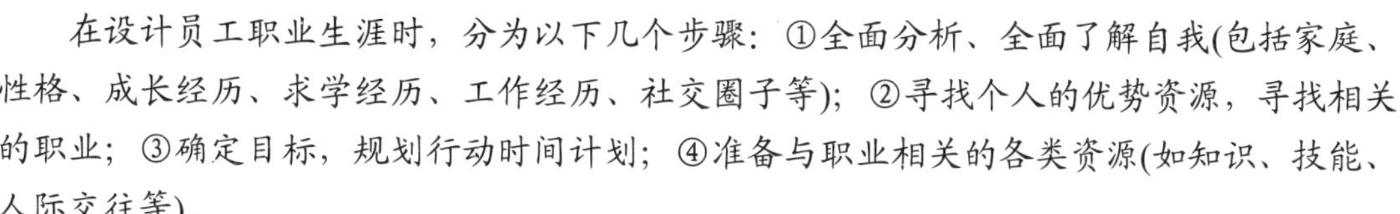

在设计员工职业生涯时，分为以下几个步骤：①全面分析、全面了解自我(包括家庭、性格、成长经历、求学经历、工作经历、社交圈子等)；②寻找个人的优势资源，寻找相关的职业；③确定目标，规划行动时间计划；④准备与职业相关的各类资源(如知识、技能、人际交往等)。

现在许多企业已逐渐放弃传统的评价方法，而采用心理测试和评价中心等方法来测评员工的能力和潜力。通过这两种方法，组织可以对员工的需要、兴趣、气质、性格等作一定程度的了解，从而配置以相应的岗位，以实现员工的职业发展目标。

案例 5-3

万豪国际集团的员工职业生涯发展

万豪国际集团的总部设于美国首都华盛顿，雇用约 133000 名员工，万豪酒店管理集团连续六年被《财富》杂志评为 100 家员工最喜欢的公司之一。

万豪与别的集团的一个不同点是：不希望员工做老实人。万豪文化创造一种氛围，鼓励员工敢想、敢说，并且帮助他们实现梦想。例如，一个员工告诉人力资源部经理说他想做总经理，请求帮助他设计一下如何来做。人力资源部经理就会告诉他，做总经理大概需要 15 年，每一步需要哪些条件，需要学习哪些知识，以及接受哪些培训等。员工有想法，不需要预约，随时可以和人力资源部经理聊。人力资源部经理首先会肯定他这个想法挺不错，然后再问他原因，给他一些建议，安排相应的课程。在万豪，内部转岗的例子也很多，有个秘书，做了 3 年，希望可以试试做其他的。因为她对酒店十分了解，英文不错、气质不错，很适合与客人打交道，所以人力资源经理就推荐她去做宴会统筹，现在做得非常成功。所以酒店鼓励大家去想，有想法才会成功。万豪还会让员工看到更多的职业发展机会，比如万豪集团在全国一年需要 500 个经理，很多都是要从集团内部选拔的。员工了解到位置真的非常多，全国你都可以选择，那么这样的竞争选拔，会给那些总是处于中游的员工带来一些压力和工作动力，让他们自觉地去努力实现工作理想。

(四)酒店要及时为员工提供和传递职业发展的有关信息，提供职业咨询

从员工的角度讲，要想制订切实可行的职业发展计划，就必须获得组织内有关职务选择、职务变动和空缺的工作岗位等方面的信息。同样，从企业组织的角度来说，为了使员工的个人职业计划目标订得实际并有助于其目标的实现，必须注意公平地将有关员工职业发展方向、职业发展途径以及有关职位候选人在技能、知识等方面的要求，利用酒店内部报刊、员工走廊宣传栏公告或口头传达等形式，及时地传递给广大的员工，以便对该职位感兴趣又符合自己职业发展的员工进行公平的竞争。

此外，在制订自己的职业发展计划时，员工往往提出下列类似问题。

(1) 我现在掌握哪些本领？技能水平如何？如何发展和学习新的技能？发展和学习哪些方面的新技能最可行？

(2) 我在目前的工作岗位上真正需要的是什么？如何才能在现在的工作岗位上既使上司满意，又使自己满意？

(3) 根据我目前的知识和技能，是否可以或有可能从事更高一级的工作？

(4) 我下一步应朝哪个职位或工作发展？如何实现这个目标？

(5) 我的计划目标是否符合本组织的基本要求，如果我要在本组织实现自己的职业计划目标，应接受哪些方面的培训？

企业人力资源部门人员、各级管理人员应协助员工解答上述问题，要关注每个员工职业需求和目标的可行性，并给予他们各方面的咨询、指导和建议。

(五)建立双重职业发展路径，设计多重职业发展通道

酒店企业可选择建立双重职业路径，一重指管理型的发展道路，另一重指技术专长型的发展路径。对此本章第一节已有阐述。同时可根据酒店各自的实际情况进行职业发展通道的设计，建立多重职业发展通道，鼓励员工在自己的通道内专精所长，向上发展；同时，根据酒店的发展需要，允许员工根据自己的特长和兴趣在不同的通道之间转换；当优秀员工不能获得晋升机会的时候，为他们提供水平移动的机会，让他们承担更大的责任。

酒店企业可以为员工设计和提供至少三条职业发展通道：管理通道、专业技术通道、服务精英通道。管理通道走的是行政管理层级的晋升渠道，职位沿管理类职业生涯阶梯不断上升，有管理能力和发展潜力的员工可走此道路。而酒店的工程部、厨房等部门，员工可选择技术型职业生涯路径，走技术通道。如工程部员工可按见习工程师——助理工程师——工程师——高级工程师的通道发展。而在一线服务岗位，许多员工服务态度和意识极佳，服务技能高超，但自身可能并不具备管理者的能力，不适合承担管理工作，或受管理职位数量的限制而无法实现管理职级的晋升，可通过在服务岗位上设置若干职级，以实现员工个人的价值。比如服务员可设五级，一级服务员类似于工厂的工人技师级别，在薪酬、福利待遇及培训机会等方面相当于部门经理级别。这样，每一位员工都有机会根据自己的意愿和努力成为各个层次的管理人员、专业技术专家或服务岗位精英。当然，为了实现员工成功和企业发展的共赢，结合企业发展的实际需要，公司对员工的职业选择要进行必要的引导。员工可以在公司指导和帮助下，选择适合自身性格特点、兴趣爱好和意愿的发展通道。

(六)根据员工职业生涯发展的不同阶段制定不同的制度

1. 职业探索阶段

在此阶段，要多提供咨询和帮助，帮助员工正确认识企业，认识自己，初步确立职业目标。对新员工要进行上岗引导和合理有效的岗位配置，通过提供给员工一份富有挑战性的最初工作，帮助新员工学会如何工作，并对其潜质进行考察。加强对员工的工作辅导，帮助其尽快适应新的环境，找准定位。阶段性地实现员工的工作轮换，为其提供畅通的职业通道。

酒店管理培训生计划

许多酒店都实施了管理培训生计划，作为人才发展计划的重要内容。一般是面向那些发展潜力大的大学应届毕业生，培养其成为能胜任酒店内的中高级管理职务的人员。

香格里拉酒店集团深谙选拔和培养香格里拉未来的领导人才的重要性，它实行了集团培训生项目(Corporate Trainee Program，CTP)。项目实施对象为极具潜力的应届大学本科毕业生(有酒店行业工作经验者更佳)以及集团内部表现出很大发展潜力的员工。该项目由香格里拉集团直接运作，以便为培训生铺垫整个集团范围内的职业发展道路。该项目需时 18 个月，分 3 个阶段(6 个月+6 个月+6 个月)进行，第一个阶段主要了解各部门的职能及其与客人的关系；第二阶段根据培训生各自的发展潜力和兴趣对其进行专职培训；第三个阶段通过给培训生分派多元化的工作任务，以增加他们的实际工作经验，培养他们的战略技能并帮助他们建立领导者的自信和技能。每个阶段结束后会进行总结和评估，最终在整个项目结束后，合格的管理培训生会成为集团下属某一酒店的一名三级服务经理。

上海龙之梦丽晶也有一个“酒店管理培训生”计划，每年从高校中招聘具有一定潜质的人才进入酒店，之后接受为期一年至一年半的实习与培训。在招聘时，特别选择热爱酒店工作的大学生，按照其性格特点和兴趣爱好，分配到某个部门，给予其一段时间的基层工作锻炼，如果达到了特定指标并通过评审，可以提升到一定职位，通过不断地磨炼和培养，将为酒店创造出优秀的管理人才。

2．职业确立阶段

特别要注意加强培训提升其专业知识、技能和管理能力；通过绩效管理改善其工作绩效；对优秀员工及时给予晋升和晋级的鼓励；帮助和创造机会使员工在其适合的职业通道中可以提升和发展；通过岗位轮换，丰富员工的工作经验，满足其成长需求，提高员工的竞争力。

3．职业维持阶段

员工具有明确的职业目标，确定了自己对企业的长期贡献区，在擅长的领域积累了丰富的工作经验，具有一定的职业地位，逐步走向职业发展的顶峰，属于企业贡献巨大的中坚阶层。公司高层、中层管理人员、中高级专业技术人员及各服务岗位精英即属于该阶段。这一阶段要保证职业通道的畅通，为员工提供多种职业上升的方式；通过丰富工作内容、岗位轮换等方式保持员工的工作热情和兴趣，真正发挥中坚力量的作用；要帮助员工更新知识，提供必要的职业信息，增强对职业变化的适应性；此外，要协助解决工作家庭的冲突和矛盾，比如设立幼儿日托，丰富年休假计划，实行弹性工作制等。

4．职业衰退阶段

对于职业衰退阶段的员工企业要制订合理的退休计划，保证员工顺利过渡到退休，提供包括财务、住房、家庭、法律和再就业等方面的退休咨询；做好退休员工的职业工作衔接，注意接班人的培养工作；对于尚有精力和能力退休后继续工作的优秀员工，要提供给他们发挥余热的机会；已退休的人员酒店要帮助他们安排好丰富多彩且有意义的退休生活。

当然，除企业要做好职业生涯规划管理工作外，员工本人是职业生涯规划的执行者，员工自身努力是实现职业生涯目标的关键。员工也要进行职业生涯自我管理。树立终身学习的理念，保持身心健康，保证个人职业生涯道路与组织的需求与愿望相融合，使职业生涯开发与管理的各种措施发挥效用。在酒店的帮助和指导下不断提高基本素质和业务技能，通过自身的发展推动企业的发展。

如表 5-4 所示为职业生涯设计表。

表 5-4　职业生涯设计表

<table>
<tr><td>姓　名</td><td></td><td>性　别</td><td></td><td>年　龄</td><td></td><td>政治面目</td><td></td></tr>
<tr><td colspan="2" rowspan="2">现工作部门</td><td colspan="2" rowspan="2"></td><td>现任职务</td><td></td><td>到职年限</td><td></td></tr>
<tr><td>现有职称</td><td></td><td>到职年限</td><td></td></tr>
<tr><td colspan="2">个人因素分析结果</td><td colspan="6"></td></tr>
<tr><td colspan="2">环境因素分析结果</td><td colspan="6"></td></tr>
<tr><td colspan="2">职业选择</td><td colspan="6"></td></tr>
<tr><td colspan="2">职业生涯路线选择</td><td colspan="6"></td></tr>
<tr><td colspan="2" rowspan="3">职业生涯目标</td><td>长期目标</td><td colspan="2"></td><td colspan="2">完成时间</td><td></td></tr>
<tr><td>中期目标</td><td colspan="2"></td><td colspan="2">完成时间</td><td></td></tr>
<tr><td>短期目标</td><td colspan="2"></td><td colspan="2">完成时间</td><td></td></tr>
<tr><td colspan="2">完成短期目标计划与措施</td><td colspan="6"></td></tr>
<tr><td colspan="2">完成中期目标计划与措施</td><td colspan="6"></td></tr>
<tr><td colspan="2">所在部门主管意见</td><td colspan="6"></td></tr>
<tr><td colspan="2">人力资源开发部门意见</td><td colspan="6"></td></tr>
</table>

评估练习

1. 你将如何进行职业生涯规划和管理？
2. 你对酒店在职业生涯规划和管理方面有什么期待？

【工学结合】

1. 根据所学的职业生涯规划的基本理论和方法，结合自身的职业偏好和特长，为自己设计一份有针对性的个人职业生涯规划书。

2. 追踪调查本校一名优秀的往届毕业生的成功职业生涯经历，请他来母校作个人职业生涯发展报告。

3. 选择并设计自己的职业发展路径。

本 章 小 结

职业生涯规划为企业合理有效使用人才提供了基础，也为每个员工的事业发展规划了蓝图，使员工与企业一起共同成长和发展。在校大学生、酒店员工和管理者们都应能认识职业生涯规划的真正内涵。职业生涯理论是职业规划开展的理论基础，职业生涯规划技术和方法等是职业规划的有效工具。个人的职业生涯规划和组织的职业生涯管理应保持统一和一致。

第六章
酒店员工绩效考评

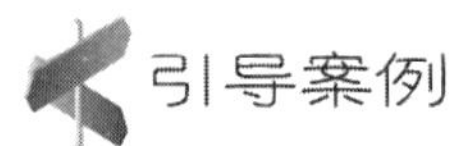
引导案例

金银岛酒店绩效考核的困惑

金银岛酒店近几年发展很快。企业领导人感觉到管理必须跟上酒店的发展，于是建立了相对而言比较完善的管理体系。绩效考核作为人力资源最重要的内容自然也在其中。金银岛的员工考核分为年度考核、年中考核和月度考核。相应的也设计了一系列表格来支持考核体系的实现。此外，考核结果与员工的奖金挂钩的机制也确立了起来。

但是，实际情况是绩效考核最后变成了金银岛酒店管理者和员工的相互折磨。员工抱怨要填大量的表，而且总觉得管理者打分就凭个人印象，不公正。管理者们觉得下属总是在应付，同时感觉要打出一个准确的分数真的很难。双方在填表的问题上都很痛苦，在分数这个敏感问题上也都不愿多谈。但是对于很多管理者和员工来说，绩效考核变成了周期性的、繁重的、感觉“毫无意义”但又不得不做的工作。之所以不得不做，是因为奖金发放和人员晋升还需要依据。但是，绩效考核却成为一件影响大家情绪的事情。对于集团领导来说，面临着困惑：设计得这么完备的一套体系，怎么就没有用呢？

对金银岛酒店的考核系统经过分析之后发现，重要的问题有以下几个方面：第一，考核指标的设置没有指导原则，到底怎样设置各有各的说法；第二，指标的完成情况没有清晰的评价标准，比较模糊和笼统；第三，重形式走过场的现象突出，为考核而考核；第四，考核结果集中趋势明显，使考核结果提供管理信息的作用大打折扣；第五，沟通的反馈机制缺失，管理者甚至害怕与员工就考核结果进行沟通；第六，对考核制度的宣传培训以及考核方法的培训几乎没有。而且，从大的方面来说，金银岛酒店的绩效考核与企业战略、发展方向没有什么关系，更谈不上支撑战略的实施。即使要营造一个公平的气氛，也没有办到。看上去很完备的考核体系，用起来却到处都是问题。

应该说，金银岛酒店面临的问题和困惑在很多酒店包括很多其他行业的企业都有发生。

辩证性思考

1. 如何理解酒店管理中的绩效考核难题？
2. 为什么在酒店人力资源管理中会出现考核很重要，考核却做不好的现象？

员工绩效考评是酒店人事管理的一项重要任务，它贯穿于人力资源管理的全过程。定期对酒店员工的工作状况进行有序、公正、科学的考核考评，对酒店人力资源的开发和利用、提高全体员工的素质、调动和发挥全体员工的积极性，有着重要的现实意义。通过对本章的学习，了解员工绩效考评的含义、作用、内容、原则和程序等基本知识，掌握员工绩效考评的方法，正确认识员工考评中常见的偏差。

第一节　绩效考评认知

教学目标

- 理解绩效考评的概念。
- 熟悉酒店员工绩效考评的体系。
- 理解酒店员工绩效考评的常见偏差，知道如何进行改进。

一、绩效考评的概念和意义

绩效考评又称为绩效考核或绩效测评，是针对酒店每个员工所承担的工作，应用科学的定性与定量的方法，对员工工作的实际效果(数量、质量、成本费用)及其对酒店的价值贡献进行的评价。

通过绩效考评，既可掌握员工的劳动态度、工作效果、管理水平和技术业务水平；又可以了解一个人的素质和能力，为使用和培养提供依据；还可以鼓励先进、鞭策后进，充分发挥其积极性，提高工作效率和服务质量。

二、酒店员工绩效考评系统

酒店的绩效考评是一个系统工程，它包括完整的内容和科学的程序，受多种因素的影响，其发生作用的过程如图 6-1 所示。

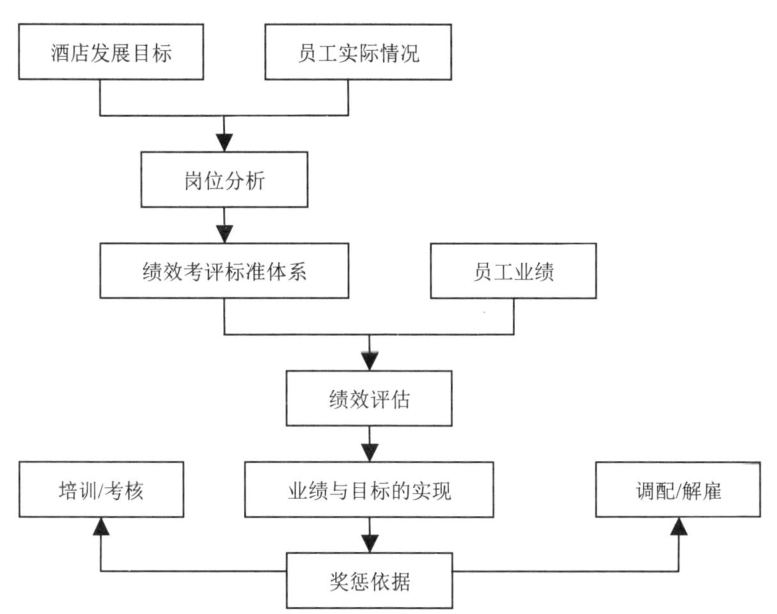

资料来源：陈绍友等. 酒店人力资源管理. 重庆：重庆大学出版社，2003

图 6-1　酒店员工绩效考评系统

三、酒店员工绩效考评常见的偏差与改进

在考评过程中，要求参评人员对考评项目必须实事求是。然而在实践中由于受主观或客观条件的限制，会使人在看待问题时，尤其是在看待他人时，往往受个人认识偏见的影响而形成歪曲的社会知觉，对别人的行为做出错误的归因判断，使考评结果缺乏真实、可靠性。因此，了解人在考评过程中产生的各种偏见，以及这些偏见的表现和产生根源，对提高考评工作质量具有现实意义。

(一)晕轮效应

晕轮效应也称为“光环效应”，是指在考察员工业绩时，由于只重视一些突出的特征而掩盖了被考核人的其他重要情况，进而做出片面的判断，影响考评结果的正确性。例如，某主管看到某员工经常早来晚走、忙忙碌碌，对他的工作态度很有好感，在年终考核时对他的评价就很高，对于他的综合表现，甚至对其工作的主要方面却忽视了。

晕轮效应的产生，往往是由于对被考评者不熟悉、了解很少的情况下，对其做出总体评价的结果。要避免这一问题，就要“对症下药”，在考评前做到充分调查了解、实事求是，避免主观臆断。

(二)优先效应

优先效应是指一个人最先给人留下的印象具有强烈的影响，这实质上就是通常所说的第一印象的作用。如果一个人在初次见面时给人留下良好的印象，就会影响人们对他以后一系列行为的看法和理解；反之也是一样。

考评的组织者应重视优先效应(第一印象)对考评客观性的不良作用，应通过组织手段和人员培训来避免其影响，减少考评中对人做出的错误判断。

(三)近因效应

近因效应又被称为近期行为偏见。是管理者只看到考评期末一小段时间内的情况，而对整个考评期间的工作表现缺乏了解和记录，以“近”代“全”，使考评结果不能反映整个考评期间员工绩效表现的合理结果。

要避免近因效应的发生，管理者就要将定期考评和日常考评结合起来，考虑员工整个时期的绩效。

(四)居中趋势

居中趋势是指大多数员工的考评得分都居于“平均水平”的同一档次，并往往是中等或良好水平。原因是管理者不愿意给员工“要么优秀、要么很差”的极端考评结果，无论员工的实际表现如何，统统给中间或平均水平。

要避免居中趋势带来的影响，应该采用等级考评法。在等级考评的情况下，所有的员

工都必须被单线地排列在一条纵向或横向的线段上，避免“居中趋势”的发生。

(五)个人好恶

凭借个人的好恶来进行判断，可以说是人性普遍存在的一个弱点，甚至是人的一种本能。

个人生活中逐渐形成的习惯、观念、看法，使考评员工的结果带有明显的“个人色彩”，形成偏见甚至是歧视，丧失了结果的真实性。

采用基于事实(如工作记录)的客观考评办法，有许多人组成考评小组进行考评，有助于减少个人好恶所导致的偏差。

(六)偏松或偏紧倾向

偏松倾向是指考评时所作的评价过高，偏紧倾向则是指考评中所作的评价过低。偏松倾向产生的动机往往是为了避免引起考评争议而充当“老好人”。当使用的考评标准难以具体量化而主观性较强时，或者要求评价者与员工一起讨论评价结果时，这种情况容易发生。偏紧倾向可能是对各种考评因素缺乏了解而造成的。如果一个管理者对所辖的整个部门过分严格，则这个部门的员工在奖励、加薪和提升方面都会受到影响，挫伤他们的工作积极性。

案例6-1

二 级 考 勤

“人事培训部办公室吗？我是客房部9楼领班振华。上午我匆匆上班时忘了电脑考勤，但在班组内还是签到了。我没在考勤机上打卡是我的错，我愿意接受酒店对我的处分。”

这是某天早上9点稍过时，宁波新园宾馆人事培训部经理接到的一个电话。

新园宾馆地处宁波闹市区，它那豪华的设施、高档的装修，以及较高的管理服务水准在宁波市已赢得许多美誉。尽管宾馆开业不到一年，其社会影响和经济效益已引起同行的注目。在宁波市，酒店同行几乎都知道新园宾馆的二级考勤制度。

每个“新园”员工上班时，首先必须在员工通道处接受电脑考勤。考勤卡上用蓝色记录上班的精确时间，下班也是由电脑考勤，不同的是用红色记录下班时间，这是第一级考勤。员工还要经过本班组或本部门的签到考勤，由考勤员记录上、下岗的精确时间，这是第二级考勤。

新园宾馆的二级考勤制度规定，即使员工在规定的时间内经过了一级考勤，如果在进入本班组或本部门之前到别处去转悠，未能在规定时间内准时上岗，一律作为迟到处理。制度有明确规定：所谓准时上岗是指必须在规定时间内更换好工作服，正式上岗；所谓准时下岗则指必须在规定时间之后再换下工作服离店。制度又进一步规定，若遇员工忘记电脑考勤，则以班组或部门考勤为准，但该员工必须按有关规定受到处罚。

客房部 9 楼领班忘记在上班时打卡，上岗后方才想起，于是向人事培训部主动报告，请求处罚。

(资料来源：蒋一，马风等. 酒店管理 180 例. 上海：东方出版中心，1997)

案例分析

宁波新园宾馆的严格管理是颇有名气的，他们为使各项严格的管理制度一丝不苟地执行，又制定了有关奖惩制度。实践证明，严格的管理制度可以结出丰硕的成果。新园宾馆开业不到一年，便在星级酒店林立的宁波市站住了脚跟，效益可观。

考勤是酒店人事管理的一个重要内容。我国多数酒店采用一级考勤制，或用打卡办法，或由所在班组记录上、下班时间。一级考勤有显而易见的弊端。若采用打卡方式考勤，个别不自觉的员工准时打好卡后开始磨磨蹭蹭，或聊天，或外出，或在更衣室内悠然抽烟，等到换上工作服上岗，早已超过规定时间。若采用班组记录法，个别部门负责人为避免家丑外扬，影响本部门考核，常会故意放松要求，不记或少记迟到、早退的人次。新园宾馆的二级考勤制度在防止员工钻空子、减少部门舞弊现象方面颇有作用。

从本例还可以看到，新园宾馆员工只有在已经换上工作服，可以立刻进入工作角色的情况下，方才被认为准时上岗；同样，只有在下班时间过后换下工作服，方才被认为没有早退。这样严格的考勤管理制度，对于许多酒店，尤其内资酒店，具有一定的借鉴意义。

克服这类偏差的办法，除了培训主管，激励他们进行正确的考评外，还可以用两种方法进行控制。一是控制考评结果的分布状况，使被管理者的结果接近正态分布；二是降低考评标准本身模棱两可的程度，制定多维度的、清晰的考评标准。

总之，绩效考评工作作为人力资源管理的一项重要任务，要想取得良好的效果，除了专职人力资源管理部门的努力之外，它的实施与执行还有赖于酒店高层领导者的重视和支持，依赖于各部门和各级管理人员的协调配合及全体员工的积极参与。

评估练习

1. 酒店为什么要进行绩效考评？
2. 酒店员工绩效考评有哪些常见的偏差？
3. 作为管理人员，绩效考评偏差的修正措施有哪些？

第二节　酒店员工绩效考评的基本步骤

教学目标

- 理解如何确定参评人员。
- 知道怎样划定考评周期。
- 知道如何选择考评对象。

- 掌握考评数据的统计与分析。
- 对考评要正确反馈和运用。

一、确定参评人员

根据考评的目的和要求，先要确定参与考评的人员范围。对于员工至关重要的考评项目，为保证考评结果的公正、客观，一般采用上、下、左、中、右的全方位的人员参与模式，以避免因考评角度单一或参评角度单一或参评人数较少而导致个人评价比重过大，使考评结果缺乏客观性。一般而言，对员工绩效考评的候选人有以下几种类型。

(一)直接上级

直接上级通常熟悉员工的工作而且有机会观察员工的工作表现，他们握有奖惩权限和手段，能较好地将员工的工作表现与组织的目标联系起来。因此，授权他们进行考评是最常用的办法。但是，如果单纯依赖直接上级的考评结果，那么直接上级的个人偏见、个人之间的冲突和友情关系可能损害考评结果的客观公正性。为了克服这一缺陷，许多酒店都要求直接的上级检查和补充考评结果。

(二)直属下级

下级是最熟悉其主管情况的最佳人选，他们直接与领导者打交道，接受其指挥和监督，因此十分了解上级的能力素质状况、工作作风、领导水平，能够提高考评结果的可靠性。但也有其弊端：下级害怕遭到报复，所以只“报喜不报忧”；下级还易于仅从上级是否照顾自己的个人利益来评判其好坏，对坚持原则、严格要求而维护企业利益的上级评价结果往往不会太好；上级为了获得下级的好评而放松对其管理，充当“老好人”，重视下级的满意程度而不是工作效率，使管理达不到预期的效果。

(三)平级同事

平级同事考评适用于同事关系融洽、相互信任、相互间有一定交往与协作的情况。此外，在员工的工作指派经常变动，或者主管人员通常很难直接观察到员工的工作情况时，宜采用同事考评。由于同事对被考评者的职务和工作较为了解，故考评的有效程度较高。但是当同事间工作性质存在竞争时，同级考评的公正性和有效性就会降低。

(四)被考评者本人

被考评者本人可以对其自身的工作绩效进行描述、考评和总结。通常管理人员适用于述职报告，一般员工适用于员工自评。自我考核能使被评者感到满意，消除抵触心理，且能有利于今后工作的改进。但是，自我考评最大的问题是自我宽容，常常与他人的考评结果不一致。因此，自我考评比较适合于制订个人发展规划而不适用于人事决策。

(五)客户

客户作为企业的外部人员，不受组织内部利益机制所左右，评价可能更真实、公正和客观。客户考评常用问卷调查、客户访谈形式进行，同时客户的投诉、赞扬也是考评信息的一部分。

客户考评也有其弊端：一是难以操作，由于每个员工接触的客户可能是不同的，不同客户的考评标准又有所不同，所以对员工来说，客户考评没有统一的标准；二是比较费力，由于客户不是组织内部人员，不能用行政命令规定其按时完成考评任务，因此，说服客户配合组织的绩效考评无疑是一件比较费力的事情；三是成本较高，展示在客人面前的所有物品都要体现一定的档次，而且工于设计。

二、确定考评周期

定期进行员工考评是酒店人力资源管理的需要，考评既不能太频繁，也不能间隔太久，一般大约一个季度或半年进行一次较为适宜。太频繁不仅浪费精力和时间，干扰酒店的日常工作，造成员工不必要的心理负担，而且会使人事部门陷入烦琐的考评结果统计工作中，很难及时做出考评结论，只好敷衍了事。考评间隔太长，反馈太迟，则不利于奖勤罚懒，也不利于改进绩效，使考评失去实际意义。

三、确定考评的对象、内容与标准

首先，应根据考评的目的，选择相应的考评对象。例如，为晋升职称的考评，对象一般是专业技术人员；为提薪奖励的考评，对象往往是全体员工。

其次，选择相应的考评重点和内容。例如，决定人员配置的考评，主要是识别和评定员工做某一项工作所需的技能、能力；而决定培训计划的考评，则把以往和当前的实际工作表现作为考评重点。

最后，应当确定考评标准。也就是进行同一考评的条件和程序要始终保持一致，用以保证所有的被考评者是在完全等同的情况下接受考核，以体现考评的公正性。

四、考评数据资料的统计分析

考评的原始资料回收以后，必须进行统计分析，把每位被考评者的个人情况统计出来，对某些应当进行加权处理的项目、资料按要求认真处理，形成员工个人的考评档案。然后在个人基础上，分门别类地汇总全体员工的各种平均考评情况，以作比较参考。

五、考评结果的考评和反馈

整个考评工作结束后，人事部门应对考评的结果进行考评，从各方面搜集信息，以获取人们对考评工作在组织准备、实施过程、效果反应等方面的意见和要求，为今后不断改进考评工作创造条件。

有效的员工考评，是酒店人事部门全面掌握整个酒店员工基本情况、制订工作计划、进行人事决策、开发人力资源等各项工作的客观基础，是人事部门正常运行和管理的保证。

考评结果不仅用于人事决策，而且是对员工进行激励和培训的标准。不将考评结果反馈给被评的员工，考评也就失去其重要的激励、奖惩与培训的功能。反馈的方式主要是面谈，其内容一般包括考评成绩、优点和不足、今后的发展方向和希望，以及对考评本身的看法和意见。

案例 6-2

全面质量综合考核

1996 年初，广州三寓宾馆刘总向全店下达了任务和目标。3 月底，为了解各部门落实任务的具体情况，酒店组成了 4 个考核小组，在总经理和党委书记的带领下，对第一季度 14 个部门的各项工作进行了为期两天的全面质量综合考核。

考核小组立刻活跃在酒店的各个角落。其中一个组来到娱乐部，先是召开座谈会，听取部门经理介绍前 3 个月的情况，查看了有关记录和客人投诉，接着便是现场考评。

每位考核小组人员手中都有一份“三寓宾馆娱乐部全面质量综合考核评分表”。一位考评员走进投影室，检查墙壁和角落的卫生情况，满意地在评分表上写上 5 分，然后让服务员操作电器设备，检查其功能是否完好无损、安全有效。看到投影质量不错，图像清晰明亮，于是他在实际得分一栏又写上 3 分。这两个项目的得分都是满分。

接着是检查桌球室。考评员摸了一下桌腿，果然一尘不染，表层平滑光亮，桌球营业场所十分整洁，按要求又得了满分 5 分。考评员正要检查另一个项目时，进来两位客人要打桌球，服务员连忙礼貌接待。考评员在一旁偷偷看手表。从开始接待直到一切准备就绪，开台时间总共为 52 秒，不到规定的 1 分钟。于是他在“操作规范标准”这个大栏目下的“桌球开台”这一栏内填上 3 分——又是一个满分！

考评员在娱乐部里又任意抽查两名服务员，进行现场考核，考核内容主要是应变能力。考评员故意设计了几道难题，看服务员如何应答。两名才上岗不久的年轻服务员居然以十分灵活、巧妙的办法应答，既体现了宾客至上的服务宗旨，又保证了酒店的利益。考评员又给了一个满分。

对娱乐部的全面质量考核还在继续进行，另外几个考评小组分别在饮食部、客房部、营业部等部门一一考核，连后台的办公室、人事部、财务部，以及质培部本身都需接受考评。

(资料来源：蒋风，马风等. 酒店管理 180 例. 上海：东方出版中心，1997)

案例分析

广州三寓宾馆的质量检查一向抓得很紧，国内多种报刊曾先后刊登过他们有关的规章制度和考核办法。本文介绍的是他们在 1996 年第一季度在全店范围内开展的全面质量综合考核。从考核的方式、内容以及认真踏实的作风来看，三寓宾馆的质量考核动了真格的。

三寓宾馆经过多年的摸索，总结出了一整套全面质量综合考核评分办法。这套办法有以下几个特点。

1. 考核范围遍及酒店每一部门，共性和单列考核项目达 422 项之多。不管前台还是后台，一律接受考核。连工会、质培部、人事部、办公室都不能例外。

2. 评分标准划一，满分均为 100 分，这样便于比较优劣。

3. 评分办法相当科学。以客房部为例，考核第一部分为“经济指标完成情况”(15%)；第二部分为“设施设备保养情况”(9%)；第三部分为“卫生质量”(14%)；第四部分为“服务质量”(20%)；第五部分为“操作规范标准”(20%)；第六部分为“培训工作”(4%)；第七部分为“政治工作及行政管理工作”(18%)。从中可以看到，“服务质量”和“操作规范标准”两项占分最大，体现了酒店对它们的重视。

4. 做到“尽量让数据说话”。在“操作规范标准”一栏中，定量化数据随处可见。仍以客房部为例，走房卫生为 30 分钟/间，住房卫生为 25 分钟/间，开夜床服务为 3 分钟/间，客人外出跟房检查为 1 分钟/间，清洗地毯为 30 分钟/间，接听电话为 3 声铃响。此外在营业部、饮食部、动力部等部门这一栏中均有大量的定量化标准。

评估练习

1. 在酒店人力资源管理实践中，绩效考评的对象如何确定？
2. 如何客观公正地对待考评结果？
3. 考评数据统计的科学方法有哪些？

第三节　酒店员工绩效考评的方法

教学目标

- 理解等级评定法和关键事件法。
- 了解强制分布法的优劣。
- 了解配对比较法的应用领域。
- 掌握目标管理法的主要内容。
- 了解评语法在绩效考评中的应用。

酒店对员工进行定期的考评，其宗旨是通过考评了解员工在考评期限内的工作表现与酒店对其期望的成绩之间的差距，肯定成绩，指出不足，帮助员工提高绩效、扬长避短，同时以考评结果为依据，实施奖惩，达到激励员工、提高工作效率和服务质量的目的。为此必须了解、掌握在实际中运用的考评方法。

一、等级评定法

等级评定法是按被考评员工个人工作绩效的优劣程度，通过比较确定每个人的相对等

级或名次，所以又称为等级排序法，即排出全体被考评员工的绩效优劣顺序。排序比较时可以按某个特定的考核要素，如能力、知识结构、工作质量、勤勉性等。这是最简单和运用最普遍的工作绩效考评技术之一。表 6-1 为等级评定法举例。

表 6-1　等级评定法举例

等级符号	等　级	考评尺度/分	考评等级说明
O	杰出 (Outstanding)	100～90	在所有方面的绩效都十分突出，并且明显地比其他人的绩效优异得多
V	很好 (Very good)	90～80	工作绩效的大多方面明显超出职位的要求。工作绩效是高质量的并且在考核期间一贯如此
G	好 (Good)	80～70	是一种称职的、可信赖的工作绩效水平，达到了工作绩效标准的要求
I	需要改进 (Improvement needed)	70～60	在绩效的某一方面存在缺陷
U	不令人满意 (Unsatisfactory)	60 以下	工作绩效水平总的来说让人无法接受，必须立即加以改进
N	不做考评 (Not rated)		在绩效等级中没有可以利用的标准或因时间太短无法得出结论

二、关键事件法

关键事件法是利用一些从直接管理者或员工那里收集到的有关工作表现的特别事例进行考评。特别好或特别差的工作表现可以把最好或最差的员工从一般员工中挑选出来。一般或平常的工作表现不在考虑范围之内。因此，关键事件法强调的是代表最好或最差的关键事件等代表性的活动。

关键事件法通常可作为其他绩效考评办法的一种很好的补充，它在认定雇员特殊的良好表现和差等表现方面是十分有效的。下面是一个关键事件记录表的样本(见表 6-2)。

表 6-2　关键事件记录表

说明：根据下列各项指标填写员工好的和差的工作事件	
员工姓名	
项目	日期
观察到的事件	
遵从上级指导	
工作质量	
提出建议	
主管签名	日期

三、强制分布法

强制分布法是根据“两头小，中间大”的正态分布规律，先确定好每个等级在总数中所占的比例，然后按照每个被考评者绩效的优劣，强制列入其中的某一等级。

强制分布法适用于被考评者较多的情况，操作也比较简单。这种方法可以避免考评者主观性的偏严或偏宽等偏差，这种方法也有利于管理控制，特别是引入末位淘汰制的企业，它能明确筛选出淘汰对象，从而对员工起到一定的激励与鞭策作用。不足之处是容易产生绩效相近的员工因为比例限制而被划分到不同的等级中去的偏差。

如表 6-3 所示为强制分布法绩效考评示例。

表 6-3　强制分布法绩效考评示例

绩效水平	比例/%	姓　名
很好	10	张三、李四等
较好	20	马五、王六等
中等	40	……
较差	20	……
很差	10	……

四、配对比较法

配对比较法，顾名思义，是将每一个考核对象按照考评要素与其他被管理者一一配对，分别进行比较，按照比较中被评为较优的总次数来确定等级名次。

每一次比较时，给表现好的员工记“+”，另一个员工就记“-”。所有员工都比较完之后，计算每一个人“+”的个数，依次对员工做出考评。谁的“+”个数最多，谁的名次就排在前面。

表 6-4 所示为配对比较法应用举例。

表 6-4　配对比较法应用举例

对比人 姓名	A	B	C	D	E	“+”个数
A		-	+	+	+	3
B	+		+	+	+	4
C	-	-		-	+	1
D	-	-	+		+	2
E	-	-	-	0		

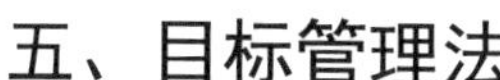

五、目标管理法

目标管理法是一种综合的以工作为中心和以人为中心的系统管理方法。它为每位员工制定一套便于衡量的工作目标，并定期与员工讨论目标的完成情况。其步骤可分为目标的设定、绩效计划、绩效考评和反馈等。它有如下优点：首先，能保证计划的有效性，因为员工有了期望和目标约束；其次，具有公平性，因为绩效目标是管理者和员工结合酒店的目标而达成的共识；最后，具有成本低、员工能得到更多切身利益的优点。

运用目标管理法应注意以下几个问题：①从目标的制定，到对进展情况进行评价，以及提供反馈都比较耗费时间；②所确定的目标应具有可衡量性，切忌目标不够明确；③在与下属共同确定目标时，了解工作要求以及员工的能力是十分重要的。

六、评语法

这是一种传统定性的考核方法。通常是让考评者根据自己对被考评者的印象，写出书面鉴定意见来。考评的内容、篇幅、重点等可由考评者自由掌握，不存在严格的标准规范。通常只需按一定的习惯格式对被考评者的优点与缺点、成绩与不足、潜在能力、改进的建议及培养方法等加以说明，因此属于一般评价。每篇评语各具特色，又只涉及总体，不去细分维度，既无定义，又无行为对照标准，所以难做相互对比。加之全部使用定性描述，无量化数据，依此难以做出准确的人事决策。这种方法操作简单灵活，省时省力，反馈简捷，又符合传统习惯，所以至今仍颇受欢迎。

评估练习

1. 六大绩效考评方法各有什么优势与劣势？
2. 目标管理法为什么在绩效考评实践中广泛使用？

第四节　酒店员工绩效考评面谈

教学目标

- 掌握绩效考评面谈的目的与意义。
- 理解绩效考评“六步法”。
- 了解因时因地因人选择绩效考评面谈的方法。

一、绩效考评面谈的目的与意义

考评面谈是考评的初步结果反馈到部门经理后，各部门经理必须要与员工进行考评面谈。面谈的主要目的在于以下方面。

- 肯定成绩，指出不足，制订绩效改进计划，为员工的职业能力和工作业绩的不断提高指明方向。
- 讨论员工产生不足的原因，区分下属和管理者应承担的责任，以便形成双方共同认可的改善点，并将其列入下一考核周期的改进目标。
- 在员工与主管互动的过程中，确定下一考核周期的各项工作目标及考核指标。
- 将考核面谈信息反馈到人力资源部，可根据实情酌情修正考核结果。

考评面谈是考评结果反馈和营造考评氛围的重要手段和方式。而在我国酒店的实际绩效考评过程中，大多忽视了考评面谈这一环节。酒店的传统做法要么是在考评结束，将考评结果公布后，执行强制“机械式”的奖惩、提薪或升迁，不计后果；要么就是考评时轰轰烈烈，考评完后相安无事，结果谁也不知道，考评纯粹成了走过场。

二、绩效考评“六步法”

(一)准备工作

“凡事预则立，不预则废”，准备工作是否完善，直接决定了面谈能否达到预期的效果。这些准备工作主要包括以下方面。

(1) 资料准备：个人和团队的业绩、平均数值等事实材料；双向填写相关的绩效考评表格；准备提纲、评分表等。

(2) 面谈准备：安排合适的时间、地点；创造有利于获得真实考评结果的谈话氛围，不能过于宽松或严肃。

(二)陈述目的

面谈伊始就要开篇点题，说明考评的目的，语言要简单明了，避免冗长、无关痛痒的套话，否则，不仅会浪费宝贵的考评时间，还会分散被考评者的注意力，使其开始主观臆测，效果适得其反。

(三)下属自我评估

通过下属自我评估能够了解下属对自身的看法和评价，给下属解释和说明其他工作的机会。这是了解员工工作、掌握第一手资料的绝好机会。但是在实际考评工作中，被考评者往往会表现为以下三种类型。

(1) 摆功型。自我感觉过于良好，只谈优点不谈缺点。这样的员工往往工作业绩都不错，自我考评的态度是积极的，这是值得肯定的方面。但是，这样的员工容易有“视觉盲点”——忽视了自己其他需要改进的地方；有时候也会出现只顾自我业绩而忽略团队目标，对酒店造成一定的负面影响。

(2) 辩解型。总是寻找客观理由为自己辩解，为自己开脱责任。这样的员工工作业绩一般不太好，但又担心上级怪罪，所以自己就“有备而来”——准备了一大堆的理由，“兵来

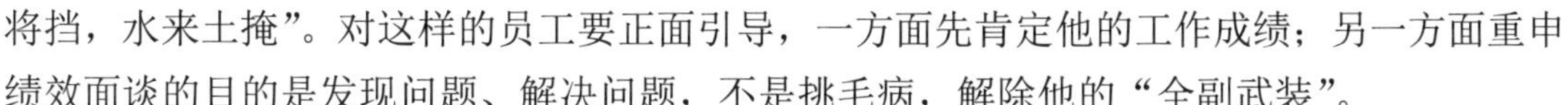

将挡，水来土掩”。对这样的员工要正面引导，一方面先肯定他的工作成绩；另一方面重申绩效面谈的目的是发现问题、解决问题，不是挑毛病，解除他的“全副武装”。

(3) 观望型。不说自己的好与不好，总是在试探领导怎么评价自己。这样的员工一般业绩平平，不确定领导对自己怎么看。同时又喜欢问其他员工的表现，只要自己和周围的人差不多就行，对考评结果的好坏感觉无所谓。这样的员工往往心存侥幸，感觉自己重要的缺点不说可能上级也不知道，说了反而对自己不好；考评过后喜欢打听考评的结果，与身边的同事进行对比，所以考评者一定要公正。

(四)告知考评结果

考评的目的是为了员工更好地改进工作，而不是对员工进行对比、制裁。因此考评的结果一定要透明，将考评的结果告知员工本人，让他知道自己在哪些方面成绩突出，在哪些方面还需要改进。避免给员工偷偷打分，单方面把员工分成三六九等，甚至把这种“考评结果”当成给员工发奖金的依据。

(五)商讨不同方面的意见

考评的结果与员工的期望结果往往有偏差，这就需要考评者与被考评者坐下来商讨，消除这一认识上的差距，达成有益的共识。商讨时应尽量用事实说话，从意见相同和相近的地方开始谈起，慢慢地引导员工认同这一考评结果。诸多的沟通技巧可以在这个环节去应用，避免产生冲突、耗费时间，无功而返、功亏一篑。

(六)提出希望，回顾原目标或制定新目标

根据组织的目标，对被考评者提出希望，为员工的下一步行动指明方向。结合酒店实际，需要回顾部门的原目标，一如既往地去完成；抑或是制定新的目标，对员工提出更高的期望与要求。同时，要为员工描绘一个美好的愿景，使他感觉到自己正在与企业一起成长。

三、考评面谈的技巧

(一)营造气氛

在面谈开始之前，从公司和部门的整体环境上营造氛围，确保面谈的顺畅。员工业绩好时，直属经理以轻松、安全和祥和的氛围来沟通；员工业绩差时，直属经理要保持严肃，以使沟通达到最佳效果。

(二)学会倾听

倾听是一种习惯，倾听是一种尊重，倾听是一种内涵。“上天赐给我们两只耳朵两只眼睛，但是只有一张口，是为了使我们更多地看，更多地倾听，谨慎发言的。”(苏格拉底)只有用心倾听，我们才能尽快抓住问题的关键。

(三)处理分歧

遇到分歧或者员工的反常情况要随机应变，如果员工和经理人员在面谈结果上有分歧，经理人员首先要表现得很有耐心，按照实际达成的工作结果与目标设定相对接，用事实说话。如果在预定的时间内实在无法达成一致，要和员工约定再找时间好好沟通。整个面谈过程中，对事不对人。

(四)留有余地

为了赢得员工的认同和客观上对员工的尊重，经理人员在评价时只是定一个基调即可，给员工自评的机会。这样做一方面能了解员工的真实想法，掌握第一手信息；另一方面留有一定余地，在原则性错误面前有机会调整。

案例 6-3

绩效评估面谈案例

经理：小 A，有时间吗？(评：面谈时间没有提前预约)

小 A：什么事情，头？

经理：想和你谈谈，关于你年终绩效的事情。(评：谈话前没有缓和气氛，沟通很难畅通)

A：现在？要多长时间？

经理：嗯……就一小会儿，我 9 点还有个重要的会议。哎，你也知道，年终大家都很忙，我也不想浪费你的时间。可是人力资源部门总给我们添麻烦，总要求我们这那的。(评：推卸责任，无端牢骚)

A：……

经理：那我们就开始吧，我一贯强调效率。

于是小 A 就在经理放满文件的办公桌的对面，不知所措地坐下来。(评：面对面的谈话容易造成心理威慑，不利沟通。双方最好呈 90° 直角面谈)

经理：小 A，今年你的业绩总的来说还过得去，但和其他同事比起来还差了许多，但你是我的老部下了，我还是很了解你的，所以我给你的综合评价是 3 分，怎么样？(评：评估没有数据和资料支持，主观性太强，趋中效应严重)

小 A：头儿，今年的很多事情你都知道的，我认为我自己还是做得不错呀，年初安排到我手里的任务我都完成了呀，另外我还帮助其他的同事做了很多的工作……

经理：年初是年初，你也知道公司现在的发展速度，在半年前部门就接到新的市场任务，我也对大家做了宣布的，结果到了年底，我们的新任务还差一大截儿没完成，我的压力也很重啊！

小 A：可是你也并没有因此调整我们的目标啊？！(评：目标的设定和调整没有经过协商)

这时候，秘书直接走进来说："经理，大家都在会议室里等你呢！"

经理：好了好了，小 A，写目标计划什么的都是人力资源部门要求的，他们哪里懂公司的业务！现在我们都是计划赶不上变化，他们只是要求你的表格填得完整、好看(评：人力资源部门在考核的时候多注重了形式而忽视了内容)，而且，他们还对每个部门分派了指标。

其实大家都不容易，再说了，你的工资也不错，你看小王，他的基本工资比你低(评：将评估与工资混为一谈)，工作却比你做得好，所以我想你心理应该平衡了吧。明年你要是做得好，我相信我会让你满意的(评：轻易许诺，而且有第三人在场)。好了，我现在很忙，下次我们再聊。

小 A：可是头，去年年底评估的时候……

经理没有理会小 A，匆匆地和秘书离开了自己的办公室。

(资料来源：http://www.zgjrw.com)

案例分析

这是一次失败的绩效面谈，由于经理缺乏准备和根据，绩效考核仅仅流于形式，最后都未能达成一致意见，必然使员工产生不满情绪。不难看出，这个谈话之所以不成功，主要存在这样几个问题：一是考核的着眼点是关注过去，不重将来；二是针对人，评价性格；三是气氛严肃；四是感到突然；五是缺乏资料、数据的支持；六是凭主观印象；七是单向沟通。

评估练习

1. 简述绩效考评“六步法”？
2. 在管理实践中，你如何选择考评面谈的方法？

【工学结合】

1. 找一家酒店了解其招工情况、编制定员状况以及激励员工的主要方式，并对其效果作一定客观评价。

2. 某餐饮公司月度奖金考核中，根据不同的员工有所侧重：高级管理人员(总经理助理以上)和职能人员各 7 项考核内容，技术人员 6 项考核内容，每项内容所占的比重不尽相同。对高层管理人员侧重其管理能力；对中层管理人员侧重其业绩；对于研究开发人员侧重其研究能力和专业技术能力，对纪律性的要求却不高；对于一般人员，侧重其专业技能和业绩。整个考核标准表现出较强的针对性。试评价该公司的考核标准是否合理并给出理由。

本章小结

绩效考评是酒店人力资源管理中不可缺少的工具，如何在酒店员工的表现中制定一些明确的绩效考评标准以期奖惩分明，同时据此实施适当的在职训练，系统地持续绩效考评工作，是酒店企业人力资源的一个重要内容。

绩效考评是应用科学的评价系统，对每个人的业绩和表现进行公正、正确、合理的评价。为了实现考评结果的公正、客观，应当遵循一定的考评程序、方法。

考评过程中会因为种种原因产生一定的偏差，考评人员必须按特定岗位的工作说明和工作要求，确立客观的工作评价标准，这是克服偏见、纠正偏差，提高考评效能的关键所在。

考评面谈是考评结果反馈和营造考评氛围的重要手段和方式。面谈要遵循一定的程序，同时要讲究一定的技巧。

第七章
酒店员工薪酬管理

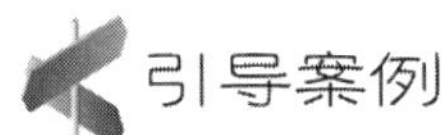
引导案例

防澳门来抢人　香港酒店业发三个月年终奖金

《星岛日报》消息，酒店业主联会2008年1月27日于工会召开记者会，宣布为4.2万名酒店业打工仔带来新年大喜讯。联会总干事李汉城表示，与工会达成共识，业界4.2万名从业员在本财政年度将最少平均加薪4%～5%，并按表现，同时获发2～3个月的花红。李汉城表示，去年澳门有多家大型酒店相继落成，令香港酒店业人手流失达10%，估计短期内还会有百名高层管理人员到澳门发展。但他指出，由于澳门的部分工时比香港还要长，近期已有不少到澳门发展的酒店从业员回流。

他并不否认大手发放奖金及加薪，是因为澳门酒店业蓬勃，抢走不少香港酒店业专才所致，只强调是酒店员工努力工作，令酒店业去年丰收，遂向员工回馈。“酒店业最重要的是靠人才，不是只有管理层就行，如果前堂的职员服务不周，或者笑容欠棒，即使后面的餐厅有多好，都不会吸引旅客。”他又认为，在经济改善下，酒店业应考虑聘请更多全职员工，代替兼职人员，以及培训人才及增加员工的归属感。

劳工界立法会议员王国兴形容，此次劳资双方的协议是一个“突破”，“过去，只有工会自己要求加薪，酒店就按各自情况决定加几多，但绝非协议，此次是回归以来第一次，是一大突破。”王国兴更呼吁全港雇主尽社会责任，在2008年加薪及发放花红予普通打工仔，一起分享经济成果。

辩证性思考

1. 为酒店的正常运营，如何借助薪酬工具为酒店获取人才？
2. 为酒店的正常运营，如何借助薪酬工具为酒店留住人才？

第一节　酒店员工薪酬体系

教学目标

- 理解薪酬的基本概念。
- 掌握常见的薪酬形式。
- 掌握酒店的主要薪酬模式。

一、薪酬的基本概念

薪酬是指劳动者依靠劳动所获得的所有劳动报酬的总和，是酒店等企业组织以法定货币或法定形式定期或不定期支付给为实现企业目标而付出劳动的员工的一种劳动回报。它有狭义薪酬和广义薪酬之分。

狭义的薪酬包括直接经济报酬和间接经济报酬。直接经济报酬包括以工资、奖金和利

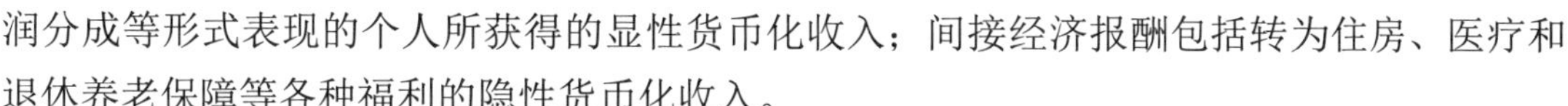

润分成等形式表现的个人所获得的显性货币化收入；间接经济报酬包括转为住房、医疗和退休养老保障等各种福利的隐性货币化收入。

广义的薪酬除了狭义薪酬部分，还包括企业提供的工作内容本身的挑战性、趣味性和成就感，良好的工作环境，合理的政策和机制，高素质的人力资源结构和良好的同事关系，弹性工作时间以及一定的社会地位等许多非经济类报酬。

二、常见的薪酬形式

在酒店的人力资源管理中，薪酬管理一直是酒店管理者关注的焦点，是最为敏感的环节，对酒店的竞争力有着巨大的影响。那么，如何客观、公正、公平、合理地分配员工薪酬，从而既有利于酒店的可持续发展，又保证各级员工能从薪酬中获得经济上、心理上的满足，从而激励员工为酒店做出更大的贡献？下面是酒店业主要采用的四种外在经济性薪酬形式。

(一)基本工资

1．计时工资制

计时工资制是根据员工的计时工资标准和工作时间来计算并支付员工工资的劳动报酬形式。其计算公式为

工资总额=计时工资标准×工作时间

按照计算时间周期的不同，我国常见的计时工资具体形式如下。

1) 月工资制

按月计发工资的制度，为目前我国酒店业应用最为广泛的基础工资形式。实行月工资制标准的员工，遇有加班或请假需要加班或减发工资时，一般按照日工资标准处理，日工资标准是本人月工资标准除以当月法定工作天数后所得。如某经济型旅馆招聘广告：招聘电脑员、总台接待员2名，要求年龄在20～30岁，高中以上学历，外貌端正，外语良好，会使用电脑，有相关工作经验者优先。工资800～1400元，交纳养老保险。其中的工资显然是月工资。

2) 日工资制

根据员工的日工资标准和实际工作日数来计发工资。这种工资计发方法往往是员工出勤率不足或者在节假日加班后，计算工资。如某酒店规定：每日工资=月岗位工资总额×12/365；员工请一天事假扣发一天每日工资，并一天事假扣发当月奖金的30%，两天扣发50%，三天扣发70%，四天及以上扣发100%。

知识拓展 7-1

春节七天假　加班别忘要加薪

按照规定，在节假日期间安排劳动者加班的用人单位，应按照不低于劳动者本人日或小时工资的300%支付加班工资；在休息日期间安排劳动者加班的用人单位，可以给劳动者

安排补休而不支付加班工资，如果不给补休，则应当按照不低于劳动者本人日或小时工资的200%支付加班工资。

因此，春节期间加班族，请记好：如果初一到初三加班，你的老板应支付三薪(工资基数的300%)；初四到初七加班的，你应获双薪(工资基数的200%)。实行计件工资的劳动者，在完成计件定额任务后，应根据上述规定的原则，分别按照不低于计件单价的300%、200%支付加班工资。

3) 小时工资制

小时工资制即根据员工的小时工资标准和实际工作小时数来计发工资，适用于非全日制工作和需要按小时计发工资的工作。如青岛某报的报道：随着青岛市酒店市场发展和竞争需要，小时工这种统一培训、按时聘请的人员聘用方式，开始在青岛市部分星级酒店中出现。这类星级酒店一旦接待大型宴会、会议，就提前通知部分小时工。小时工工资每小时最低3.5元，一般不会超过5小时，而且对小时工的工作表现都有一个完整的工作档案。

利用小时工资制，既可以有效地帮助酒店解决短期内的结构性人力资源短缺，而且又不增加酒店的固定人力成本开支，是提高酒店经营效率的好方法。

2. 计件工资制

与计时工资制不同，计件工资是根据酒店员工所完成的工作数量，按预先规定的计件单价支付给员工劳动报酬的一种工资形式。员工工资随其工作量增减而高低不同，其计算公式如下。

工资数额=计件单价×合格产品数量

酒店工资成本支出是酒店费用支出的一大项，计件工资制可以作为酒店工资制的补充制度。例如，对客房清卫员实行计件工资制，既能体现多劳多得的分配原则，又可以给酒店员工创造兼职的机会，提高员工收入，帮助酒店达到减员增效的经营效果。

(二)奖金

1. 奖金的含义

奖金是酒店对员工超额劳动部分或劳动绩效突出部分或节约资源部分所支付的奖励性报酬。员工在创造了超过正常劳动定额以外的劳动成果后，酒店会以物质的形式给予补偿。其中，以货币形式给予的补偿就是奖金。奖金在我国非常普遍，工资加奖金构成员工的主要现金收入。

年终双薪奖

(一)年终奖的范围

1. 每年的1月1日—12月31日结算。

2. 年终奖的计算基数：基本工资 + 职务岗位工资。

(二)营业部门年终奖

1. 按本部门年度总营业额的完成比例计算年终奖。

2. 部门完成全年总营业额指标数的 80% 以下(含 80%)，不发年终奖。

3. 部门完成全年总营业额指标数的 80%～100%(不含 80%，亦不含 100%)，原则上不发年终奖，但酒店可发给部分安慰奖，或称董事会的赠送奖。

4. 部门完成了全年营业额指标数的 100%以上(含 100%)，则按百分比的比例，发给年终奖。

(三)年终双薪奖的计算方式

比如，某部门完成全年营业总数的 115%，计算方式为：该员工(或管理者)的每月基本工资加上每月职务岗位工资，再乘以 115%。假设：某员工(或管理者)每月基本工资加上每月职务岗位工资为 1000 元，那么他即可获得 1000 元× 115%=1150 元。

2. 奖金的主要特点

1) 奖金具有较强的针对性和灵活性

奖金有较大的弹性。酒店可以根据经营重点与战略，灵活地决定奖金的标准、范围和奖励周期等，有针对性地激励某项工作的进行，提升经营绩效；同时也可以借此抑制某些方面的用工问题，有效地调节酒店生产过程中对劳动数量和质量的需求。

2) 奖金可以弥补基本工资制度的不足

任何工资形式和工资制度都具有功能特点，又都存在功能缺陷。例如，计时工资主要从个人技术能力和实际劳动时间上确定劳动报酬，难以准确反映经常变化的超额劳动；计件工资主要从产品数量上反映劳动成果，难以反映优质产品、原材料节约和安全生产等方面的超额劳动。这些都可以通过奖金形式加以弥补。

3) 奖金可以起到有效的激励作用

奖金的激励功能是很强的，这种激励作用主要由于奖金是因为个人劳动贡献不同所形成的收入差别。这些差别使员工的收入与劳动贡献紧密地联系在一起，可以起到激励先进、鞭策后进的作用。

4) 奖金可以有效地将员工的贡献、收入与酒店效益三者结合起来

奖金不具有保证酒店员工基本生活需要的职能，因此它可以随着酒店经济效益的好坏而波动，当酒店经营效益好的时候，酒店员工的总体奖金也就水涨船高，因此奖金可以有效地帮助酒店将个人目标与酒店经营目标统一起来，最终达到双赢。

案例 7-1

某酒店前厅工资、奖金实行方案

1. 前厅设大堂副理一名，底薪 1350 元+奖金。

2. 总台设服务员 6 名，新员工试用期一个月，底薪 800 元，不享受销售提成及其他福利待遇；试用期满后，底薪 800 元+销售提成；工作满 3 个月后，底薪 850 元+销售提成，

工作满半年后，底薪900元+销售提成。

3. 总台人员当班期间，按当班人数平分售房量(房间数)，每月月底按售房量评选出售房冠军一名，奖励60元。

4. 售房提成按原规定实施。

(三)津贴

津贴是对在特殊劳动条件下，酒店员工对所付出的额外劳动消耗、生活费用支付以及对身体健康的损害所给予的物质补偿。津贴制度由津贴项目、实施条件、实施范围和津贴标准等组成。

通常所用的津贴项目，按津贴发放的对象和类别，分为两大类：劳动津贴和生活津贴。

1. 劳动津贴

劳动津贴是对在特殊劳动条件下工作的员工的额外劳动消耗的补偿，与劳动者岗位、职务和工种等劳动条件直接相关。

特殊劳动条件包括时间、空间与环境三个方面：非正常工作时间(如夜间加班等)、非常工作空间(如高空作业)、超常工作环境(如高位、潮湿和接触有害物质等)。津贴项目为：补偿员工额外劳动消耗的津贴，如高空、高温、夜班津贴等；补偿身体健康伤害的津贴，如有毒岗位津贴，林区、高原、水下和井上作业津贴等。

2. 生活津贴

生活津贴是为了保障员工实际工资收入的稳定，补偿员工由于特殊工作需要而造成的额外生活支出。包括补偿员工在生产过程中的额外生活费支出，如外勤工作津贴、铁路乘务津贴等；补偿员工在边疆、高海拔作业而付出的超额生活开支，如林区津贴、地区生活津贴、高寒山区津贴、海岛津贴，以及出国公务、劳务人员的国外津贴等。

关于津贴的使用，酒店行业内有各种方式。如某酒店规定的店龄津贴：依据员工服务年资(含试用期间)计算以每年1月1日为限调整1次，在酒店服务满一年的员工，可享受店龄津贴。店龄津贴起点为每人每月30元，每月随工资发放，并逐年按此标准递增。店龄工资最高为300元，超出此数，酒店另外补贴。

还有的酒店设有英语津贴和学历津贴，规定有英语特长的员工3个月试用期满可报名参加酒店的英语津贴考核，通过者可获200～300元/月的外语津贴；具有大专以上学历者每月可获得50～200元/月的学历津贴。可见这些津贴与上述所讲的劳动津贴和生活津贴两种传统津贴是有差异的，这种现象值得理论界探究一下。

(四)福利

福利分为社会福利和职工福利。社会福利由国家通过立法向全体公民提供的旨在保证一定的生活水平和提高生活质量的资金和服务的社会保障制度。职工福利是行业或企业为了保证其本身的稳定和发展，对全体职工普遍提供的一种保障其生活水平和尽可能提高其生活质量的社会福利制度。

1．酒店员工福利构成

根据员工福利的实施范围，酒店员工福利可以分为补充性工资福利、保险福利和员工服务福利三个部分。

(1) 补充性福利：就是员工不工作时支付给他们的福利，包括带薪假期、病假、离职补贴等。

(2) 保险福利：根据国家法律规定，由酒店代为员工缴纳的各项保险费用，包括养老保险、工伤保险、医疗保险、失业保险和生育保险等。部分酒店为了增强员工的福利，还另外为员工投保商业保险。

课内资料 7-1

五险一金

“五险一金”讲的是五种保险，包括养老保险、医疗保险、失业保险、工伤保险和生育保险；“一金”指的是住房公积金。

其中养老保险、医疗保险和失业保险，这三种险是由企业和个人共同缴纳保费，工伤保险和生育保险完全是由企业承担的(缴费比例没有全国统一比率)，个人不需要缴纳。这里要注意的是“五险”是法定的，而“一金”不是法定的。

生育保险是国家通过立法，对怀孕、分娩女职工给予生活保障和物质帮助的一项社会政策。其宗旨在于通过向职业妇女提供生育津贴、医疗服务和产假，帮助她们恢复劳动能力，重返工作岗位。

工伤保险是指劳动者在从事生产劳动或与之相关的工作时，发生意外伤害，包括事故伤残、职业病以及因这两种情况造成死亡时，由政府向劳动者本人或供养直系亲属提供物质帮助的一项社会福利制度。根据现行规定，工伤保险费由用人单位向社会保险经办机构缴纳，政府给予税收优惠，职工个人不缴费。

失业保险是指国家通过立法强制实行的，由社会集中建立基金，对因失业而暂时中断生活来源的劳动者提供物质帮助的制度。它是社会保障体系的重要组成部分，是社会保险的主要项目之一。领失业金应具备的条件：①在法定劳动年龄内非因本人意愿中断就业；②具备当地城镇常住户口；③本人在职期间按照规定缴纳失业保险费；④解除、终止劳动关系或者工作关系前缴纳失业保险费满 1 年；⑤按规定办理失业登记手续和失业保险金申领手续。

养老保险是社会保障制度的重要组成部分，是社会保险五大险种中最重要的险种之一。所谓养老保险(或养老保险制度)是国家和社会根据一定的法律和法规，为解决劳动者在达到国家规定的解除劳动义务的劳动年龄界限，或因年老丧失劳动能力退出劳动岗位后的基本生活而建立的一种社会保险制度。

住房公积金是指国家机关、国有企业、城镇集体企业、外商投资企业、城镇私营企业及其他城镇企业、事业单位及其在职职工缴存的长期住房储金。

(3) 员工服务福利：主要为员工提供便利，解决生活上的困难，使员工能够集中精力安心工作。一般包括以下部分。

- 员工餐厅。员工享受伙食津贴或免费工作餐是酒店业的特殊福利待遇。员工餐厅是非营利性质的，主要是保证员工享受规定标准的膳食，员工餐厅的成功与否，直接或间接影响员工的工作效率和情绪。
- 员工制服。酒店员工穿着规定制服也是享受行业特有的福利待遇。酒店工作制服的设计一般是配合酒店的整体装修和经营风格的，也要考虑员工的安全和工作便利等因素，酒店洗衣房免费为员工洗、熨工作制服和提供更衣柜。
- 员工宿舍。酒店根据员工人数和经济承受能力，对外地员工、夜班员工等不能回家的员工提供集体宿舍或设置舒适的休息场所。员工宿舍是员工福利待遇的重要内容之一，也是调动员工积极性、减少流动性、稳定员工队伍的重要措施。
- 医疗保健。酒店医务室应配备一定水平和数量的医务人员，使员工的一般疾病和轻微外伤可以在酒店医务室得到及时的就诊和处理，配合医疗保险等方法解决员工医疗服务问题。定期对员工进行体格检查，保证员工队伍的健康和安全。
- 培训。越来越多的酒店将员工培训当成福利的一部分，员工参加培训，不仅能够免费学到知识和技能，还可帮助个人的事业发展，能对员工起到显著的激励作用。

2. 酒店福利的作用和意义

酒店员工福利待遇与酒店的工作效率、经济效益有密切的关系，直接关系到员工工作积极性的调动和潜力的发挥。因此，员工福利待遇对酒店的经营管理有着重要的作用和意义，这里谈两点。

1) 员工福利能够增强酒店的凝聚力

酒店是宾客之家，要使客人有宾至如归的感觉，酒店也应该是员工的家，良好的福利待遇为员工的工作和才能发展以及工作生活环境的改善等创造条件，为员工解决后顾之忧，并尽可能满足他们的合理要求。这样可以增强员工之间、员工与酒店之间的合作，使员工对酒店的归属感和自豪感得以强化，有利于增强酒店的凝聚力，使酒店上下能够齐心协力，为酒店的兴旺而努力工作。

2) 良好的福利制度有利于提高劳动生产率和生产质量

“先有满意的员工，后有满意的顾客”。酒店的服务质量很大程度上依赖员工每天的表现，除了员工本人的专业知识与技能外，员工的工作情绪也影响服务质量。酒店福利在某种程度上能够起到解决员工个人困难，提高工作情绪的作用。如养老、失业、工伤、医疗、生育保险等，能够帮助员工因故无法上班时维持基本生活；由于酒店工作的全天候性，员工餐厅和宿舍能够解决员工的用餐和住宿，保障员工正常工作；员工培训则能够直接提高酒店员工的工作能力，提高工作质量和效率，因此福利投资为酒店带来的回报是巨大的。

三、薪酬体系的主要模式

薪酬体系的设计一般建立在价值评价的基础上，通过科学合理地评价员工为酒店所创

造的价值来进行价值分配。按照 3P 理论模型，存在岗位(Position)、个人能力(Personality)和业绩(Performance)三种不同的衡量方式，因而也就产生了三种不同的薪酬模式：以职位为基础的薪酬模式、以能力为基础的薪酬模式和以业绩为基础的薪酬模式。

(一)以职位为基础的薪酬模式

通过员工的职位来确定员工为酒店创造的价值，进而确定其薪酬的多少。其基本思路是：不同职位对知识、技能有不同的要求，承担的职责大小也不一样，所以不同岗位对企业的贡献不同。这种基于职位的薪酬模式目前仍被广泛使用。

(二)以能力为基础的薪酬模式

通过对员工的技能或能力及员工所具备的与工作有关的知识、技能、经验等因素进行评价，来确定其为酒店所创造的价值并进行付酬。基于能力的薪酬体系的特点是关注和尊重员工个人能力的发展，鼓励员工通过不断提高自身的任职能力和工作业绩，实现薪酬水平的不断提高。这种基于能力的薪酬体系特别符合建立学习型企业组织的需要。

(三)以业绩为基础的薪酬模式

通过对员工工作业绩进行评价，即员工的工作完成情况、工作行为、态度等一系列的绩效指标的评价来确定其薪酬。基于业绩的薪酬体系在企业被普遍使用，尤其是市场化程度比较高、竞争比较激烈的行业，这种薪酬模式更为使用。

三种薪酬模式的比较如表 7-1 所示。

表 7-1　三种薪酬模式的比较

薪酬模式	以职位为基础	以能力为基础	以业绩为基础
使用对象	职能人员、管理人员和一般操作人员	研发人员、技术人员及工人和其他靠知识、技能创造价值的员工	销售人员及工人其他业绩易于衡量的人员
表现形式	基础工资(职位、职务工资)	基础工资(知识、技能、能力工资)	佣金制、绩效工资和奖金

案例 7-2

某大酒店销售目标及工资、提成分配方案

一、销售目标计划

因暂未全面了解项目情况，销售时点暂时按 1.5 年来虚拟。

1. 准备期：占销售总量的 6%，时间为 50 天。
2. 预热期：占销售总量的 12%，时间为 45 天。
3. 导入期：占销售总量的 18%，时间为 45 天。
4. 强销期：占销售总量的 40%，时间为 90 天。
5. 稳销期：占销售总量的 20%，时间为 60 天。

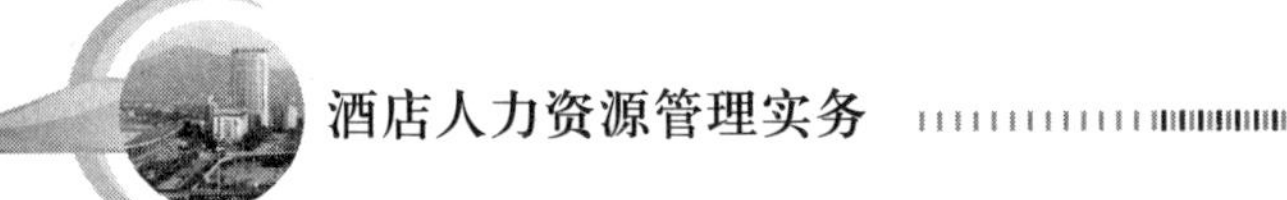

6. 持销期：占销售总量的15%，时间为60天。

7. 尾盘期：占销售总量的5%，时间为90天。

二、工资及提成分配方案

(一)薪资制定原则

所有人员的薪资由底薪+销售提成+年终绩效奖金三部分组成。其中销售提成部分提取比例如下。

1. 完成当月销售任务的100%，则全额提取。

2. 完成当月销售任务的80%，则提取85%。

3. 完成当月销售任务的60%，则按销售提成的70%。

4. 完成销售任务50%或50%以下，则按销售总额的50%提取。

(二)薪资分配方案

1. 营销策划部经理：底薪(3500)+当月销售提成(当月销售总额×0.2%×提取额度)+绩效奖金。

2. 策划助理：底薪(1800)+当月销售提成(当月销售总额×0.05%×提取额度)+绩效奖金。

3. 销售助理：底薪(1000)+当月销售提成(当月销售总额×0.1%×提取额度)+绩效奖金。

4. 内勤：底薪(1000)+当月绩效奖金。

5. 司机：底薪(1000)+当月绩效奖金。

评估练习

1. 简述基本的薪酬形式。

2. 了解一家酒店，判断它的薪酬模式。

第二节　薪酬的设计与管理

教学目标

- 了解薪酬设计的流程。
- 掌握基本薪酬制度。
- 了解激励薪酬制度的内容。

一、薪酬设计流程

薪酬设计流程分为以下六个步骤。

(一)职位分析

这是确定薪酬的基础。职位分析要服从酒店的经营目标，并在业务分析和人员分析的基础上，明确各职务和岗位的关系。此项工作由人力资源部门组织，各业务主管部门合作编写职务说明书。

(二)工作评价

工作评价是薪酬体系设计的起点。工作评价的目的是决定出每一工作相对于同一组织中其他工作而言，对组织相对价值的大小。工作评价的结果是得到一个工作等级——从组织中具有最高价值的工作到最低价值的工作的一个严格的等级排序。工作评价的基点不仅可以确认工作的等级次序，而且还能提供每个工作的量化价值，从而为薪酬体系设计者提供了工作之间的相对价值差距的数据。

(三)薪酬调查

酒店在进行薪酬管理时，要注意薪酬的外部均衡和内部均衡问题。外部均衡是指酒店员工的薪酬水平与同地域、同行业的薪酬水平保持一致，或略高于平均水平；内部均衡主要指酒店内部员工之间的薪酬水平与其工作成比例，即满足薪酬的公平性。

薪酬调查就是通过各种正常手段来获取相关酒店各职务的薪酬水平及相关信息，对薪酬调查结果所进行的统计和分析会成为薪酬管理决策的有效依据。薪酬调查的渠道包括：酒店之间的相互调查；委托专业机构进行调查；从公开的信息中了解；从流动人员中了解。

(四)薪酬定位

在分析行业的薪酬数据后，需要根据酒店状况选用最适合的薪酬水平。

(五)薪酬结构设计

薪酬体系设计第三步可被看作整个薪酬体系设计的基础方面。其目的为员工个体的薪资分配建立具体的管理政策，其成果是得到一个工资结构，来决定组织中每一个工作的工资和工资调整技术的框架。

(六)管理薪酬体系

在建立了薪酬体系之后，必须继续对其进行管理以确保其有效性。另外，内外环境施加在薪酬体系之上的压力也需要进行监督、评价、修正和控制。这一步的结果是确认出薪酬体系的病症，从而使薪酬管理者能够保证这一系统无障碍运行。

二、基本薪酬制度

基本薪酬制度是指员工因工作而获得的小时工资、周工资和月工资。在大多数情况下，基本工资在员工总薪酬中所占的比例最大，而且基本工资制度通常反映了整个酒店的氛围，因此开发并维持一种健全的基本薪酬制度就成为关键。

(一)基于职位的薪酬制度

1. 基于职位的薪酬制度的优点

以职位为基础的薪酬制度反映了科学管理的思想：通过认真研究每项工作，找到完成工作的最优方法和流程，从而确定担任工作的最合适的任职者和应该承担的责任。实施这种薪酬制度的关键环节是工作评价。

2. 基于职位的薪酬制度的缺点

1) 等级结构

在这种薪酬体系中，每个职位根据价值评估分数的高低被归入高低不同的等级，这样企业就为成百上千的职位建立起了一个结构严密的“职位金字塔”。每个职位都有详细的职位说明书，每个员工据此知道自己应当对什么负责，但另一方面也就知道了自己无须对什么负责。

这种森严的等级结构将员工固定在一个个职位上，员工很难有机会从事其他职位的工作。因为每个职位对知识、技能的要求是不一样的，员工职位的变化意味着他的工资也要作相应的变化。但是，职位的变化却并不一定意味着员工知识、技能的变化。因此，在以职位为基础的薪酬体系中，员工职位改变总会遇到这样的矛盾。这种矛盾进一步加剧了组织缺乏灵活性和弹性的现象。

2) 不利于员工职业发展

在以职位为基础的薪酬体系中，通常是管理类的职位落入高工资等级，而其他类型工作的职位则一般很难进入高工资等级。专业人员(如培训专员、会计等)在工作了一定年限以后报酬就很难再提高了，因为在他所在职位的薪酬等级中，他们已经达到了最高标准，向上已经没有提薪空间了。在这种情况下，通常员工在考虑自己的职业发展时，第一选择就是管理职位，因为只有做管理类工作，他们才具有进一步提高薪酬的可能，而管理职位毕竟有限，于是就导致了这样一种现象，员工们都试图通过各种方式进入管理职系。但是并不是所有优秀的专业人员都适合做管理者，于是企业失去了许多优秀的专业人员，而多了许多无能的管理者。

3) 制约员工知识、技能提高

在基于职位的薪酬体系中，职位说明书对员工的知识、技能和职责做出非常清晰而且具体的规定，同时由于等级结构严密，导致决策链条过长。如果在一线出现了问题，信息通过正式渠道传递到上层，上层决策以后，解决方案再通过正式渠道下达到一线，一线人员根据上级的指示解决问题。这种通过正式渠道、从上至下的决策方式，使得一线员工难以根据自己的知识、技能创造性地解决问题。一线员工最了解自己的工作，也最了解在工作中出现的问题，他们通过长时间的工作，在本专业领域成为专家，如果适当授权让他们解决问题，不仅更有效，而且员工的知识、技能也可以在不断地解决问题中得到提高。

(二)基于任职者的薪酬制度

基于任职者的薪酬结构的一个基本理念是，如果希望自己的雇员学习更多的技能并且

在他们所从事的工作中变得更加富有灵活性，那么酒店就应该按照能够促使他们这样做的方式来支付工资。

1．基于技能的任职者薪酬制度

以技能为基础的薪酬制度把员工与一个人获得的与工作有关的技能、能力和知识的深度和广度联系起来。技能方案可以侧重于深度也可以侧重于广度。侧重于深度者，如同样是一线服务员工，从事同样的工作，如整理客房，熟练员工和新员工有不同的工资水平；侧重于广度的薪酬结构中，多面手和专项操作者的薪酬有差异。

2．基于能力的任职者薪酬结构

以能力为基础的任职者薪酬制度是为了保证酒店所有的关键需要得到满足：重要的不是具备顺利开展目前工作所需要的技能，而是是否具有适应不同情况的能力。能力的重要吸引力在于其与组织战略的直接关系。确认能力的过程也即是确定酒店核心问题的过程：什么能为酒店带来成功？对核心问题重新定位的可能性是以能力为基础的薪酬制度的最大特色。

3．基于任职者薪酬制度实施关键

1) 科学的任职资格体系

酒店首先需要制定出符合自身特点的能力体系，也就是任职资格体系。任职资格体系描述的不是抽象的能力概念，而是在对所有职位根据性质分类的基础上，对每一类职位建立各自的能力级别和标准。这项工作需要企业投入比较大的精力，因为这是整个职能工资体系，乃至整个基于能力的人力资源管理体系的基础。

2) 配套的培训体系

在酒店鼓励员工提高自身能力的同时，也对酒店培训提出了更高的要求。因为员工报酬是基于他们在工作中所表现出来的能力，所以酒店必须向员工提供提高自身能力的帮助。在这里，培训就扮演了重要的角色。因此，培训再也不能是随意安排员工课程，或者请外面的培训教师上课那么简单。酒店必须根据任职资格体系的内容和标准，针对不同的职种，以及同一职种的不同任职资格等级，开发出具有针对性的课程，帮助员工提高自己能力。只有这样，员工才能看到因提高能力而获得更高报酬的希望。

3) 构建具有弹性的学习型组织和创新型组织

在基于职位的薪酬体系中，每个员工都牢牢固定在各个职位上，很少有晋升的机会，这样就很难激励员工不断学习新的知识和技能。而在基于任职者的薪酬体系中，员工的薪酬待遇与个人晋升及职业发展有了较好的结合，员工具有不断学习新的知识、技能的动力，那么酒店一方面要建立配套的培训体系，同时，如何鼓励员工运用知识和技能提高工作绩效，也是一个需要重点考虑的问题。因为，如果员工掌握的新知识和新技能没有机会运用，他们就会失去学习的兴趣和信心，而酒店也并没有从员工能力的提高中受益。所以，酒店必须使自己的组织变成更具弹性的学习型组织和创新型组织。

4) 简单原则

基于任职者的薪酬体系不能太复杂，否则员工会由于不了解其真正含义而没有信心，而酒店也会由于体系本身的复杂而导致的操作困难对继续推行失去信心。另外，在推行这种薪酬体系前，需要在酒店内进行宣传，必须首先得到员工的理解和支持，这样才能有一个良好的实施基础。

三、激励薪酬制度

(一)激励薪酬制度的概念

激励薪酬制度是指根据雇员是否达到某种实现建立的标准、个人或团体目标或酒店收入标准而浮动的报酬体系。有效的激励薪酬体系是建立在三个假设基础上：一是个人和工作团队对酒店的贡献的差别不仅在于他们做的是什么，而且在于他们做的好不好；二是酒店经营的最终结果在很大程度上取决于公司内部个人和团队的工作表现；三是为了吸引、保留和鼓励表现好的员工，并且公平对待所有员工，酒店需要根据员工的工作表现来予以奖励。

(二)激励薪酬制度的类别

激励薪酬制度主要分为个人激励计划、团队激励计划和组织激励计划。

(1) 个人激励计划用来奖励达到与工作相关的绩效标准的员工，这些绩效标准包括服务质量、数量、顾客满意度、安全和出勤率等。有效实施个人激励计划有三个前提：首先，员工的绩效可以通过客观的方法来考核，即绩效标准具有客观性。其次，员工有足够的能力控制工作结果；最后，实施激励计划不会使员工出现不良竞争。如酒店只给表现最好的10%的员工发放激励工资，员工之间就可能产生不良竞争。

(2) 团队激励计划用来奖励员工的集体绩效，而不是员工的个人绩效。酒店特别强调团队工作，这必然要对团队和员工个人进行补偿。酒店设立团队为基础的薪酬制度的主要意愿在于：提高劳动生产率，把个人所得与团队业绩表现联系起来；提高质量，有助于招收并留住员工。

(3) 组织激励计划是指酒店绩效超过最低绩效标准时，给所有员工发放奖金。酒店通过组织激励来激励员工努力工作，增加利润或酒店的市场价值。提倡这种激励计划的人认为，设计完善的计划可以使工人为增加酒店利润或价值而努力，从而使工人和股东的目标更加协调一致。其理论根据就是酒店的发展需要整个酒店内的合作，而激励的目标即是促进酒店内的团队合作。

评估练习

1. 简述基本薪酬制度有哪些内容。
2. 为什么要重视激励薪酬制度的建设？

第三节 薪酬制度的发展趋势

教学目标

- 掌握全面薪酬制度的内容和应用特点。
- 掌握宽幅交叉薪酬制度的特点。

一、全面薪酬制度

全面薪酬体系是目前发达国家普遍推行的一种薪酬支付方式，源自20世纪80年代的美国。为了更好地激励员工，许多公司将相对稳定的、基于岗位的薪酬战略转向了相对浮动、基于绩效的薪酬战略，将薪酬福利与绩效紧密挂钩。全面薪酬体系既包括直接的经济薪酬(如工资)和间接的经济薪酬(福利)，又包括非经济报酬(工作及环境)，是物质薪酬和精神薪酬的统一。实施全面薪酬制度要做到以下几点。

(一)基于对劳动市场的认识与调研，制定规范有效、富裕市场竞争力的薪酬体系

酒店的标准工资在考虑技能和岗位基础上(体现内部公平)，综合行业均衡工资率或现行贴现率，与该类劳动力细分市场挂钩，按劳动力市场价格确定最低工资水平(体现外部公平)。薪酬的定期调整必须掌握市场的水准，以保持酒店基本薪酬的竞争性，以吸引和保留优秀人才；同时薪酬的调整也必须配合社会的生活成本，调薪幅度要根据物价指数来确定。

为降低酒店的工资支出成本，酒店的工资总额应与效益挂钩并具有一定的弹性，工资浮动部分按工作绩效来算，可以根据酒店的各项组织效益指标来决定，如酒店经营利润、酒店市场占有率、能源消耗指标等。

(二)引入报酬风险机制，明确薪酬额的激励导向功能

基本工资应占全部薪酬的30%～80%，其目的主要是保证员工的基本生活需要。如果基本工资偏低，对员工利益会有损害，从而影响其工作积极性。

对于激励性报酬的奖金和股权部分要明确发放方式和标准，并采取一定的公式计算。根据经营业绩，由于个人努力而增加的绩效，按规定给个人发放奖金；如果绩效是全体员工共同努力的结果，则可用奖金的方式让员工共享，而且应体现出不同部门、不同岗位的绩效差异性。明确公平的奖金分配方式，是把员工的目标与酒店目标联系起来的最佳途径。在薪酬制度中应引入风险机制，使薪酬成为一种激励和鞭策并用的手段：由于它既体现出物质方面的奖励和处罚，又使不同层次的员工具有不同的风险，这就不但从物质上激励员工奋发进取，而且可以激发员工与酒店荣辱与共的决心和相互竞争的雄心。

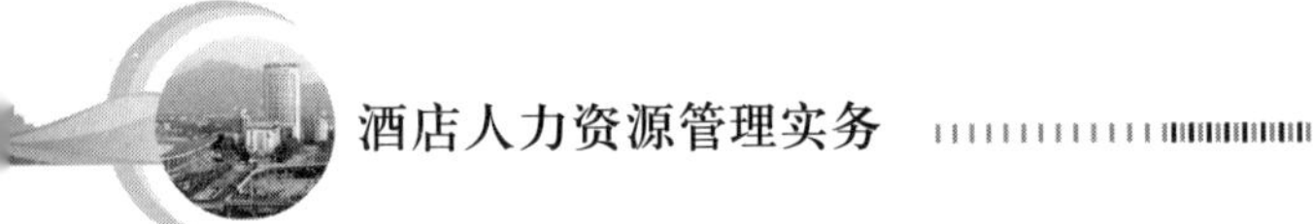

(三)调薪的方式要透明、公开，并根据员工的不同需要调整管理方式

酒店要吸引、激励和留住有能力的员工，必须体现薪酬体系的公平原则。根据员工关系的特点，内部薪酬公平更为重要。但是，酒店为保持可持续发展的能力，就必须在劳动力市场上提出有竞争力的工资水平，也即对外部薪酬公平加以密切的关注。

目前我国酒店业面临着人力资源结构性短缺，如何留住高素质的基层与中层管理人员，是酒店管理者所面临的严重挑战。这就要求酒店管理者重新考虑现有薪酬管理方式，不要简单以为只要提高工资就可以达到激励的效果。酒店管理者应充分了解不同性别、年龄、教育水平的员工对于工作安全、家庭照顾、发展潜力、培训机会等不同的需求程度，从而设计相应的薪酬体系，体现差异，激发员工潜能。

(四)改变传统单一模式，实施弹性福利计划

在当今提倡个人发展、自我实现的时代，员工的生活背景与知识背景都有着很大的差异，统一的福利形式并不能够满足员工丰富多彩的个人需求。展望未来，员工的需求将越来越趋于多元化，传统的福利制度已不能满足酒店发展的需要。这就需要酒店人力资源部门与工会提出多样化的福利项目，使福利的效用最大化，以最终实现对薪酬体系的支持和激励功能。

福利和保险涉及组织中的每一个成员的切身利益，不仅对当前的利益有影响，而且直接影响其长远利益，所以，制定出适合酒店发展需要的福利保险制度，是酒店和全体员工共同关心的问题。在实际工作中，是福利的形态而不是福利的水平产生激励作用。弹性福利制度非常强调员工的参与，让员工根据自己的需要进行福利形态的选择。这种全新福利发放形式较好地解决了这个问题。

二、宽幅交叉薪酬制

(一)宽幅薪酬的定义

宽幅薪酬将组织原来较多的薪酬等级压缩成几个级别，同时将同一级别内的薪酬活动范围扩大，从而形成的一种较新的薪酬管理系统及操作。对有领导和管理才能的员工来说，攀登传统的职业阶梯是正确的选择；而对大多数员工来说，在丰厚的报酬激励下，则会把精力倾注在发展本职工作上。

(二)宽幅薪酬的创新意义

1. 宽幅

宽幅即把酒店内每一个大工种分为多个级别。虽然酒店薪酬等级减少了，但每个薪酬等级内的最高值和最低值的区间变动范围却扩大了，即使基层的服务员，也有多个晋升级

别。这更体现了酒店管理者对员工的尊重。如服务员可以分为5～7级，薪酬级别中的最高值和最低值之间的区间变动范围比率可以达到200%～300%，最优秀的处于顶尖位置的服务员的薪酬可以达到中级白领的水平。这样，员工无论在哪一个工作岗位上都可以看到自我发展的前景，都有提升未来生活质量的奔头。

2. 交叉

交叉即服务员、基层管理人员、中层管理人员的薪酬级别呈交叉状况，构筑成一个梯度结构。新的交叉宽幅薪酬制的目的是在每一个工作岗位上创造“英雄”。对大多数人来说，真正的职业发展是在发挥才干的岗位上做精、做好、做成专家。

3. 职位不再是决定员工薪酬的关键因素

宽幅薪酬的前提假设是，出色的专业服务人员可能比某一个刚调入的主管对酒店的价值更高，一位顶级销售员可能比一位销售经理对酒店的作用更重要。职位不再是决定员工薪酬的关键因素，员工创造的绩效和所拥有的技能才是关键因素。在大多数情况下，不管是什么工作，只要对其进行度量和奖励，员工就会努力地创优。

案例7-3

如图7-1所示是某品牌酒店宽幅薪酬体系模型和前厅部宽幅薪酬模型。

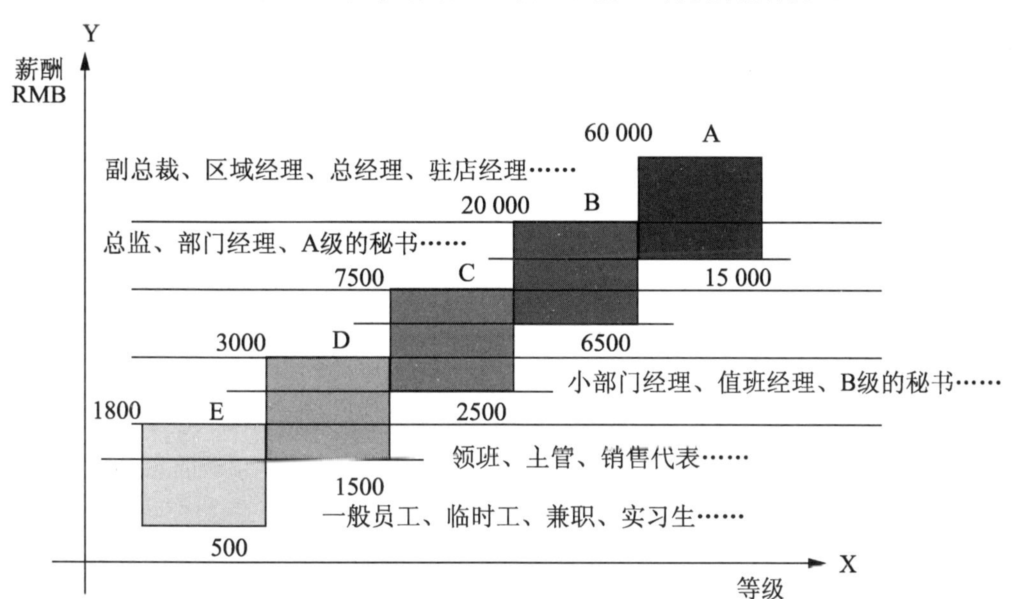

图7-1　某品牌酒店宽幅薪酬体系模型和前厅部宽幅薪酬模型

21世纪高等学校应用型特色规划教材•酒店管理专业

办公室 FO	前厅部经理、副经理、培训经理、管理培训生、客户经理、值班经理、秘书
前台 FD	领班、宾客服务员
商务中心 BC	主管、宾客服务员
客服中心 SC	经理、领班、接线员
客户关系 GRO	领班主任、主任
礼宾部 CON	经理、领班、行李员、门童、宾客服务员
车队 TRANS	主管、司机
豪华阁 HC	经理、领班、宾客服务员

⇓　⇓　⇓　⇓　⇓

宽幅	岗位	职务
2	前厅部经理	大部门经理二级
3	前厅部助理经理、培训经理、管理培训生、客户经理、值班经理、SC 经理、CON 经理、HC 经理	小部门经理三级
4	FO 秘书、FD 领班、BC 主管、SC 领班、GRO 领班、CON 领班、车队主管、HC 领班	领班四级
5	FD 服务员、BC 服务员、接线员、GRO 主任、行李员、门童、CON、服务员、司机、HC 服务员	宾客服务员五级

图 7-1　某品牌酒店宽幅薪酬体系模型和前厅部宽幅薪酬模型(续)

(三)宽幅薪酬的主要特点

1．优点

(1) 支持一个扁平的组织结构。20 世纪 90 年代以后，企业界兴起了一场以扁平型组织取代官僚层级型组织的运动，而宽幅薪酬正是为配合扁平型组织结构而量身定做的，它的最大特点就是打破了传统薪酬结构所维护和强化的那种严格的等级制。宽幅薪酬打破了传统薪酬结构所维护和强化的等级观念，减少了工作之间的等级差别，有利于企业提高效率和创造学习型的企业文化，同时有助于企业保持自身组织结构的灵活性和有效适应外部环境的能力。

(2) 引导员工重视个人技能的增长和能力的提高。在宽幅薪酬结构设计下，员工不需要为薪酬的增长而斤斤计较职位晋升等方面的问题，而只要注意发展酒店所需要的那些技术和能力，做好酒店着重强调的那些有价值的事情(如满足客户需要、以市场为导向、注重效率等)就行了。

(3) 有利于职位轮换与培育组织的跨职能成长和开发。在宽幅薪酬制度下，由于薪酬的高低是由能力来决定而不是由职位来决定，员工乐意通过相关职能领域的职务轮换来提升自身能力，以此来获得更大的回报。

(4) 以市场为导向，注重市场水平。宽幅薪酬的工资水平是以市场调查的数据以及企业的工资定位来确定的，因此，薪酬水平的定期核对与调整将会使企业更能把握其市场竞争力；同时，也能相应地做好员工成本的控制工作。

(5) 有利于管理人员以及人力资源专业人员的角色转变。实行宽幅薪酬结构设计，即使是在同一薪酬宽幅当中，由于薪酬区间的最高值和最低值之间的变动比率至少有 100%，因此，员工薪酬水平的界定预留有很大空间。在这种情况下，部门经理就可以在薪酬决策方面拥有更多的权力和责任，可以对下属的薪酬定位提出更多的意见和建议。这种做法不仅

充分体现了人力资源管理的思想，有利于促使直线部门的经理人员切实承担起自己的人力资源管理职责；同时也有利于人力资源专业人员从一些附加价值不高的事务性工作中脱身，转而更多地关注对企业更有价值的其他一些高级管理活动以及充分扮演好直线部门的战略伙伴和咨询顾问的角色。

课内资料 7-2

调研报告

2007 年 6～9 月，由厦门亚太旅游人才发展中心组织的厦门酒店业人力资源(薪酬)调查课题组对厦门酒店人力资源现状进行摸底调查，结果表明，99%的酒店员工有过跳槽经历。

据介绍，厦门酒店业正面临人力资源隐患：由于薪酬待遇低、缺乏发展前景、酒店管理僵化等原因，酒店员工纷纷跳槽或转行，使酒店业面临较大的用工缺口，不得不降低聘用标准，让新员工未经充分培训就上岗，这必然导致服务质量的下降，影响酒店的品牌形象与利益，最终陷入一个恶性循环。

在未来几年中，厦门酒店业还将面临更加严峻的人力资源挑战：一是厦门酒店业的新建与扩张，会造成更多的劳动力短缺；二是随着 2008 年新《劳动合同法》的正式实施，酒店的用工成本会增加，从而给酒店的招聘、培训、薪酬、绩效和劳动关系管理带来更多的挑战。

现象一：99%在职员工曾跳槽。

本次调查对象有三类：其一为酒店在职员工；其二为潜在的旅游人力资源，也就是参加酒店用人供需见面会的求职者；第三类则是厦门院校旅游系的在校生。接受访问的 99%在职员工都有跳槽经历，平均跳槽次数达到 9 次。

在职员工中，有 8%的员工薪酬是在 1500 元以下。结合 10 项指标考察员工对酒店工作的满意度之后发现，结果均为中度满意度以下。多数人认为，影响从事酒店工作的因素主要是薪酬待遇低，其次是个人发展机会少，“工作单调重复，劳动强度大”这个理由则位列第三。

现象二：学生对薪酬期望值偏高。

令人担心的是，虽然酒店在职员工有 71.4%表示愿意继续留在酒店工作，可是旅游院校的在校生只有 25.6%愿意在毕业后到酒店就职。此外，所有在职员工对薪酬的期望值都在 1000 元/月以上，其中有 47.9%期望达到 1500～2000 元，而旅游管理专业本科生期望的工资平均为 3176 元，专科生期望的平均工资为 1947 元。调查结果表明，学生期望较高，有点儿偏离实际就业情况，特别是本科生期望的工资，普遍高于目前酒店业为毕业生支付的工资。

建议：制定行业最低工资标准。

针对厦门市酒店业的人力资源问题，课题组在报告中也提出了建议和对策。其中提到，在政府产业政策方面，对人才的认定应更科学合理，研究和制定酒店行业最低收入限制。同时增强酒店薪酬的竞争力，薪酬要与能力和工作绩效挂钩，采用浮动工资制，提高员工满意度；而在院校方面，旅游系在新生入学后，应适时加强职业意识和职业生涯设计教育，在实习和课程中应加强对酒店的介绍，增强学生对酒店业的了解。

2. 缺点

由于宽幅薪酬的评估主要依据员工对公司的贡献大小，绩效管理就成为公司管理的重要方面。如果绩效管理做不到位，岗位的变化幅度特别大，在这样的情况下采取宽幅薪酬，员工工资浮动大起大落，则会给员工的心理造成极强的不稳定感，从而对公司缺少归属感。

宽幅薪酬并不适用于所有的组织。尤其在那种新型的 “无边界”组织以及强调低专业化程度、多职能工作、跨部门流程、技能工种的团队型组织中非常有用。而我国许多企业在薪酬管理以及整体人力资源管理体系方面的基础非常薄弱，有些企业甚至没有规范的职位说明书，也从来没有做过工作岗位评价，在这种情况下，实行宽幅薪酬不可能取得预期效果。

宽幅薪酬使提职成为奢望。传统薪酬制度中由于岗位职级多，所以员工要上一个职级就会比较容易；而在宽幅薪酬制度中，员工一生可能就只在一个职级里面移动而不会晋升到另外一个职级。职级上升对员工来说是一个非常强的激励，但是采用宽幅薪酬以后，就会出现只有薪酬的变化而没有晋升机会。

(四)宽幅交叉薪酬的实施要点

(1) 拉大服务岗位的工资级差幅度。越是低级的、一线的服务岗位的工资级差幅度就越应该拉大，最高级和最低级员工的工资差距可大 5 倍以上。级差的档次越细越多，员工努力向上的目标及其内容就越明确。

(2) 各个级别薪酬可以重叠。服务员、普通员工、领班、主管、部门经理的薪酬可以重叠，表现突出的服务员工的薪酬甚至可以超过领班的。这样员工即使不进入管理层，同样也能拿到高工资。

(3) 薪酬差异形式多样化。薪酬差异不仅可以体现在工资级别上，而且也可以体现在个人待遇上。比如，表现特别突出的普通员工可以享受与部门经理一样的福利待遇，享受免费工作用餐、免费洗衣、更衣条件改善等。

案例 7-4

××大酒店薪酬管理制度

一、基本工资待遇

(一)总则

1. 本制度经酒店董事会审议通过，自×年×月×日开始执行。
2. 本制度实行的准则：坚持按劳分配、多劳多得，支持效率优先，兼顾公平的原则。
3. 本制度努力实现的方向：按效分配，唯才是用、唯功是赏的薪酬分配原则。

(二)工资结构

员工工资的具体结构如下。

1. 个人工资收入=职务岗位等级工资+店龄津贴+浮动效益工资。

2. 职务岗位等级工资含：基本工资+岗位津贴+生活津贴(包括员工中、夜班津贴，独生子女费等)+技术津贴(仅限特殊工种)。

3. 职务岗位等级工资：依据担任的职务、岗位职责、技能高低，经考核后确定。

4. 店龄津贴：依据员工服务年资(含试用期间)计算(以每年 1 月 1 日为限(即头年某日入店均以次年的 1 月 1 日起算)调整 1 次，在酒店服务满一年的员工，可享受店龄津贴。店龄津贴起点为每人每月 30 元，每月随工资发放，并逐年按此标准递增，店龄工资最高为 300 元，超出此数，酒店另外补贴)。

5. 浮动效益工资：即奖金。随酒店经营效益的高低，并结合管理质量的优劣而上下浮动，具体方案另拟。

6. 每年 6 月 30 日前，依据岗位工资等级标准和员工的业务技能以及本年度考核结果进行调整。

7. 上列计算结果若有小数点产生时，一律舍去不计。

(三)岗位工资等级

1. 酒店为公正评价每位员工的资历能力和贡献，将全店职能部门所有岗位自上而下划分为 10 级 30 档。管理人员以现任职务确定工资等级，职工以现有岗位确定相应的工资等级。

2. 全店等级工资情况见附表《××大酒店岗位工资等级表》。

(四)工资的计算与支付

1. 等级工资计算期间为当月 1 日至当月月底，工资发放时间为次月的 15 日(若遇节假日顺延)。

2. 每月工资以 30 天计算，每工作 5 天享有有薪假期 2 天。

职务岗位等级工资总额= 出勤工资 × (出勤天数+应享有有薪假天数)×30

(五)浮动的效益工资

与效益工资有关的考核指标如下。

1. 月份营业收入指标数。

2. 月份成本率。

3. 月份费用率。

4. 月份利润率或利润总数。

5. 月份其他指标(或个别特殊部门的单独指标)。

二、××大酒店工资与效益挂钩方案

工资与效益挂钩又称浮动效益工资。

第一部分：浮动效益工资部分。

(一)由酒店总经理一次性下达各营业部门的月度、季度、年度的经营指标数，并由酒店总经理和各营业部门的第一责任人签订“经营指标确认书”。

(二)月度以每月 1 日—30 日(31 日)，为月份考核的结算时间，并以此发放月度浮动效益工资和超产奖金；年度的每年的 1 月 1 日—12 月 31 日为年度的考核的结算时间，并以此为计算根据发放年度的双薪，作为年度的总奖金。

(三)浮动效益工资的计算方法。

1. 全店领班级以上(包括领班级)管理人员的基本工资和当月营业指标完成情况相挂钩，即当月浮动效益工资、普通员工的工资不参与浮动。

2. 全店领班级以上(包括领班级)管理人员的基本工资计算方式为：每人的职务岗位等级工资的 80%为基本工资，其余 20%为各种津贴。津贴部分(即 20%)，则不参与浮动。

比如：(1) 某领班，每月职务岗位等级工资为 750 元，则其中 80%=600 元为基本工资数，每月参与浮动，其余 20%为各类津贴，不参与浮动。

(2) 某部门经理，每月职务岗位等级工资为 1600 元，则其中 80%= 1440 元为基本工资数，每月参与浮动，其余 20%为各类津贴，不参与浮动。

其余类推。

第二部分：超产奖金部分。

(一)奖金的含义

奖金：含奖给与扣奖两个含义，即奖与罚。有奖有罚，奖罚平等。

(二)奖金的类别

××大酒店的奖金种类如下。

1. 经营效益奖。

2. 管理绩效奖。

3. 服务质量奖。

4. 特殊贡献奖。

5. 年终双薪奖。

6. 其他单项奖。

(1) 先进部门或班组(团体)。

(2) 某项集体奖(团体)。

(3) 先进工作者(个人)。

(4) 优秀员工(个人)。

(5) 微笑明星(个人)。

(6) 优秀通讯员(个人)。

(7) 岗位技能(技术能手)比武(团体或个人)。

(8) 协作精神(团队或个人)。

(9) 见义勇为(团体或个人)。

(10) 创新、创意项目奖(团体或个人)。

(11) 拾金不昧(个人)。

(12) 节支降耗(团体或个人)。

(13) 文体活动(团体或个人)。

(14) 酒店形象大使(个人)。

(15) 特殊贡献(团体或个人)。

(16) 其他。

三、经营效益奖

1. 本项奖金的设置，与××大酒店全体员工相挂钩(又可称为效益工资奖)。

2. 本项奖金的评定，按各部门月度经营效益的完成情况而计算与评奖。

3. 本项奖金的设定，与上述第一部分“浮动效益工资部分”同时存在，并分别进行计算。

第三部分：年终双薪奖。

(一)年终奖的范围

1. 2004 年度为特殊的试行年度，计算日期为：4 月 1 日—12 月 31 日。

2. 2005 年度以后，均以每年的 1 月 1 日—12 月 31 日结算。

3. 年终奖的计算基数：基本工资+职务岗位工资。

(二)营业部门年终奖：即第一板块所有部门的每一位员工。

1. 按本部门年度总营业额的完成比例计算年终奖。

2. 倘若某营业部门，只完成全年总营业额指标数的 80%以下(含 80%)，不发年终奖。

3. 倘若某营业部门，完成了全年总营业额指标数的 80%～100%(不含 80%，亦不含 100%)，原则上不发年终奖，但酒店可发给部分安慰奖，或称董事会的赠送奖。

4. 倘若某营业部门，完成了全年营业额指标数的 100%以上(含 100%)，则按百分比的比例，发给年终奖。

年终双薪奖的计算方式如下。

例如，某营业部门，当年完成了全年营业总数的 115%，那么，这个部门的每一位员工，均可获得全年 12 个月职务岗位等级工资以外的年终奖(亦称第 13 个月的工资)，计算方式为该员工(或管理者)的每月基本工资加上每月职务岗位工资，再乘以 115%。

假设：某员工(或管理者)每月基本工资+每月职务岗位工资为 1000 元，那么他即可获得 1000 元×115%=1150 元。

(资料来源：厦门商报)

案例分析

该酒店薪酬制度内容全面，可操作性强。体现了酒店行业的特殊性。在本案例的薪酬制度中，规定了基本工资待遇，对浮动效益工资部分进行了详细的规定并具体说明，将工资与酒店的绩效、个人能力、团队合作结合起来，这样可以充分发挥薪酬制度的经济杠杆和激励作用，为酒店的可持续发展保驾护航。

评估练习

1. 简述全面薪酬制度的主要内容。
2. 酒店选择宽幅交叉薪酬制度要注意什么？

【工学结合】

1. 实训项目：筹建某星级酒店，你来担任人力资源部薪酬主管，结合当地和本行业的人力资源供求状况，充分考虑本酒店的竞争地位，为了保证薪酬体系设计科学，对当地进行薪酬调查，并为设计合理的薪酬体系提供建议。

2. 实训项目：调查本专业对酒店薪酬的预期，并比较与酒店行业现在的工资状况有什么样的差距，如何调整。

本 章 小 结

在本章的学习中，读者了解了比较常见的几种薪酬形式。但这些传统的薪酬形式多表现为外显的经济性方式，在员工需求越来越多样化的背景下，弊端也就越多。为适应环境的变化，酒店人力资源部门应结合本行业特点，实践并逐步完善全面薪酬制度和宽幅薪酬制度。

第八章

酒店员工关系的维护与发展

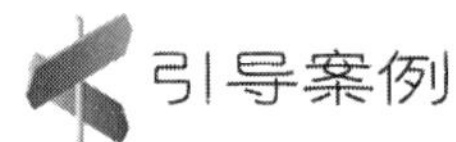
引导案例

潘玉凤该怎么办？

青岛酒店大学的应届毕业生潘玉凤这几天很高兴，因为她被本市最好的酒店——万乘大酒店录用了。酒店通知她 2008 年 7 月 1 日报到，和新进的员工参加为期 3 个月的脱产培训，培训结束后进行考核，考核合格的签订 3 年的劳动合同，不合格的不签。

3 个月后，经过努力，潘玉凤通过了酒店的培训考试。这天，人力资源部把考试合格人员召集到办公室，准备签订劳动合同。由于人多、时间紧，填写好个人信息和签完字后，潘玉凤没来得及仔细看合同内容就被请出了办公室。

工作了 5 个月以后，潘玉凤发现很多情况和酒店之前说的不一样，工资低、劳动强度大、休息时间没有保证，便萌生了离职念头，于是向酒店递交了辞职报告。酒店很快批准了她的申请，但要她缴纳 600 元的培训费。她不明白，不是说不收取违约金了吗？怎么还要交钱呢？这时人事主管拿出之前签的合同，潘玉凤这才仔细看了一下合同内容，主要内容是这样约定的：

合同期限 3 年，自 2008 年 10 月 1 日—2011 年 9 月 30 日，试用期 6 个月，在服务岗位工作，工作时间执行综合计算工时制，每月休息 4 天(倒休)。每月工资 1300 元，试用期工资 610 元。社会保险缴纳 3 险 1 金。按照国家有关劳动安全、卫生的规定配备安全防护措施。合同期间若离职，需向酒店缴纳 600 元培训费。

辩证性思考

1. 如何利用劳动合同法保护酒店的合法利益？
2. 在实践中，酒店如何避免违约陷阱？

第一节　酒店劳动关系建立与维护

教学目标

- 了解劳动规章制度的内容。
- 掌握酒店劳动合同管理的主要内容。
- 明确酒店劳动争议的处理方法和程序。

酒店劳动关系是指劳动者与酒店之间在劳动过程中发生的关系。酒店所有者、经营者、普通员工及其工会组织之间在酒店的生产经营活动中形成的各种责权利关系，主要包括：所有者与全体员工(包括经营管理人员)的关系；经营管理者与普通员工的关系；经营管理者与工人组织的关系；工会与员工的关系。

劳动关系包括三个要素：主体、内容、客体。劳动关系的主体是指劳动关系的参与者，即劳动者、劳动者组织(工会、员工代表委员会)和酒店。劳动关系管理的主要内容是酒店人

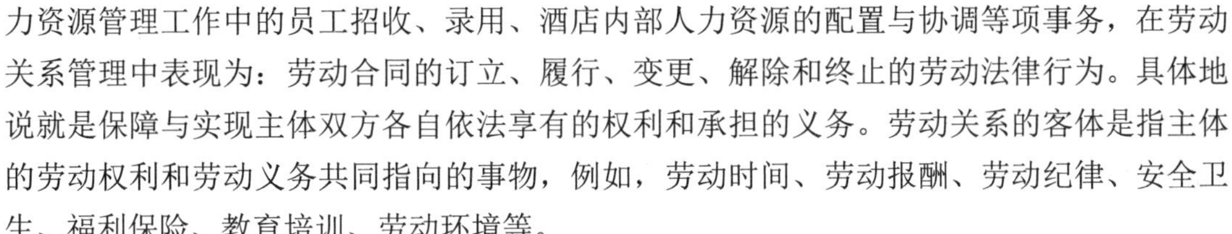

力资源管理工作中的员工招收、录用、酒店内部人力资源的配置与协调等项事务，在劳动关系管理中表现为：劳动合同的订立、履行、变更、解除和终止的劳动法律行为。具体地说就是保障与实现主体双方各自依法享有的权利和承担的义务。劳动关系的客体是指主体的劳动权利和劳动义务共同指向的事物，例如，劳动时间、劳动报酬、劳动纪律、安全卫生、福利保险、教育培训、劳动环境等。

一、酒店劳动规章制度概述

酒店的规章制度是酒店制定的组织劳动过程和进行劳动管理的规则和制度的总和，也称为内部劳动规则，是酒店内部的“法律”。规章制度的内容广泛，包括了酒店经营管理的各个方面。规章制度主要包括：劳动合同管理、工资管理、社会保险福利待遇、工时休假、员工奖惩，以及其他劳动管理规定。酒店制定规章制度，要严格执行国家法律、法规的规定，保障员工的劳动权利，督促劳动者履行劳动义务。制定规章制度应当体现权利与义务一致、奖励与惩罚结合，不得违反法律、法规的规定；否则，就会受到法律的制裁。

(一)制定、修改酒店劳动规章制度的步骤

(1) 确定协调人。协调人(召集人)的主要工作是协调过程中的每一个步骤，并如期完成；召集有关人员，拟定、审议以及修改初稿，直至最后完成。

选择协调人时应注意以下几点：应是酒店中担任重要职务的成员，如执行总经理或分管行政的副总经理；熟悉酒店的运作情况，并对国家、地方法律法规政策比较了解；酒店工作经验丰富，对酒店的企业文化非常熟悉；掌握现代酒店管理制度，对人力资源工作有正确认识。

(2) 确定主题及酒店政策纲目。酒店规章制度的目标是规范员工管理，提高劳动生产率，维护酒店生存和酒店发展。

(3) 审议。审议的目的是保证酒店劳动规章制度的合理性、合法性、代表性和可行性。我国新出台的《劳动合同法》明确规定：“用人单位在制定、修改或者决定直接涉及劳动者切身利益的规章制度或者重大事项时，应当经职工代表大会或者全体职工讨论，提出方案和意见，与工会或者职工代表平等协商确定。” 在这里，平等协商的内容主要是直接涉及劳动者切身利益的劳动报酬、工作时间、休息休假、劳动安全卫生、保险福利、职工培训、劳动纪律以及劳动定额管理等规章制度或者重大事项。规章制度如工作时间、休息休假、劳动安全卫生、劳动纪律以及劳动定额管理等，重大事项如劳动报酬、保险福利、职工培训等。审议成员一般由部门主管、员工或工会代表、酒店领导组成。主要审议规章制度的内容和制定程序是否合法，是否具有可操作性，内容是否全面，对不可预见的事件是否有应对措施，权限范围是否明确等。

(4) 征求员工意见。员工意见可以从不同的角度、不同的看法、不同的心态、不同的级别来搜集。

(5) 公示和告知。规章制度是劳动合同的一部分，要让员工遵守执行，就应当让员工知

道。因此，直接涉及劳动者切身利益的规章制度应当公示，或者告知员工。关于告知的方式有很多种，在实践中，有的用人单位是在企业的告示栏张贴告示；有的用人单位是把规章制度作为劳动合同的附件发给劳动者；有的用人单位是向每个员工发放员工手册。无论哪种方式，只要让劳动者知道就可以。但要注意一点，要力求每位员工对规章的理解与酒店的意思表达一致，最好在告知员工时请员工签字确认。

(6) 规章制度的修改。酒店的规章制度既要符合法律、法规的规定，也要合理，符合社会道德。实践中有些酒店的规章制度不违法，但不合理，不适当。如有的酒店规章制度规定一顿饭只能几分钟吃完；一天只能上几次厕所，一次只能几分钟等。这些虽然不违反法律、法规的规定，但不合理。也应当有纠正机制。因此，在规章制度实施过程中，工会或者员工认为酒店的规章制度不适当的，有权向酒店提出，通过协商做出修改完善。

(二)执行劳动规章制度的原则

(1) 警告性原则。

(2) 因果性原则。只要触犯了酒店的规章制度，就一定会受到惩罚。

(3) 即时性原则。惩罚必须在错误行为发生后立即进行，绝不拖泥带水，绝不能有时间差，以便达到及时改正错误行为的目的。

(4) 公平性原则。

二、酒店劳动合同管理

劳动合同是劳动者与用人单位确立劳动关系，明确双方权利义务的协议。劳动合同按照程序合法、内容合法的原则，一经签订，就具有法律效力，不得随意废改。酒店劳动合同的管理一般包括以下几个方面。

(一)劳动合同的订立

酒店自招用劳动者从事劳动合同约定的工作之日起，劳动关系即确立。双方就可以按照约定享受权利和履行义务，接受劳动法律、法规的约束。同时，对于与本单位建立劳动关系的劳动者，酒店还应当建立职工名册，以备劳动行政部门查看。职工名册一般包括劳动者的姓名、性别、民族、出生年月、文化程度、职务或技术职称等内容。建立职工名册，对于用工管理、用工统计等都有很大的帮助，同时也便于劳动行政部门行使劳动监察职责。

我国《劳动法》和《劳动合同法》均明确规定，劳动合同应当以书面形式订立。用书面形式订立劳动合同严肃慎重、准确可靠、有据可查，一旦发生争议，便于查清事实，分清是非，也有利于主管部门和劳动行政部门进行监督检查。另外，书面劳动合同能够加强合同当事人的责任感，促使合同所规定的各项义务能够全面履行。与书面形式相对应的口头形式由于没有可以保存的文字依据，随意性大，容易发生纠纷，且难以举证，不利于保护当事人的合法权益。

课内资料 8-1

劳动合同法的立法背景

我国现行的劳动合同制度，是 1994 年 7 月全国人大常委会通过的劳动法确立的。这一制度对于实现劳动力资源的市场配置，促进劳动关系和谐稳定，发挥了十分重要的作用。

劳动合同法的起草工作开始于 2004 年，当时正是其母法——《劳动法》颁布 10 周年之际。10 年间，随着工业化、城镇化和经济结构调整进程的加快，企业制度改革的不断深化，企业形式和劳动关系日趋多样化，劳动用工制度发生了深刻变化。与此同时，劳动争议大幅度增加。

而众多劳动争议案件中的核心便是合同问题。2005 年，全国人大常委会的一次全国劳动法执法检查发现，中小型企业和非公有制企业的劳动合同签订率不到 20%，个体经济组织的签订率更低。调查还显示，60%以上的用人单位与劳动者签订的劳动合同是短期合同，大多是一年一签，有的甚至一年几签。

调查发现，带有一定普遍性的问题主要有以下三个：一是劳动合同签订率低，许多用人单位不愿与劳动者签订书面劳动合同。主要原因是用人单位为了降低用工成本，逃避法律责任，在没有劳动合同的情况下，一旦出现劳动争议，劳动者的合法权益很难得到有效保护。

二是劳动合同短期化现象突出。主要原因是用人单位为了最大限度地自由选择劳动者，并减少支付的经济补偿。劳动合同短期化，不仅损害劳动者的合法权益，企业自身发展也最终会受到影响。

三是用人单位利用自己在劳动关系中的强势地位侵犯劳动者合法权益。有些用人单位滥用试用期，以劳动者在试用期内达不到录用条件为“理由”，试用期满不予录用。由于劳动者在试用期内的工资待遇较低，又没有其他劳动保障，有些用人单位便通过设定较长时间的试用期规避对劳动者的法律义务。有些用人单位违反法律、法规规定，拖欠、克扣工人工资，不按国家规定缴纳社会保险费。有些用人单位不执行劳动定额标准，随意延长劳动时间，不支付加班费等。有的用人单位甚至对劳动者实行强迫劳动，致使劳动者的合法权益受到严重侵害。

劳动者合法权益受到侵害的现象频繁发生，影响了劳动关系的和谐稳定。因此，制定一部专门规范市场经济条件下劳动合同制度的法律，提上了立法机关的日程。2005 年 12 月 24 日，劳动合同法草案被提请十届全国人大常委会第十九次会议初次审议，后来又全文公布向社会广泛征求意见。2007 年 6 月 29 日，十届全国人大常委会第二十八次会议审议通过了《中华人民共和国劳动合同法》。

(二)劳动合同的内容

用人单位在与员工商讨劳动合同内容时，应该首先围绕《劳动合同法》中规定的，劳动合同必须具备的条款(简称必备条款)进行协商。然后，由双方当事人再协商约定其他条款。

根据《劳动合同法》的规定，劳动合同的必备内容或条款有以下几个方面。

(1) 用人单位的名称、住所和法定代表人或者主要负责人。

(2) 劳动者的姓名、住址和居民身份证或者其他有效证件号码。

(3) 劳动合同期限。劳动合同期限是双方当事人相互享有权利、履行义务的时间界限，即劳动合同的有效期限。主要分为有固定期限、无固定期限和以完成一定工作任务为期限三种。

劳动合同期限，也可以说，是指劳动合同起始至终止之间的时间，或者说是劳动合同具有法律约束力的时段。劳动合同具有法律约束力的生效时间，一般为劳动合同双方的签字时间，其终止时间为合同期届满或法律规定的终止条件出现时间。

劳动合同期限具有如下特征：首先，劳动合同期限属确定性规范，其确定性指劳动合同中必须有此项内容，且以书面条款形式做出明确具体的表示；其次，劳动合同期限必须是经过当事人双方协商一致的意思表示；最后，劳动合同期限和当事人的权利义务密切相关，在劳动合同期限内，用人单位和劳动者必须按法律及劳动合同的约定履行义务、行使权利。

(4) 工作内容和工作地点。工作内容主要包括劳动者的工种和岗位、该岗位应完成的生产(工作)任务，一般要求规定得明确、具体，便于遵照执行。

(5) 工作时间和休息休假。工作时间一般包括工作时间的长短、工作时间方式的确定，如是 8 小时工作制还是 6 小时工作制，是日班还是夜班，是正常工时还是实行不定时工作制，或者是综合计算工时制。

休息休假的权利是每个国家的公民都应享受的权利。《劳动法》规定：“用人单位应当保证劳动者每周至少休息一日。”从 2008 年 1 月 1 日起，我国开始实行新的节假日休假办法。

元旦，放假 1 天(1 月 1 日)；

春节，放假 3 天(农历除夕、正月初一、初二)；

清明节，放假 1 天(农历清明当日)；

劳动节，放假 1 天(5 月 1 日)；

端午节，放假 1 天(农历端午当日)；

中秋节，放假 1 天(农历中秋当日)；

国庆节，放假 3 天(10 月 1 日、2 日、3 日)。

课内资料 8-2

怎样计算加班费

要准确计算加班费，首先必须正确确定加班费的计算基数，实践操作中具体要把握以下几点。

1. 如果劳动合同有明确约定工资数额的，应当以劳动合同约定的工资作为加班费计算基准。应当注意的是，如果劳动合同的工资项目分为“基本工资”、“岗位工资”、“职务工资”等，应当以各项工资的总和作为基数计发加班费，不能以“基本工资”、“岗位工资”或“职务工资”单独一项作为计算基数。

2. 如果劳动合同没有明确约定工资数额，或者合同约定不明确时，应当以实际工资作为计算基数。凡是用人单位直接支付给职工的工资、奖金、津贴、补贴等都属于实际工资，具体包括国家统计局《关于工资总额组成的规定若干具体范围的解释》中规定“工资总额”的几个组成部分。但是应当注意一点，在以实际工资作为加班费计算基数时，加班费、伙食补助和劳动保护补贴等应当扣除，不能列入计算范围。

3. 在确定职工日平均工资和小时平均工资时，应当按照劳动社会保障部 2008 年颁发的《关于职工全年月平均工作时间和工资折算问题的通知》(劳社部发[2008]3 号)规定，以每月工作时间为 21.75 天进行折算。

4. 实行计件工资的，应当以法定时间内的计件单价为加班费的计算基数。

5. 加班费的计算基数低于当地当年的最低工资标准的，应当以日、时最低工资标准为基数。

确定了加班费的计算基数后，还必须区分不同情况，才能准确计算出加班费，实践操作中具体要把握以下几点。

1. 标准工时制度的加班费计算。按照劳动部《关于印发〈工资支付暂行规定〉的通知》，应按以下标准支付工资。

(1) 在法定标准工作时间以外延长工作时间的，按照不低于劳动合同规定的劳动者本人小时工资标准的 150%支付劳动者工资。

(2) 在休息日工作，而又不能安排补休的，按照不低于劳动合同规定的劳动者本人日或小时工资标准的 200%支付劳动者工资。

(3) 法定休假日工作的，按照不低于劳动合同的劳动者本人日或小时工资标准的 300%支付劳动者工资。

2. 综合计算工时制度的加班费计算。按相关规定，企业在综合计算周期内的总实际工作时间不应超过总法定标准工作时间，超过部分应视为延长工作时间并按《劳动法》第 44 条第 1 款的规定支付工资报酬，其中法定休假日安排劳动者工作的，按《劳动法》第 44 条第 3 款的规定支付工资报酬。而且，延长工作时间的小时数平均每月不得超过 36 小时。

3. 不定时工时制度的加班费的计算。一般情况下，经批准实行不定时工作制的企业不需要支付加班费。但是应当注意，用人单位在法定休假日安排职工工作的，仍然应当按照不低于本人工资标准的 300%支付加班费。

4. 实行计件工资制度的加班费计算。实行计件工资的劳动者，在完成计件定额任务后，由用人单位安排延长工作时间的，应根据上述规定的原则，分别按照不低于其本人法定工作时间计件单价的 150%、200%、300%支付其工资。

(6) 劳动报酬。一般包括以下几个方面：工资标准；奖金；津贴、补贴标准；加班、加点工资；病假工资；特殊情况下的工资；工资支付办法。

(7) 社会保险。我国的社会保险目前包括医疗保险、养老保险、失业保险、工伤保险和生育保险。

(8) 劳动保护、劳动条件和职业危害防护。

除上述几项必备条款以外，劳动合同还可以有约定或称可备条款，它是指法律不作强行性规定，由当事人自己在合同中任意约定的条款。用人单位与劳动者可以约定试用期、培训、保守秘密、补充保险和福利待遇等其他事项。也就是说，劳动合同的双方当事人还可以在国家立法规定的范围内通过协商订立约定条款，如约定用人单位出资培训、劳动者保守用人单位商业秘密等条款或事项等。

(三)劳动合同的期限

劳动合同有三种期限：固定期限劳动合同、无固定期限劳动合同和以完成一定工作任务为期限的劳动合同。固定期限劳动合同，是指用人单位与劳动者约定合同终止时间的劳动合同。无固定期限劳动合同，是指用人单位与劳动者约定无确定终止时间的劳动合同。以完成一定工作任务为期限的劳动合同，是指用人单位与劳动者约定以某项工作的完成为合同期限的劳动合同。

目前，在我国酒店行业中，企业和员工签署的多是固定期限合同，签署无固定期限合同和以完成一定工作任务为期限的劳动合同的非常少。《劳动合同法》在无固定期限合同的签署方面做了较大调整，下面三种情形，当劳动者提出，或者同意续订、订立劳动合同的，除劳动者提出订立固定期限劳动合同外，就应当订立无固定期限合同。

(1) 劳动者在该用人单位连续工作满十年的。

(2) 用人单位初次实行劳动合同制度或者国有企业改制重新订立劳动合同时，劳动者在该用人单位连续工作满十年且距法定退休年龄不足十年的。

(3) 连续订立二次固定期限劳动合同，且劳动者没有可以被用人单位依法解除劳动合同的情形，续订劳动合同的，就必须签订无固定期限合同。

另外，如果酒店自用工之日起满一年不与劳动者订立书面劳动合同的，视为单位与劳动者已订立无固定期限劳动合同。

课外资料 8-1

无固定期限引起的争论

在 2008 年的两会期间，某人大代表向大会提交了 3 份提案，其中第一条是取消《劳动合同法》中无固定期限劳动合同这项条款。消息传出后立刻在社会上引起了很大的争议，很多人对其提出了批评。其实，在《劳动合同法》制定之初，这一条款就引起了很多专家和学者的争议，有人认为这一条款又让劳动者捧上了“铁饭碗”，不利于企业的发展。在实践中，从 2007 年下半年开始，包括华为、沃尔玛全球采购中心等知名企业在内的大批名企业纷纷开始裁员，重新和员工签署劳动合同，传言也是为了规避即将实施的《劳动合同法》。但也有人认为这一条款不应该成为企业的负担，从长远来看更有利于企业的发展。

请问，我们该怎样正确看待无固定期限劳动合同这一条款？

(四)劳动合同试用期

适用期俗称适应期、考察期，是劳动关系双方当事人可以在劳动合同中，依法平等自愿、协商一致约定一定期限相互了解、选择的考察期间。它适用于初次就业或者再次就业时改变劳动岗位或工种的劳动者。

试用期有三层含义。第一，自愿性。劳动合同中的试用期不是劳动合同的必备条款，它的出现乃是当事人双方合意的结果。也就是说，当事人在劳动合同中可以约定试用期，也可以不约定试用期。第二，非独立性。试用期应当包含在劳动合同期限之中，是劳动合同期限中的一个特殊阶段，而非独立于劳动合同期限以外的阶段。第三，限制性。劳动合同试用期有法定的时限，即劳动合同期限三个月以上不满一年的，试用期不得超过一个月；劳动合同期限一年以上不满三年的，试用期不得超过两个月；三年以上固定期限和无固定期限的劳动合同，试用期不得超过六个月。另外，需要注意的是，试用期应包含在劳动合同期限内，并且同一用人单位与同一劳动者只能约定一次试用期，到期后便不能再次试用或延长试用期。

(五)劳动合同的变更、解除和终止

劳动合同的变更，是指劳动合同依法订立后，在履行过程中，由于企业生产经营状况的变化，或者劳动者劳动、生活情况的变化等原因，经双方协商一致对原劳动合同条款进行修改或补充。变更劳动合同，只限于对劳动合同中某些内容的变更，不能对劳动合同的当事人进行变更。合同当事人的变更则要通过签订新的劳动合同、建立新的劳动关系的形式。变更劳动合同与其订立一样，应遵循平等自愿、协商一致的原则，不得单方变更约定内容。

劳动合同的解除，是指劳动合同在订立以后，尚未履行完毕以前，由于某种因素导致双方当事人提前终止合同效力的法律行为。它分为法定解除和约定解除两种。用人单位与劳动者协商一致，就可以提前解除劳动合同。但是，哪一方首先提出解除的请求后果却不一样，劳动者首先提出解除请求的，用人单位可以不支付经济补偿金；用人单位首先提出解除劳动合同的，要向劳动者支付经济补偿金。

劳动者根据自身情况或者个人发展需要，需要解除劳动合同的，只要提前30日以书面形式通知用人单位，即可解除劳动合同。当然，如果劳动者因个人原因解除劳动合同违反了劳动合同中的相关约定，构成违约，则还应承担相应的违约责任(如关于服务期的约定)。试用期内提前三日通知用人单位就可以解除劳动合同。

用人单位提出解除劳动合同应注意，劳动者严重违反劳动纪律和用人单位规章制度的，用人单位可以单方解除劳动合同，并不支付经济补偿金。那么什么行为才构成严重违反劳动纪律和用人单位的规章制度呢？首先，劳动纪律要在劳动合同中明文规定，规章制度必须是合法生效的。其次，劳动者的行为客观存在，并且是属于严重违反劳动纪律，影响用人单位正常生产经营和管理秩序的。例如，违反操作规程，损坏生产、经营设备造成经济损失的，不服从用人单位正常工作调动，不服从用人单位的劳动人事管理，无理取闹，打

架斗殴，散布谣言损害企业声誉等。第三，用人单位对劳动者的处理是按照本单位劳动纪律或规章制度规定的程序办理的，并符合相关法律法规规定。

劳动合同的终止是指劳动合同期限届满或者有其他符合法律规定的情形出现导致劳动合同关系消灭，是劳动合同自然结束、失去约束力的一种方式，是结束劳动关系的主要形式之一，它和劳动合同的解除有根本的区别。

办理解除或者终止劳动合同的相关手续时，用人单位和劳动者应履行各自应尽的义务和责任：对于劳动者来说，应当按照双方约定，办理工作交接；对于用人单位来说，需要向劳动者支付经济补偿金和赔偿金的，应在办结工作交接时一次性支付，除此之外，用人单位还应当按规定为劳动者转移档案和社会保险关系。

(六)解除劳动合同的经济补偿

由于酒店原因解除劳动者劳动合同的，其补偿金的核算标准为：按劳动者在酒店的工作年限，每满一年发给相当于一个月的经济补偿金，六个月以上不满一年的，按一年计算；不满六个月的，向劳动者支付半个月工资的经济补偿。劳动者月工资高于用人单位所在直辖市、设区的市级人民政府公布的本地区上年度职工月平均工资三倍的，向其支付经济补偿的标准按职工月平均工资三倍的数额支付，向其支付经济补偿的年限最高不超过 12 年。另外，这里所称月工资是指劳动者在劳动合同解除或者终止前 12 个月的平均工资。

例如，小王和某酒店签订了 3 年合同，合同约定第一年工资 1000 元，以后每年增长 500 元，但还差 7 个月合同到期时，因酒店原因，酒店提出和小王解除劳动合同，小王同意了。那么小王应得到济补偿金是 $2.5\times(1500\times7+2000\times5)\div12=4270.83$ 元。

三、酒店劳动争议处理

(一)劳动争议之源

酒店劳动争议的产生有多种多样的原因：酒店内部规章制度不合理、不健全或不依合理程序制定；酒店管理层法制观念淡薄，人力资源管理人员缺少在劳动争议管理方面的专业训练；酒店经营困难导致劳动争议的产生。

(二)劳动争议处理原则

解决劳动争议，应当根据事实，遵循合法、公正、及时、着重调解的原则，依法保护当事人的合法权益。

(三)酒店劳动争议处理的方式

首先双方协商，如果不愿意或协商不成，申请酒店调解委员会进行调解；调解不成或不愿意调解，申请劳动仲裁机构仲裁；若一方或双方不服，到法院申诉。

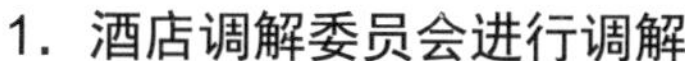

1．酒店调解委员会进行调解

企业劳动争议调解委员会由职工代表和企业代表组成。职工代表由工会成员担任或者由全体职工推举产生，企业代表由企业负责人指定。企业劳动争议调解委员会主任由工会成员或者双方推举的人员担任。调解委员会的调解主要是通过教育、劝导协商的方法，促使当事人在互谅互让的基础上达成协议，从而化解争议的处理方法。自劳动争议调解组织收到调解申请之日起 15 日内未达成调解协议的，当事人可以依法申请仲裁。因支付拖欠劳动报酬、工伤医疗费、经济补偿或者赔偿金事项达成调解协议，用人单位在协议约定期限内不履行的，劳动者可以持调解协议书依法向人民法院申请支付令。

2．劳动仲裁

劳动仲裁是劳动争议仲裁机构根据劳动争议当事人一方或双方的申请，依法就劳动争议的事实和当事人应承担的责任做出判断和裁决的活动。劳动争议仲裁委员会由劳动行政部门代表、工会代表和企业方面代表组成。劳动争议仲裁委员会组成人员应当是单数。

劳动仲裁的程序如下。

(1) 申请和受理。劳动争议发生后，当事人申请仲裁，应依法向仲裁委员会提交仲裁申诉书。申请仲裁的时效期间为一年。劳动争议仲裁委员会收到仲裁申请之日起五日内，认为符合受理条件的，应当受理，并通知申请人；认为不符合受理条件的，应当书面通知申请人不予受理，并说明理由。对劳动争议仲裁委员会不予受理或者逾期未做出决定的，申请人可以就该劳动争议事项向人民法院提起诉讼。

(2) 开庭和裁决。按照下列步骤进行：送达开庭通知，开庭审理，申诉人和被诉人答辩，当庭再行调解，休庭合议并做出裁决，复庭并宣布仲裁结果。

(3) 仲裁文书的送达。仲裁文书的送达方式有直接送达、留置送达、委托送达、邮寄送达和公告送达等几种方式。

仲裁庭裁决劳动争议案件，应当自劳动争议仲裁委员会受理仲裁申请之日起 45 日内结束。案情复杂需要延期的，经批准可以延期并书面通知当事人，但是延长期限不得超过 15 日。逾期未做出仲裁裁决的，当事人可以就该劳动争议事项向人民法院提起诉讼。

需要注意的是，下列劳动争议，仲裁裁决为终局裁决，裁决书自做出之日起发生法律效力：一是索要劳动报酬、工伤医疗费、经济补偿或者赔偿金，不超过当地月最低工资标准 12 个月金额的争议；二是因执行国家的劳动标准在工作时间、休息休假、社会保险等方面发生的争议。

对酒店来讲，要尽量避免发生劳动纠纷和争议，要严格按照《劳动合同法》及其相关法规管理员工，制定合理合法的规章制度，树立以人为本的管理理念，建立良好的员工关系，提高员工满意度，从而促进酒店的良性发展。

评估练习

1. 酒店劳动合同管理的主要内容是什么？

2. 在酒店劳动争议出现后，如何保证酒店的合法利益？

第二节　主要的激励手段和激励方法

教学目标

- 了解激励理论的主要内容和应用。
- 理解员工激励的基本原则。
- 掌握酒店常用的激励手段和方法。
- 知道如何避免激励误区。

一、激励理论及其在酒店中的应用

激励就是激发、鼓励、维持动机，调动人的积极性、主动性和创造性，使人有一股内在的动力朝着所期望的目标奋勇前进的心理过程。调动人积极性的各种措施，按其实质来说，就是要采取各种形式的激励手段去激发行为的动机，使外部的刺激转化为人的自觉主动行为的过程。通俗地说，就是变“要我工作”为“我要工作”。在学习激励之前，我们先需要了解一些激励的相关理论。

(一)需要层次理论

在《管理学》中，我们曾学习过马斯洛的需要层次理论，他认为人的动机可划分为五个层次。

(1) 生理(Physiological)需求。包括衣、食、住、行等方面需要。

(2) 安全(Safety)需要。保障身心免受伤害。

(3) 爱(Love)的需要。包括感情、归属、被接纳、友谊等需要。

(4) 尊重(Esteem)需要。包括内在的尊重如自尊心、自主权、成就感等需要与外在的尊重如地位、认同、受重视等需要。

(5) 自我实现(Self-actualization)需要。包括个人成长、发挥个人潜能、实现个人理想的需要。

这五种需要层次越来越高级，当下一级需要在相当程度上得到满足时，上一级需要便成为人追求的目标。按照这个理论，如果要想激励一个人的动机，就要知道他现在正在追求哪一个层次的需要，设法为这一需要或其上一级需要的满足提供条件。如果一个员工正发愁住房问题，提供住宅可能就是最好的激励手段；如果一个员工在原工作单位人际关系不好，得不到上司重用，在这里协调人际关系，给予重视、重用，就会有很好的激励作用。

以上五种层次的需要还可大致分为两大类：前三个层次为基本需要，后两个层次为高级需要。因为前三者的满足主要靠外部条件或因素；而后两者的满足主要靠内在因素。

酒店产品的销售需要员工与顾客面对面地完成，客人的满意是酒店的生命线，它依赖于员工的勤奋与热情。因此必须充分了解和针对员工的需要，并采取相应的措施使员工的需要得到满足，以达到激励的目的。

但需要注意的是，实证研究证明，在现实生活中，并不支持五种层次的阶梯关系，不能认为某种层次需要得到满足后就不再有激励作用，也不能认为只有当低级需要都得到满足后高一级需要才能具有激励作用。

案例 8-1

2008 年新年后的一天，外贸局王局长坐在办公室里，审阅着财务科刚送来的财务收支情况报表。面对 A 办事处 4 年来业务收入的大起大落，王局长心情沉重，陷入了沉思。

A 办事处是外贸局下属的一个办事处，共有 5 名工作人员，其中 1 名中年人担任办事处主任，另外 4 名均为年轻人。2005 年初王局长到外贸局走马上任，他点燃的头一把火就是搞业务创收，给各下属部门分别制定创收目标，实施目标管理。A 办事处虽然人不多，但业务收入却在全局中占有举足轻重的地位，而且潜力巨大。2004 年 A 办事处的业务收入达 83 万元，占全局收入的 36%。为鼓励 A 办事处为创收多作贡献，王局长拟订了一个相当诱人的奖励计划：若 A 办事处能完成 100 万元的任务指标，年终可以计提 3%的奖金；若创收达 120 万元，则给办事处配备一部汽车；若收入达 150 万元，则给全处年轻人解决住房问题。奖励方案一推出，立即在 A 办事处引起震动，所有人员积极性空前高涨，铆足干劲加班加点拼命干，结果 2006 年 A 办事处创收达 156 万元，超额完成了计划指标。事后，王局长开始兑现奖励措施，除发放奖金配备汽车解决住房外，还把 A 办事处树为先进集体，对办事处李主任给予全局通报表扬，越级晋升一级工资，并将一名年轻人提拔为副科长。同时，王局长还承诺如果 A 办事处 2007 年业务收入能维持 150 万元的收入，将继续提取 3%的年终奖。王局长本来希望通过奖励的实施来进一步调动 A 办事处员工的积极性，争取 2007 年业务收入再创新高，最低目标也要保持 2006 年的水平。但奇怪的是，奖励实施后，A 办事处人员积极性却骤然下降，有人开始自满，有人觉得不公平，开始闹情绪，不合作。结果 2007 年 A 办事处在外界环境没有明显变化的情况下，业务收入直线下滑到 105 万元，没有完成任务指标。王局长对此非常恼火，对 A 办事处下达指令，若 2008 年业务收入不能恢复到 120 万元，就撤换办事处主任和其他工作人员。但令人遗憾的是，2008 年 A 办事处的收入再次令王局长失望，全年收入仅 85 万元。这种结局让王局长百思不得其解。

思考与练习

为什么会出现这样的情况呢？你能弄明白吗？

(二)双因素理论

该理论是美国心理学家弗雷德里克·赫茨伯格(Frederick Herzberg)提出的。他认为个人与工作的关系是一个最基本的方面，而个人对工作的态度在很大程度上决定着任务的成功与失败。为此，他调查了这样一个问题：“人们希望从工作中得到什么？”他要求人们在具体情境下详细描述他们认为工作中特别好或特别差的方面，赫茨伯格对调查结果进行了分类归纳，如图 8-1 所示。

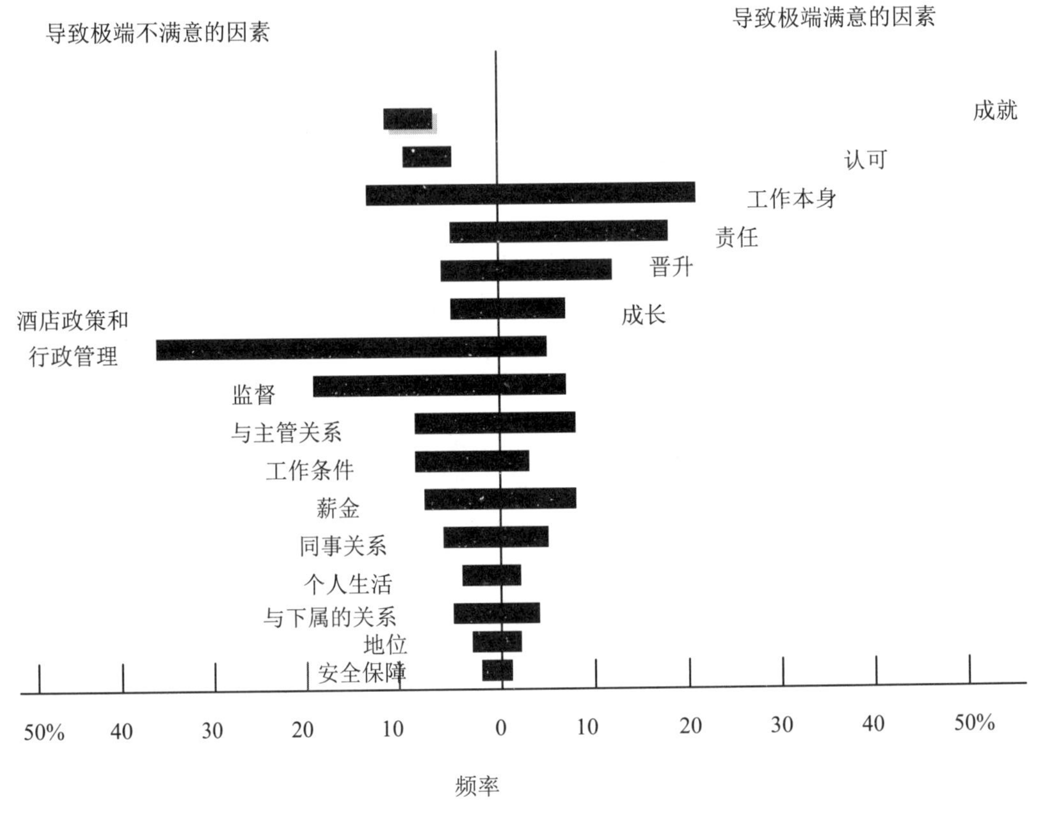

图 8-1　双因素理论

在分析调查结果时，赫茨伯格发现，对工作感到满意的员工和对工作感到不满意的员工的回答十分不同。当对工作感到满意时，员工倾向于将这些特点归因于他们本身；而当他们感到不满意时，则常常抱怨外部因素，如公司的政策、管理和监督、人际关系、工作条件等。

基于调查结果，赫茨伯格进一步指出满意的对立面并不是不满意，消除了工作中的不满意因素并不必定能使工作结果令人满意。满意的对立面是没有满意，而不是不满意；同样，不满意的对立面是没有不满意，而不是满意。

按照双因素理论学说，成长、责任、晋升等都是激励因素，重视这些因素可以更好地激励员工，而薪金、工作条件、安全、人际关系和管理等因素属于保健因素，重视这些因素可以起到维持、保健的作用。单纯依靠增加薪金、改善工作条件等外在诱因起到的激励作用是有限的；为使员工的积极性得到充分发挥，必须重视激励因素的作用，为员工提供做出贡献与取得报酬的机会，丰富其工作内容，增加其工作趣味，并赋予其必要的责任，使员工从工作中获得企业及他人的认可。例如，一些酒店为员工过生日，这些可以认为是重视了保健因素，虽然能起到的激励因素是有限的，但也是必要的；有些酒店选拔优秀员工到国外学习，选拔中层管理人员担任连锁酒店的总经理，则是重视了激励因素。

(三)期望理论

另一个被人们广为接受的理论，是著名心理学家维克多·弗罗姆(Victor Vroom)提出的期望理论(Expectancy theory)。

期望理论认为，人们之所以采取某种行为(如努力工作)，是因为他觉得这种行为可以有把握达到某种结果，并且这种结果对他有足够的价值。换句话说，动机激励水平取决于人们认为在多大程度上可以期望达到预计的结果，以及人们判断自己的努力对于个人需要的满足是否有意义。用公式来表示就是

动机激励水平=效价(效果的可能性)×期望(效果的价值)

这个理论告诉我们，当员工认为努力会带来良好的绩效评价，并且这种评价会带来组织奖励，能够满足员工的个人目标时，就会受到激励进而付出更大的努力。也就是说，员工的工作态度依赖于对三种关系的判断。

(1) 努力和绩效的关系——如果我付出了最大努力，是否在绩效评估中体现出来？

人们总希望通过一定的努力达到预期的目标，如果个人主观认为达到目标的概率(期望值)很高，就会有信心，并激发出很强的工作力量；反之，如果他认为目标太高，再努力也不会有很好的绩效(期望值低)时，就失去了内在的动力，从而工作消极。例如一个酒店实行计件工资，员工认为一天清洁18间客房的概率是20%，而一天清洁12间客房的概率是95%；尽管18间客房的目标也并非不能达到，并且可能带来较高的工资，但可能对员工的吸引力不大。但随着员工操作熟练程度和工作效率的提高，越来越多的员工清洁量超过12间客房时，酒店就可以逐步提高目标。

激励效果与员工对于努力和绩效之间的关系的判断有关。要强化这种联系，就要做到：

第一，按照人事相宜的原则给员工安排工作目标。

第二，建立合理公正的绩效考评体系。

(2) 绩效和奖励的关系——如果我获得了好的绩效评估，是否会得到组织奖励？

人总是希望取得成绩后能够得到奖励，当然这种奖励也是综合的，既包括物质上的，也包括精神上的。如果他认为取得绩效后能得到合理的奖励，那么他就可能产生工作热情；否则就可能没有积极性。一个人有了好的绩效，是否就会得到组织的奖励呢？如果企业的绩效评估公正合理，绩效—奖励关系明确，员工的积极性就会被调动起来；否则，就难以达到激励的目的。

(3) 奖励和个人目标的关系——如果我得到奖励，我是否认为它们对我具有吸引力？你给我的东西，是不是我想要的？

人总是希望自己所获得的奖励能满足自己某方面的需要，然而由于人们在年龄、性别、资历、社会地位和经济条件等方面都存在着差异，他们对各种需要的满足程度不同。因此，对于不同的人，采用同一种奖励办法能满足需要的程度不同，能激发出的工作动力也就不同。因此，酒店管理人员应及时了解情况，根据不同的对象设置个人需要的奖励，使奖励充满吸引力。

案例 8-2

士为知己者死

在一次招聘会上，海斯曼酒店的销售部经理潘玉龙大胆录用了小丽，不仅仅因为她有多年的工作经验，更重要的是，她在原来的酒店上班时，曾经很“不留情面”地向她的上级提出过建议。事实证明，她的建议是正确的，可她却无法再待下去。

小丽刚来这里上班时，恰逢酷暑。她顶着烈日，穿梭在各个客户、公司之间。第一、二季度，她的业绩很好。可后来，她上班常常迟到，连基本销售任务都没有完成。在一次员工会议上，潘玉龙点名批评了小丽。她将头埋得很低，但经理仍然发现她流泪了。

潘玉龙的心里也很不是滋味，散会后，他叫住了小丽。原来，小丽的妈妈在三个月前摔了一跤，从此瘫倒在床，她不得不伺候妈妈的吃喝拉撒。

潘玉龙很惭愧，员工有困难，他居然一无所知。他决定为小丽做点什么。于是，潘玉龙拨通了总经理的电话。然后他找到小丽，向她真诚地说了一声“对不起”，小丽的眼泪一下子就涌了出来。潘玉龙代表酒店领导转告小丽，在她妈妈患病期间，她早上可以不到酒店报到，自己灵活掌握工作时间。小丽很是感动，她的眼睛告诉经理她不会让大家失望。

果然，小丽的销售业绩又上来了。最让潘玉龙感动的是，她还为新员工小汤解了围。在销售月饼时，小汤在与一外地客户谈业务签单时，被对方钻了空子。5 万元的月饼已经按签单发出去一半了，可对方的货款迟迟没有到位。酒店决定派一位有经验的销售员工一同前往。没想到小丽竟主动提出愿意前去讨债，可她的家里不能没有她呀。

酒店领导立即召开会议，决定为小丽家请一位保姆，解除她的后顾之忧。小丽与对方足足周旋了半个月，终于如数追回了欠款。

“士为知己者死。”如果作为经理的你，对你的下属有一定的“知”的程度，相信你的下属会心甘情愿地完成你交给他的任务，甚至超额完成任务。

(四)目标管理激励理论

有关通过设置目标对员工进行激励的理论有很多，其中最具代表性的是美国管理学家德鲁克在《管理实践》一书中提出的“目标管理法”或“目标管理”理论。德鲁克认为：企业的目的和任务必须转化为目标，目标的实现者同时也是目标的制定者。首先，他们必须一起确定企业的航标，即总目标，然后对总目标进行分解，使目标流程分明。其次，在总目标的指导下，各级职能部门制定自己的目标。再次，为了实现各层目标必须将权力下放，培养一线职员的主人翁意识，唤起他们的创造性、积极性、主动性。除此之外，绝对的自由必须有一个绳索——强调成果第一，否则总目标只是一种形式，而没有实质内容。企业管理人员必须通过目标对下级进行领导并以此来保证企业总目标，如果没有方向一致的分目标来指导每个人的工作，则企业的规模越大，人员越多时，发生冲突和浪费的可能性就越大。只有每个管理人员和工人都完成了自己的分目标，整个企业的总目标才有完成的希望。企业管理人员对下级进行考核和奖励也是依据这些分目标。他还主张：在目标实

施阶段，应充分信任下级人员，实行权力下放和民主协商，使下级人员进行自我控制，独立自主地完成各自的任务。成果评价和奖励也必须严格按照每个管理人员和工人的目标任务完成情况和实际成果大小来进行，以激励其工作热情，发挥其主动性和创造性。“不管白猫、黑猫，抓住老鼠就是好猫”就是目标管理思想精髓的体现。

(五)公平理论

公平理论由斯达西·亚当斯(J.Stacey Adams)提出。这一理论认为，员工首先思考自己收入与付出的比率，然后将自己的收入——付出的比与相关他人的收入——付出比进行比较。如果员工感到自己的比率与他人的相同，则为公平状态；如果感到二者的比率不相同，则产生不公平感。这可以概括为如下的公式。

$$\frac{\text{自己的所得/自己的投入}}{\text{他人的所得/他人的投入}}\begin{cases}>1 & \text{比较满意}\\=1 & \text{公平合理，心态平衡}\\<1 & \text{不满意或比较不满意}\end{cases}$$

通常说来，在人感到不公平时会有如下几种表现。

- 改变自己的努力水平(不要太卖力)。
- 改变自己得到的报偿(如果是按件计酬，可增加产量却降低质量)。
- 歪曲自己的认知(我想我现在是很勤快的)。
- 歪曲对他人的认知(可能他比我原先想象的要好一些)。
- 改变参考对象(虽然比不上张三，可比李四还是强些)。
- 改变眼前的工作(辞职)。

课外资料 8-2

小母鸡烤面包的故事

小母鸡在谷场上扒着，直到扒出几粒麦子，它叫来邻居，说：“假如我们种下这些麦子，我们就有面包吃了。谁来帮我种下它们？”

牛说：“我不种。”

鸭说：“我不种。”

猪说：“我不种。”

鹅说：“我也不种。”

“那我种吧。”这只小母鸡自己种下了麦子。

眼看麦子长成了，小母鸡又问：“谁来帮我收麦子？”

鸭说：“我不收。”

猪说：“这不是我们应该做的事。”

牛说：“那会有损我的资历。”

鹅说：“不做虽然饿一点，但也不至于饿死。”

“那我自己做。”小母鸡自己动手收麦子。

终于到了烤面包的时候，“谁帮我烤面包？”小母鸡问。

牛说：“那得给我加班工资。”

鸭说：“那我还能享受最低生活补偿吗？”

鹅说：“如果让我一个人帮忙，那太不公平。”

猪说：“我太忙，没时间。”

“我仍要做。”小母鸡说。

它做好五根面包并拿给它的邻居看，邻居们都要求分享劳动成果，它们说小母鸡之所以种出麦子，是因为从地里找出了种子，这应该归大家所有，再说，土地也是大家的。但小母鸡说：“不，我不能给你们，这是我自己种的。”

牛叫道：“损公肥私！”

鸭说：“简直像资本家一样。”

鹅说：“我要求平等。”

猪只管嘀嘀咕咕，其他人忙着上告，要求为此讨个说法。

村长到了，对小母鸡说：“你这样做很不公平，你不应太贪婪。”小母鸡说：“怎么不公平？这是我劳动所得。”村长说：“确切地说，那只是理想的自由竞争制度。在谷场的每个人都应该有他该得的一份。在目前制度下，劳动者和不劳动者必须共同分享劳动成果。”

从此以后他们都过着和平的生活，但小母鸡再也不烤面包了。

思考与练习

针对这个故事，你如何看待“公平与不公平”？

公平理论对我们有着重要的启示：影响激励效果的不仅有报酬的绝对值，还有报酬的相对值。酒店管理人员在进行绩效考核、薪酬分配等与激励相关的工作时应力求公平，使等式在客观上成立，即使有主观判断的误差，也不致造成严重的不公平。在激励过程中，酒店领导应注意对被激励者公平心理的引导，使其树立正确的公平观：一是要认识到绝对的公平是不存在的；二是不要盲目攀比；三是不要按酬付劳，按酬付劳是在公平问题上造成恶性循环的主要杀手。

(六)强化理论

强化理论是美国的心理学家和行为科学家斯金纳(Burrhus Frederic Skinner)等人提出的一种理论。该理论认为人的行为是其所获刺激的函数，如果这种刺激对他有利，则这种行为就会重复出现；若对他不利，这种行为就会减弱直至消逝。

斯金纳认为，对人的行为进行改变可以通过以下四种类型和方法，即正强化、自然消

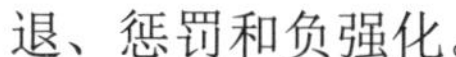

退、惩罚和负强化。

(1) 正强化。就是奖励那些符合组织目标的行为，以便使那些行为得到进一步加强，从而有利于组织目标的实现。正强化的刺激物不仅包括奖金等物质奖励，还包括表扬、提升、改善工作关系等精神激励。

(2) 自然消退也称为忽视，指的是对那些不希望出现的行为，采取冷处理，即置之不理。让人们感到被忽视、被无视的时候，这种行为也会逐渐消失。例如，某员工下班时恰逢营业高峰，因此经常自觉地延长自己的工作时间，但如果主管总是视而不见，那么，该员工的这种积极性就会逐渐降低。

(3) 惩罚。是指当人们做错某种不希望的行为的时候，及时地予以惩罚。这会使他不再重复这样的行为，使个体积极性朝正确的目标方向转移。

(4) 负强化。是惩罚那种不符合组织目标的行为，以使这些行为削弱甚至消失，从而保证组织目标的实现不受干扰。例如，根据过去的经验，上班迟到会被扣奖金，所以在 8 点上班前，你会看到人们拼命地往单位跑。这实际上就是一种负强化，因为人们知道，如果超过 8 点以后迈进单位大门，就会有不好的结果。

在酒店业的工作中，这四种方式都是必要而有效的，因为这四种方式的激励效果不仅会直接作用于某个人，而且会间接地影响周围的员工和群体。通过树立正面的榜样和反面的典型，形成一种良好的工作风气，就会产生无形的正面行为规范，比枯燥的制度和规定更直观、更具体、更明确，能使整个群体的行为导向更积极，更富有生气。

二、员工激励的原则

激励是调动人们积极性、创造性的一种好方法，作为企业领导的一种有目的的企业领导行为，是有规律可循的。

(一)激励要因人而异

根据激励的基本原理，不同人的需求是不一样的，同一个人在不同时期的需求也是不一样的。所以相同的激励措施对不同的人起到的效果是不同的。酒店管理者在制定和实施激励措施时，首先要调查清楚每个员工的真正需求，将这些需求合理地整理归纳，然后再制定相应的激励措施。例如，在酒店中，员工可以分为以下几种类型。

(1) 年龄较大，收入较高。这类员工一般是公司里的老资格员工。老资格员工多是基层的小主管，生活相对比较舒适，需求往往是工作上的安全性、成就感和被下属尊重。相应的激励措施就是分配挑战性的工作，让其指导比这类人水平低的员工，或者参与更高一级经理的工作目标的设计，甚至参加一些很高层的决策会议。

(2) 追求机会者。这类人收入比较低，属于外来打工者，主要追求机会。因为收入不高，首先是提高收入的需求。另外是上级对他能力认可的需求，还要满足工作的安全性等。首先最主要的激励措施就是满足第一需求，提高薪金待遇，鼓励努力工作。第二需求就是要进行有效的沟通。这类员工需要克服自己的孤独感，沟通对他们是一个好的激励。另外通过劳动竞赛，使员工的技能得到提高，还能多得奖金。

(3) 追求发展者。这类员工一般年纪较轻，受过良好的教育，收入能够维持在一定的水准。但是因为年纪较轻，这一类人的最主要需求还不是获得更高的工资，而是个人的发展，想学到更多的东西，以满足将来更好的发展。对这类员工的激励措施最主要的就是良好的培训。建立一种完全适应这些人群的良好的培训机制，是对这类人最大的激励。当然，这些人的下一步的激励，除了良好的培训以外，也同样需要使用提高薪金待遇等方法。

(二)奖惩适度原则

有些管理者在奖惩员工的时候不按照规章制度办事，奖的过多、罚的过重，或者奖的过少、罚的也轻，都达不到真正的激励效果。

(三)激励的公正性原则

(1) 忌待遇不公。待遇不公，极易引起员工的不满，造成员工对企业的不信任，并且这种情绪很容易在企业中扩散，造成整体工作积极性的低落及工作效率的低下。

(2) 等成绩同等奖励。根据公平理论，取得同等成绩的员工一定要获得同等的奖励。同理，犯了同等错误的员工也应当受到同等层次上的处罚。管理者就是宁可不奖励、宁可不处罚，也不要一碗水端不平。

管理者在处理员工问题时，一定要有一种公平的心态。公平的心态取决于职业的素养。每个管理者一定要锤炼自己，做到对员工真正一视同仁，不抱偏见，不能用不公的言语对待员工。职业化塑造，对职业经理人是一个很重要的课题。

(3) 奖励正确的事。管理者往往会奖励错误的行为，而忽视一些正确的行为。奖励不合理的工作行为，比不奖励的危害还大，相当于变相地鼓励了那些不合理的行为，反而使合理的行为被抑制了。

课外资料 8-3

渔 夫 和 蛇

有一天，一个渔夫看到船边有一条蛇，口中衔着一只青蛙。看到垂死挣扎的青蛙，渔夫觉得它很可怜，便把青蛙从蛇的口中救出来放走了。但随后，渔夫又对那条将要挨饿的蛇动了恻隐之心，便想给那只蛇一点东西吃。因为身边只有酒了，渔夫便滴了几滴在蛇的口中。

蛇喝过酒后，高兴地游走了，青蛙也为获救而高兴，渔夫则为自己的善举感到快乐。他认为这真是一个皆大欢喜的结果。

仅仅过了几分钟，渔夫听到有东西在叩击他的船板，他低头一看，几乎不敢相信自己的眼睛，他看见那条蛇又回来了，而且嘴里咬着两只青蛙——正等着渔夫给它酒的奖赏。

在这则寓言中，如果渔夫只救走青蛙，而不给予蛇奖赏的话，那么除非这条蛇的思维有问题，否则它是不会再咬着青蛙回到渔夫身边的。

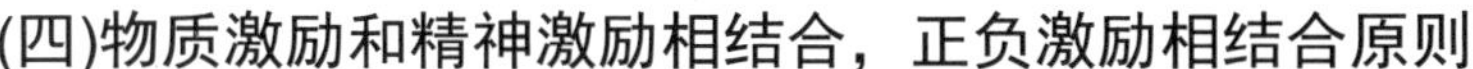

(四)物质激励和精神激励相结合，正负激励相结合原则

为了搞好激励，必须充分认识和重视执行物质激励和精神激励，同时要将两者有机地结合起来。为此，要注意以下几个问题。

(1) 物质激励和精神激励各有侧重，应因时、因事、因人而异。在两种激励结合时，必有主有辅，对此，要灵活掌握，不可机械地、固定地予以规定。精神激励是一种高层次激励，能起到平衡的作用，控制和调节人们对物质的追求。当一个人思想觉悟、道德修养水平较高时，他在精神激励的激励下，可以放弃自己对某些物质利益的追求或为了某种需要将物质奖励让与他人。但是，一般情况下，对大多数人来说，如不满足他们最基本的物质需要，仅靠精神激励是难以调动其持久旺盛的积极性的。这时，物质生活的改善，物质激励的施行就显得尤为重要了。人们参加社会实践的时间、地点、活动内容是千差万别的，各人的思想道德水平也是变化多样的，要根据这种运动变化的复杂情况，搞好两种奖励的结合，并各有侧重，切忌"单打一"。比如篇首案例中，王局长实施的物质奖励在开始起到了极大的作用，但由于缺乏引导，单纯的物质奖励很快就失去了效力。

(2) 注意人们对物质奖励和精神奖励的新要求，不断改变和发展激励的内容和形式。随着生产力的发展，人们的精神和物质需要标准越来越高，如果再用20世纪五六十年代的激励标准，发几元奖金，发个口杯、脸盆或发张奖状，出个光荣榜，显然不能满足人们的需求。在这里，既要注意防止人们的盲目攀比，追求高消费倾向，帮助人们正确评价奖励的价值，同时，又要在可能和允许的情况下，不断发展和丰富激励物，变换激励的形式，以提高激励的吸引力和促进力。

(3) 改变精神奖励颁发的单一性和照顾性，提高精神激励的效率。在分别执行物质激励和精神激励时，人们往往比较重视物质激励的内容和形式，员工表现好要奖励，员工表现不好要坚持惩罚。聪明的管理者要培养员工正确的价值观，使员工从自我上升到具有超我的价值观，变成对社会有用的合格人才。

(五)时效性原则

激励要把握好时机，在不同的时间进行激励，其作用和效果是不同的。

就正强化来说，员工在做出努力、取得成就以后，都有渴望得到企业承认的心理，因此，激励越及时就越能促进员工积极性的发挥，使积极的行为得到不断强化，令积极性保持长久。如果激励滞后，企业就丧失了激励的最佳时机，也可能使员工对企业失去信心，产生挫折感。如果激励超前，员工对目标还没有足够的认识，那么也达不到激励应有的功效。

就负强化来说，要避免员工的消极和不良行为。通过事先建立严格的制度、适当的提醒和警告，能够起到良好的预防作用，使企业和员工都避免损失或挫折。

就惩罚来说，"亡羊补牢，为时不晚"。及时、适当的惩罚能有效地防止消极和不良行为的发生，也能起到一个警示作用(对于未犯错的员工又是及时的负强化)。

三、激励的手段和方法

一提起员工激励，很多人都会想到涨工资或发奖金。实际上激励是对员工需求的满足，员工的需求是多种多样的，所以激励的途径也是多种多样的。物质激励(涨工资或发奖金)只是其中的一种途径，其实还有许多其他途径。

(一)激励手段

根据激励的性质不同，我们可以把激励分为四类：物质激励、成就激励、能力激励和环境激励。

1．物质激励

物质激励的内容包括工资奖金和各种公共福利。它是一种最基本的激励手段，因为获得更多的物质利益是普通员工的共同愿望，它决定着员工基本需要的满足情况。同时，员工收入及居住条件的改善，也影响着其社会地位、社会交往，甚至学习、文化娱乐等精神需要的满足情况。物质激励一般包括薪酬、福利和期权等方面。

2．成就激励

随着社会的发展、人们生活水平的提高，越来越多的人在选择工作时已经不仅仅是为了生存。对知识型员工而言，工作更多的是为了获得一种成就感。所以成就激励是员工激励中一个非常重要的内容。根据作用不同，我们可以把成就激励分为目标激励、组织激励、榜样激励、荣誉激励、绩效激励和理想激励六个方面。

(1) 目标激励。为那些工作能力较强的员工设定一个较高的目标，并向他们提出工作挑战。这种做法可以激发员工的斗志，激励他们更出色地完成工作。这种工作目标挑战如果能结合一些物质激励，效果会更好。目标管理激励的实施方法可以参照《管理学——知识与技能》一书中相关章节的内容，在此不再赘述。

案例 8-3

小猴进城

小猴想进城，可没人拉车。他想呀想，终于想出了一个好主意。他在车上系了三个绳套：一个长，一个短，一个不长也不短。它叫来了小老鼠，让它闭上眼，拉长套。又叫来小狗，让它闭上眼，拉短套。它再叫来小猫，在小猫背上系了一块肉骨头，让小猫闭上眼，拉不长不短的绳套。小猴爬上车，让大家一齐睁开眼。

小老鼠看见身后有猫，吓得拉着长套拼命跑；小猫看见前面有只老鼠，拉着套使劲地追；小狗看见猫背上的肉骨头，馋得直往前撵。

小猴快快活活地坐在车里，不一会儿就进了城。

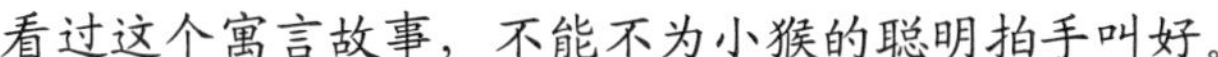

看过这个寓言故事，不能不为小猴的聪明拍手叫好。

调动员工的积极性，最重要的是要分析员工的不同需要，为员工设置看得见的目标，让他们感到有奔头、有动力。在这个寓言故事中，小猴分别为小猫、小狗准备了小老鼠、肉骨头，使它们不仅看得见，而且几乎触手可及。无疑，小老鼠对小猫、肉骨头对小狗都是具有相当诱惑力的，这使小猫、小狗无法不使劲地拉车。

不仅如此，聪明的小猴还想到了小猫、小狗需要的差别，分别为它们准备了不同的食物。试想，如果没有小老鼠、肉骨头做诱饵，小猫、小狗会听小猴的高谈阔论和大道理吗？如果小猴为大家准备的都是肉骨头，那小猫是否还会使劲拉车呢？

人的需求是有层次的，一般要用员工正在追求的那个层级或高于他追求的那个层级来激励他们。如果你不了解你的员工的需求层级，用低于他追求的层级来激励他，那么你无异于在做无用功。

(2) 组织激励。在酒店的组织制度上为员工参与管理提供方便，这样更容易激励员工提高工作的主动性。管理者首先要为每个岗位制定详细的岗位职责和权利，让员工参与到制定工作目标的决策中来。在工作中，让员工对自己的工作过程享有较大的决策权。这些都可以达到激励的目的。

(3) 榜样激励。群体中的每位成员都有学习性。酒店可以将优秀的员工树立成榜样，让员工向他们学习。虽然这个办法有些陈旧，但实用性很强。就像一个坏员工可以让大家学坏一样，一位优秀的榜样也可以改善员工的工作风气。

(4) 荣誉激励。为工作成绩突出的员工颁发荣誉称号，代表着酒店对这些员工工作的认可。让员工知道自己是出类拔萃的，更能激发他们工作的热情。这同时也给其他员工树立了学习的榜样。如现在很多酒店都设有“优秀员工”、“岗位明星”、“微笑大使”等奖项，这就是榜样激励和荣誉激励的实际运用。

(5) 绩效激励。在绩效考评工作结束后，让员工知道自己的绩效考评结果，有利于员工清醒地认识自己。如果员工清楚酒店对他工作的评价，就会对他产生激励作用。

(6) 理想激励。每位员工都有自己的理想，如果他发现自己的工作是在为自己的理想而奋斗，就会焕发出无限的热情。管理者应该了解员工的理想，并努力将酒店的目标与员工的理想结合起来，实现酒店和员工的共同发展。

3. 能力激励

为了让自己将来生存得更好，每个人都有发展自己能力的需求。我们可以通过培训激励和工作内容激励来满足员工这方面的需求。

(1) 培训激励。培训激励对青年人尤为有效。通过培训，可以提高员工实现目标的能力，为承担更大的责任、更富挑战性的工作及提升到更重要的岗位创造条件。在许多著名的酒店里，培训已经成为一种正式的奖励。

案例 8-4

香格里拉：关怀员工就是关怀企业

“我们特别研究过员工对于职场发展的要素价值排位，很多时候，薪资待遇只是员工愿意留任的条件之一，而且并非是排在第一位的，大多数员工更加看重的是酒店的企业文化和其自身的发展、培训等。”浦东香格里拉大酒店人力资源部总监王旭告诉《第一财经日报》。

“香格里拉殷勤好客”培训计划是集团奉行的企业文化，集团要求下属商业网点拨出用于培训发展的专项预算，并由总经理亲自负责，确保酒店每年所拨出的专项培训资金可以得到充分利用。2004 年，香格里拉酒店管理培训中心正式开幕，该中心针对现有的香格里拉员工以及社会人员设置了一系列培训课程，内容涉及厨艺、餐饮服务、前厅、客房、洗衣、工程以及人力资源管理等诸多方面，所有课程都包括教学部分以及在酒店实际工作中的实习培训。到目前为止，在该培训中心完成培训的学员已经超过了 770 名，预计到 2008 年，这一数字将突破 2000 名。

“2005 年，我们又推出了独有的营销培训计划——‘明星’，这是为了积极创收而设立的培训计划。”香格里拉方面告诉《第一财经日报》，未来 4 年内，该集团还将投入 300 万美元用于对各个酒店以及全球销售办事处的 2000 名市场销售人员进行“明星”培训，该培训融入了香格里拉企业文化的精神，培训内容涵盖基本营销技巧、谈判技巧、策略销售管理以及营销领导与动机。

同时，香格里拉携手康奈尔网络大学推出了包括人力资源管理、管理本质、殷勤待客等方面内容的 57 门课程的“在线学习”，并将在今后的五年内向员工提供 3000 个在线资格。同时，香格里拉还选择了各大重要枢纽地区和主要城市作为培训地点，由集团和外聘的培训人员对员工进行系统培训。去年，香格里拉还投入了 100 万元用于中国酒店培训中心发展。

(2) 工作内容激励。用工作本身来激励员工是最有意思的一种激励方式。如果我们能让员工干其最喜欢的工作，就会产生这种激励。管理者应该了解员工的兴趣所在，发挥各自的特长，从而提高效率。另外，管理者还可以让员工自主选择自己的工作。通过这种方式安排的工作，工作效率也会大大提高。

4．环境激励

(1) 政策环境激励。酒店良好的制度、规章等都可以对员工产生激励。这些政策可以保证酒店员工的公平性，而公平是员工的一种重要需要。如果员工认为他在平等、公平的酒店中工作，就会减少由于不公而产生的怨气，提高工作效率。

(2) 客观环境激励。酒店的客观环境，如办公环境、办公设备、环境卫生等都可以影响员工的工作情绪。在高档次的环境里工作，员工的工作行为和工作态度都会向“高档次”

发展。

案例 8-5

花旗的激励手段

在对员工科学考核的基础上，花旗集团通过各种手段与方式对员工进行激励，肯定员工成绩，鞭策员工改善工作中的不足。作为全球最大的金融机构，花旗集团建立了完善、科学的激励体系，并随市场与公司的发展情况进行及时调整。

红包

每年年底，根据员工的不同业绩表现，每一名员工都会得到花旗颁发的红包，奖励的金额不等，奖励员工一年的辛勤贡献。

海外旅行

花旗银行中国区表现突出的员工，还将被奖励赴澳大利亚等海外旅游，并可以携带一名家属。这种激励方式不但对员工起到了有效的激励作用，增加了员工的忠诚度，更赢得了员工家属的理解和支持，让他们感到自己的亲人在一个人性化的氛围中工作，也增强了家属对员工的自豪感。

期权

花旗银行有着完善的员工激励机制。花旗银行除了对工作业绩出色的员工给予奖励外，还给予他们花旗银行的期权，使银行利益与员工个人利益紧密联系在一起。

职位晋升

激励还包括对员工职位的晋升。在花旗，鼓励员工承担更大的责任，让他们稳步成长为优秀的金融专业人才。每一次职位的晋升，每一次给员工设定更大的目标，每一次对员工的挑战，都激励着花旗员工奋勇向前，为给花旗创造更优秀的业绩，为实现自己的职业梦想而努力。

培训

形形色色的培训机会当然也是花旗集团重要的激励手段。在花旗集团，表现突出的员工将得到更多的培训机会，将被派往马尼拉的花旗亚太区金融管理学院甚至美国总部进行培训，全面提高各种技能，锻炼领导力，开拓国际化视野，为担当更大责任作准备。

精神与物质激励并重

在花旗集团对员工的激励手段中，许多时候物质与精神的奖励并重并结合在一起。例如，“花旗品质服务卓越奖”(Citigroup Quality Service Excellent)，奖励那些在公司内部服务与外部服务方面都表现出高品质的员工；花旗每年都设有“最佳团队奖”，奖励那些完成重大项目的团队，如完成某个项目，提高了工作效率等。一般表现突出的5%的员工才会得到这种奖励。在中国，花旗每年10月份进行评比，由人力资源部组织并参与，对候选人与团队进行评估与讨论，11月份公布评比结果。评选结束，花旗集团会为员工颁发有花旗全球总裁签名的奖状和奖杯，以及相应的物质奖励。

案例分析

使用激励的相关理论对该案例进行分析。

企业对员工的激励不能仅仅局限于物质奖励，还必须同员工的具体情况相结合，针对不同类型的员工实行不同的激励措施，这样才能起到有效的激励作用。

(二)激励方法

在酒店中，常用的激励方法有以下几种。

1. 奖惩激励法

奖励和惩罚是员工激励的基本形式。其中，奖励作为员工激励的一种手段，目的在于使受奖励的员工将他们的良好行为加以保持和发扬，并成为其他员工的表率，为振奋员工队伍的士气起到积极的推动作用；惩罚是一种负激励，是为了纠正员工工作中的不良或消极行为而采取的一种强制措施。应用得当，惩罚能对不良现象起到很好的威慑作用；但不能以惩罚为主，只能将其作为一种辅助手段，否则就会适得其反。

1) 奖惩激励的基本思路

奖励和惩罚是规范人们行为的有效杠杆，但运用不当也会产生副作用。要恰当地运用奖励和惩罚，应当注意以下几点。

- 完善的规章制度和绩效考核是奖惩的依据。公正和公平的奖惩必须以制度为准绳、以事实为依据，建立在科学的考核基础上。只有使考评工作定量化、科学化、制度化、规范化，才可能准确地判断每个人的功过，才能公正地决定奖励谁、惩罚谁、如何奖惩等问题。
- 奖惩不是目的。奖励和惩罚是为了实现酒店目标、调动员工积极性的手段。如果把其当作目标，就会变成为奖励而奖励，为惩罚而惩罚，称为一种“例行公事”，这样，不但达不到奖惩的应有效果，甚至会挫伤员工的积极性。
- 必须从酒店目标出发进行奖惩。如果从个人目标或小团体目标出发进行奖励和惩罚，就必然背离企业目标，把奖励变成培植亲信、拉帮结派，甚至是少数人侵吞劳动成果的手段，而把惩罚当作是排除异己、打击报复和压制民主的手段。这样的奖励和惩罚，既不可能公正公平，也不会调动员工的积极性。只有从酒店的整体目标出发进行奖惩，才能把个人目标和集体目标有机地结合起来。
- 坚持以奖励为主、惩罚为辅的方法。奖励是一种正强化、正激励，能够直接满足员工的物质和精神需要，是调动员工积极性的一种比较理想的手段。惩罚是一种负激励，是以剥夺人的部分需要来减少和纠正不良行为。这种手段是必要的，也是有效的，但其局限性大，容易出现副作用，会导致被处罚者产生挫折心理，甚至挫折行为，从而影响其积极性。因此，应以奖励手段为主、惩罚为辅，惩罚仅仅作为奖励的补充，才会收到较好的效果。
- 注意奖惩适度。奖励对激励效果会产生重大影响。如果奖励过重，会使员工飘飘

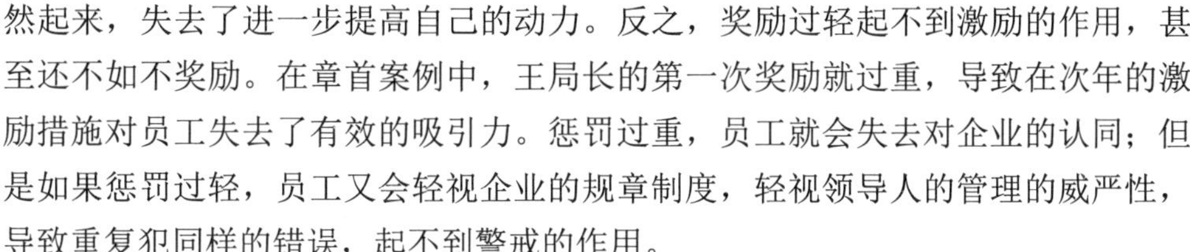

然起来，失去了进一步提高自己的动力。反之，奖励过轻起不到激励的作用，甚至还不如不奖励。在章首案例中，王局长的第一次奖励就过重，导致在次年的激励措施对员工失去了有效的吸引力。惩罚过重，员工就会失去对企业的认同；但是如果惩罚过轻，员工又会轻视企业的规章制度，轻视领导人的管理的威严性，导致重复犯同样的错误，起不到警戒的作用。

2) 奖惩时应注意的问题

- 奖励方法要不断创新。奖励不仅仅是奖励金钱，也包括表扬、给予荣誉称号、休假、旅游、外出培训、晋升、给予挑战性工作等多种形式。
- 惩罚时不能不教而诛。应把教育放在前面，只有对屡教不改或造成严重后果者才能实施惩罚。
- 不能由领导者主观决定惩罚事项，应以制度为准绳、以事实为依据。
- 惩罚时注意原则性和灵活性相结合。坚持原则就是要严格按照规章制度办事，但在不违反制度的前提下，惩罚也要讲究灵活性：如根据个人表现适当减轻处罚，根据个人经济情况给予分期扣款等。要做到严得合理、严得合情，达到“处罚一个、教育一批”的目的。

2. 参与管理

所谓参与管理，是指让员工或下级不同程度地参与组织决策及各级管理工作的研究和讨论。让员工参与管理，可以使员工或下级感受到上级主管的信任、重视和赏识，能够满足归属和受人赏识的需要，从而体验到自己的利益同组织的利益及发展密切相关，增强责任感。同时，主管人员与下属商讨组织发展问题，对双方来说都是一个机会，从而给人一种成就感、尊重感。事实证明，参与管理会使多数人感到激励。参与管理既是对个人的激励，又为组织目标的实现提供了保证。

目标管理是员工参与管理的一种很好的形式。目标管理鼓励下级参与目标的制定工作，并在组织的政策或有关规定的限度内，自己决定达到目标的最佳方法。目标管理要求下属发挥自己的想象力，创造性地工作，这可以使下属人员产生独立感和参与感，激发他们完成目标的积极性。

合理化建议是员工参与管理的另一种形式。鼓励下属人员积极提出改进工作和作业方法的建议，也能起到激励作用。

当然，鼓励下属参与管理，丝毫也不意味着管理者可以放弃自己的职责。相反，管理人员必须在民主管理的基础上，努力履行自己的职责。需要由管理人员决策的事情，管理人员必须决策。

3. 授权激励法

在酒店工作中，我们是不是会经常看到员工置身于以下的情景中：酒店每天的离店结账时间是在中午 12 点以前，但有客人询问前台接待人员，自己是否能在下午 2:00 之前再离店；酒店餐厅的服务员接到一份价格中等的家庭订餐单，菜单上没有客人要点的菜，然而

顾客却坚持不要用其他菜来替换；餐厅菜肴出现质量问题，客人感到非常不满，要求餐厅的服务员立即进行赔偿和补救，同时客人希望马上得到答复……诸如此类的问题常常会令服务员们应接不暇；但是此时客人们往往会得到服务员这样的回答“不行，这不符合我们的制度”或“我得和我的主管商量一下”，甚至会听到很无奈的回答“我希望能为您做点什么，但是现在我什么也做不了，而且这并不是我的错”。可以设想，遇到如此尴尬的景况，客人不悦之情是显而易见的。但是如果换一种方式解决问题呢？如果能授权服务员打破规章制度，自发和灵活地处理一些问题，而不是互相推诿或仅指望管理人员来处理问题，结果很可能会令客人感到满意。

对员工的授权不仅仅是简单意义上的授予其权力，而是管理人员在将必要的权力、信息、知识和报酬赋予服务一线员工的同时，让他们主观能动地、富有创新地工作。也就是说“授权”通过赋予服务人员一定的权力，来发挥他们的主动性和创造性。授权可以实现酒店内部有关的信息、知识和报酬的共享，使员工对酒店和客人有较充分的了解，并因此备受激励。除此之外，授权还强调对员工的尊重，把员工从细枝末节的严格规定和制度中解放出来，让他们自己寻找解决问题的方法，并对自己的决定和行为负责。适当授权能唤起员工的工作责任感、创造性和对顾客的真切关怀。授权不但使员工工作更投入，而且还会使顾客满意度增加。员工这种自我负责的、对客人热情而周到的服务，可以成为酒店保持竞争优势的有效举措之一。

授权的基本方法如下。

(1) 明确授权的内容。作为酒店管理者，通常可以将自己的工作分成四类：一是重要且只有自己能做或只适合自己做的事；二是重要但别人也能做的事；三是不重要且只有自己能做或只适合自己做的事；四是不重要且别人也能做的事。对于第一类事毫无疑问需要自己亲自处理。在酒店，像经营决策、大的设施设备改造和添置、中层以上管理人员的选拔任免、大项经费开支的审核、重要合同的签订和 VIP 接待等大事、要事，酒店领导必须亲自处理；对酒店部门来说，像部门的发展规划和定位、计划安排、部门的人才队伍建设、基层管理人员的选拔任免、质量建设、经费的开支和部门重要合同的签订等，一般需要酒店部门经理亲自处理。第二类事在自己的时间精力比较充足的情况下，可以选择一些相对更重要的事来做，否则全部授权于人。第三类事虽不能或不适合授权他人来做，但可以尽量压缩和减少，只有那些真正必须自己亲自处理的事才亲自处理。如私人信件、直接打进手机的电话、必须自己亲自出面的接待和处理的顾客投诉等。第四类事应毫不犹豫地授权他人处理。

(2) 找准授权的对象。这是酒店授权的难点和重点。要做到这一点，首先要求酒店管理者要有容人的度量；同时要求酒店管理者要有识人的慧眼，需要我们对自己下属的品德、能力、素质、性格等有一个全面、正确的认识，知道哪些人能干哪些事，适合干哪些事；另外还要求酒店管理者心胸宽广、公正无私，酒店管理者也可以有自己喜欢的下属，但工作归工作，友情归友情，在确定授权对象时，我们必须始终坚持唯才是用、量才适用、用才所长的原则，只有这样才能真正将合适的事情授权合适的人。

(3) 把握授权的分寸。酒店管理者如何才能把握好授权的度？这里有一个基本原则：酒店管理者只需做自己必须做的事，将不必自己亲力亲为的事授权他人；酒店管理者只需做下级不能做的事，将下级能做的事授权下级去做。二是要对授权对象的权力进行适当控制。一般来说，我们将某件事情授权给下属后，首先应该充分信任他，将完成任务所应有的权力赋予他，使他真正有责有权、权责统一。其次应该要求下属在履职用权的过程中要有必要请示汇报，使自己对下属履职用权的情况做到心中有数。再者还应该对下属履职用权的过程保持关注和控制，当发现下属需要支持和帮助时及时提供必要的支持和帮助；当发现下属用权的行为出现偏差或发生问题时及时提醒和纠偏。

对酒店员工授权的方式有以下几种。

(1) 授予员工一定的决策权。授权被认为是在工作中给予员工一定的决策权，即授予员工一定的人事、资金等资源的支配权力，并允许员工按照自己认为最好的方式行使权力，以便当出现服务差错时，不需要再去找不在现场的有关负责的管理者，而是打破常规，主动、灵活地为顾客做好服务工作。美国学者鲍恩和劳勒(Bowen and Lawer)认为：对服务一线员工的授权可以采用多种形式，如“允许员工自己决定怎样做才能使顾客更加高兴；或给予员工几乎没有限制的权力，去对任何服务中的差错进行补救性服务。”而授予员工一定决策权也就是使员工在决定服务程序的问题上有了一个延伸的发言权。

例如，美国马里奥特(Marriott)酒店公司在其下属的多家餐馆里规定，任何雇员只要认为需要就可以用不超过餐厅规定限额的额外支出安抚不满的顾客，如为顾客免费送上饮料，甚至可以代付账单。

(2) 建立和工作绩效密切相连的报酬体系。酒店员工都非常希望他们的辛勤工作能够得到充分肯定，他们在为酒店创造满意的顾客、利润的同时，酒店也需要对他们给予回报，使他们和酒店共享利润。因此，在酒店内部建立一种和工作绩效密切相连的报酬体系，视服务员工的工作绩效的好坏程度而给予相应的报酬和奖励，无疑是对服务员工的一种肯定和激励，使他们的工作责任感和满意感增强，更好地为顾客提供高质量的服务。

例如，美国的费尔菲尔德宾馆是马里奥特酒店公司的一个分支，他们的客房清洁人员在特别繁忙的日子里，可以“竞标”打扫更多房间，每打扫一个房间就额外得到半小时的报酬，而优秀的“竞标”员工则可以拿到相应的奖酬。

(3) 对员工进行培训。酒店的员工和顾客的距离是最近的，如果在服务之前员工没有接受过任何培训和指导，那么当服务差错出现时，他们就会不知如何应对不满的顾客，在处理服务差错时可能会不知所措，缺乏信心，就不能决定哪一种是最好的解决方法。所以当服务差错出现时，如何来进行补救性服务需要一个学习的过程，因此需要对服务一线的员工进行培训。酒店可以从以下两个方面对员工进行补救性服务的培训。

一是提高服务意识。经常是员工被授予了权力，但是却不愿意主动地进行补救性服务。这种情况的出现有很多原因，包括缺少激励、缺少责任心，即没有较强的服务意识。培训的重点是：向员工强调酒店的价值观、信念和行为准则，使员工增强服务意识，树立优质服务的思想，形成优质服务的工作态度。

二是提高服务知识和技能。当员工有了一定决策权，可以对服务差错做出及时的反应；有权力独立地进行补救性服务后，应该继续培养他们去如何创造性地为顾客解决各种服务质量问题，提高随机应变能力；提高服务知识和服务技能，增强做好补救性服务工作的信心；如何做适当的决策，以及如何设身处地为顾客着想等。培训不仅能够改进员工的服务方式，使他们在对顾客服务时更加细心周到，而且由此能在很大程度上提高顾客的满意感。所以要进行一些有针对性的、有主题的培训。

例如，有些补救性服务中，服务员工可能会忽视他们采取的措施对其他部门服务工作的影响。酒店总服务台接待员允许不满的旅客提前登记入住，会打乱客房部清洁卫生工作计划。要防止这类问题，管理员工就需要对服务员工进行培训，使员工了解自己在整个服务体系中的作用，以及自己的工作与其他部门员工的工作关系。还有些服务员工可能会不顾成本，给予顾客过多的赔偿。要防止这类问题，管理员工应使服务员工了解合理的赔偿限额。在服务工作发生差错后，员工有权按照本酒店的服务质量承诺制度，赔偿顾客的损失。

课内资料 8-3

员工激励手段八创新

酒店业面临的最大困惑之一就是人才流失，特别是频繁的核心人员跳槽。这与酒店采取的激励手段的有效性不足是密切相关的。当前国内酒店业中普遍存在着激励方式重点不突出、对象不明确(如对不同层次员工的激励)、缺乏力度、机制单一、重物质轻精神等问题。这在一定程度上产生了激励与需要的错位。酒店业应该重视激励手段和措施的创新，根据自身的一些实际情况综合运用多种“另类”激励手段，以达到预期的目标。

1. 雇用保障——让员工感受职业安全

酒店应通过设计保障政策减少员工失业，不到迫不得已不轻易提出裁员计划，让员工有职业安全感。日本的一些酒店就倡导终身雇佣制，使员工与酒店成为一体，这样员工对酒店就产生了更多的认同感和主人翁的意识，实现员工对酒店的忠诚。

2. 系统培训——让员工持续充电

酒店不仅应让员工有充电的机会，并且有持续的充电机会，为每一个有需要的员工建立培训档案，与员工一起进行职业规划，将员工的发展与酒店的发展联系起来。同时倡导建立一个学习型组织，让员工感觉到这个酒店的氛围可以让他不断地提升自己的技能，充实自己的经验。

3. 即时支付——让员工感受及时雨

薪酬支付的时间也是有技巧的，支付的时间不同，产生激励的效果也不同。

4. 小型激励——让员工乐不思蜀

酒店应增加小型激励，在不减少激励分量的同时，适当提高激励的覆盖面。实际上频繁的小规模奖励会比大规模奖励更有效。小型激励会让员工经常沉浸在受奖励的快乐中，能够产生持续的激励效果，增加员工的工作动力。

5. 心理契约——让员工有意外收获

减少定期奖励，增加不定期奖励，以抑制员工由于对固定奖励的模式化的思维而产生惰性心理。酒店应建立无制度的心理契约，这样员工不知道谁会在什么时候得到意外的奖励，这会给员工带来意外的惊喜，让他觉得工作更有乐趣。

6. 联络家属——让大家、小家成为一家

酒店应设立一些专门为员工家属提供的特别福利，比如在节日之际邀请家属参加酒店的联欢活动，赠送酒店特制的礼品，让员工和家属一起旅游，为孩子提供礼物、奖学金等，让自己的员工在家属面前感到有“面子”，也让其家属感到温情和满足。

7. 充分尊重——让员工在平等中进取

略。

8. 量身定做——让员工享受一对一激励

现在大多数酒店激励措施针对性不强，对员工的最佳需要的捕捉仍然停留在简单的粗略估计上，没有以真实的调查和科学的需要分析为基础，也没有结合酒店自身的特点来制定激励政策和措施，所以激励政策缺乏针对性和及时性，出现了激励空当现象和激励错位现象，造成了人力、物力、财力资源的浪费。酒店要提高激励的效率就应该对员工(特别是A类核心员工)采取“一对一”的激励。根据员工不同的情况和需要量身定制不同的福利，并确保让这项福利对该员工是最有吸引力的。

(资料来源：东方酒店精英网)

四、激励的误区

(一)激励就是奖励

很多管理者简单地认为激励就是奖励，因此在设计激励机制时，往往只片面地考虑正面的奖励措施，而轻视或不考虑约束和惩罚措施。有些企业虽然也制定了一些约束和惩罚措施，但碍于各种原因没有坚决地执行，从而流于形式，结果难以达到预期目的。

企业的一项奖励措施可能会引发员工的各种行为方式，但其中的部分行为并不是企业所希望的。因此必须辅以约束措施和惩罚措施，将员工行为引导到特定的方向上。对希望出现的行为，酒店应该用奖励进行强化；而对不希望出现的行为，要利用处罚措施来进行约束。

(二)同样的激励可以适用于任何人

许多经理在实施激励措施的时候，并没有对员工的需求进行认真的分析，“一刀切”地对所有人采用同样的激励手段，结果适得其反。在管理实践中，如何对企业中每个人实施有效的激励，首先是以对人的认识为基础的。

通过对不同类型人的分析，找到他们的激励因素，并有针对性地进行激励，这样的激励措施才是最有效的。同时要注意控制激励的成本，分析激励的支出收益比，追求最大限度的利益。

采取两种甚至几种截然不同的激励措施是有其道理的。从低层次的个人需求来讲，采用物质激励会更有效。从酒店利益考虑，从事简单劳动的基层服务员，创造的价值较低，人力市场供应充足，对于他们采用物质激励是适用的和经济的。

相反，高层次的技术人员(如大厨)和管理人员，其内在精神方面对成就的需要更多些，而且他们是企业价值的重要创造者，酒店希望将他们留住，因此酒店除尽量提供优厚的物质待遇外，还应注重精神激励(如优秀员工奖)和工作激励(如晋升、授予更重要的工作)，以满足他们的需要。

(三)只要建立起激励制度就能达到激励效果

一些企业发现，在建立起激励制度后，员工不但没有受到激励，努力程度反而下降了。某公司推出“年终奖”的计划，本意是希望调动企业员工工作积极性，但是却因为没有辅以系统科学的评估标准，最终导致实施过程中的“平均主义”，打击了贡献大的员工的积极性。一套科学有效的激励机制不是孤立的，应当与企业的一系列相关体制相配合才能发挥作用。其中，评估体系是激励的基础。有了准确的评估才能有针对性地进行激励，才能更有效。

评估练习

1. 酒店常用的激励手段和方法包括哪些？
2. 在酒店日常管理中，如何避免激励出现误差？

【工学结合】

1. 实训项目：激励“百宝箱”。

实训要求：以小组为单位，策划一项激励活动。要求介绍酒店或部门、班组人员构成等背景资料，阐述激励活动的目标、活动计划、实施方法。

2. 实训项目：编制一份《劳动合同书》。

实训内容：根据案例分析 2 的情景，编制一份合格的《劳动合同书》。

3. 实训项目：扮演人力资源部经理，处理劳动争议。

实训内容：小王是海斯曼酒店总经理司机，由于老总外事活动多，所以经常在非正常工作的八小时外和周末加班。但在他和酒店签订劳动合同的时候，其中一条款是职位津贴上面已经明确了含所有的加班工资，共 500 元钱。因为老总脾气很不好，小王忍受不了，半年后，就和酒店解除了劳动合同，但想找回加班费。且小王从到公司的第一天就对加班有了记录，但只有他自己知道，现在他拿着这个记录找人力资源部要求补发他的加班费，共计 7000 元。老总知道后坚决不同意，于是小王申请了劳动仲裁。

实训要求：5～6 人 1 组。1 人扮演小王，1 人扮演人力资源部经理，3～4 人扮演仲裁委员会成员。

本章小结

酒店劳动关系是指劳动者与酒店之间在劳动过程中发生的关系。酒店所有者、经营者、普通员工及其工会组织之间在酒店的生产经营活动中形成的各种责、权、利关系，主要包括所有者与全体员工的关系，经营管理者与普通员工的关系，经营管理者与工人组织的关系，工会与职工的关系。在酒店管理中，常见的激励方法有物质激励、成就激励、能力激励、感情激励、环境激励、奖惩激励以及授权激励等，在工作中，我们需要灵活运用这些激励方法。

第九章
酒店人力资源战略与发展趋势

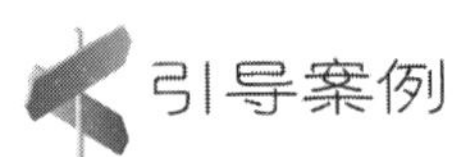

引导案例

万豪酒店的“人服务于人”

万豪酒店管理集团最基本的理念是“人服务于人”，即公平对待每一位员工，同时重视员工的感受，让他们体会到“家”的感觉。万豪之所以能够像今天这样快速健康地发展，与这种独特的企业文化是分不开的。万豪的企业文化归纳起来为：万豪的员工以实际行动为顾客所创造的服务体验，其宗旨在于服务于人。就像万豪宣称的“我们是绅士和淑女，为绅士和淑女服务”。

万豪有五个系统保证其旗下的酒店真正实施“人服务于人”的理念。第一，员工如果有意见，可以直接寄信给万豪在美国总部的总裁办公室，万豪下属的酒店都有一个写给总裁的信件的信箱。第二，员工也可以通过热线电话给总裁办公室打电话，在万豪位于美国华盛顿的总裁办公室里，有各种语言的接线员，他们会记下来自世界各地万豪员工所反映的问题，然后总裁办公室会及时处理这些电话。第三，每年万豪都会聘请一家第三方公司为其他下属的酒店做匿名的员工满意度调查，集团通过这种方式真正了解下属酒店员工对公司、对领导或者管理满不满意。第四，万豪还有一个称为 Peer Review 的系统，这个系统类似于美国的陪审团制度，即当员工遇到一些问题的时候，除了找上级领导或者酒店总经理外，还可以通过这个系统寻求公平、公开、公正的对待。即员工可以拒绝由其上级对其面临的问题进行决策，他可以申请由具备一定资格的员工组成一个委员会来决定，而且委员会的决策将是最终决策。目前，万豪在全球一共有 2700 多家酒店，在中国内地，万豪旗下已经有 30 多家酒店。第五，每年万豪亚太的总部还会对所有旗下酒店的人力资源系统进行审查，此审查不仅包括检查酒店的大堂、公司文件以及各种系统的运作，而且还包括与经理和普通员工之间的面谈，聆听他们对酒店有些什么意见和看法。“面谈是匿名的，万豪希望听到员工在酒店工作的真正感受，以及是否真的受到尊重和公平对待，是否得到了应有的关怀和发展的机会，培训的机会是否足够，领导是否能让他发挥自己的能力，等等。

万豪的培训也很有特色，公司规定每天每位员工都有 15 分钟的培训。万豪分别给旗下各酒店品牌总结出了 20 个基本习惯，要求员工每天都温习一个习惯。万豪认为，人如果是按照习惯来提供服务，将会更自然、更顺畅。公司规定经理每年必须有 40 个小时的培训时间，并且专门为之设计了核心管理课程，这些课程是由酒店服务业所需的 9 个主要技能发展出来的，而万豪普通员工一般也要有 20～30 个小时的培训。

万豪不相信惩罚的作用，而相信奖励的作用。公司设有两个主要奖项。一个是“最卓越员工奖”，该奖颁发给那些对工作或者社会做出了杰出贡献的人，获得这个奖的人可以到美国华盛顿去参加万豪的年度大会，并将接受总裁亲自颁奖。另一个奖是 Alice S. Marriott Award for Community Service，这个奖是颁给那些对当地社会做出了杰出贡献的集体。得到这两个奖，在万豪是至高无上的荣誉。

辩证性思考

1. 通过上述案例，我们对酒店人力资源管理是不是有了相对简明的认识？

2. 在酒店的人力资源管理实务中，我们往往会忽视哪个环节或者实践中的短板在哪里？

人永远是第一位的，关注员工的个人发展，才会有企业的成长。本章将对人力资源战略规划的特点及作用加以阐述，并对人力资源未来的发展趋势进行预测。

第一节　酒店人力资源战略规划

教学目标

- 了解酒店人力资源战略规划的内涵和特点。
- 理解酒店人力资源战略规划的内容。
- 掌握酒店人力资源规划的原则。
- 了解酒店人力资源规划的作用。

一、酒店人力资源战略规划的内涵与特点

(一)酒店人力资源战略规划的内涵

酒店人力资源战略规划是酒店为实现其发展战略目标，根据酒店的内外部环境的变化，运用科学的方法以整体超前和量化的方式对人力资源的供求进行预测，并制定相应的政策与措施，从而使人力资源的供给与需求在酒店未来的发展过程中实现综合平衡的过程。

理解酒店人力资源战略规划，应当把握如下的含义。

(1) 酒店人力资源战略规划应从酒店的战略目标和具体工作任务出发，实现酒店人力资源的最佳配置。使人力资源的数量、质量和层次结构能够满足其特定的生产活动与技术条件的要求。

(2) 酒店人力资源战略规划实现酒店战略目标的同时，能够满足酒店员工的个人发展要求，力争做到酒店的总体发展目标与员工个人的发展目标协调一致和共同实现。

(3) 酒店人力资源战略规划保证人力资源与酒店未来的发展相适应，为酒店未来的生产经营活动准备充足的人力资源。

(4) 酒店人力资源战略规划为实现酒店员工的个人目标制定相应的政策与措施，最大限度地开发人力资源的潜力，充分利用其价值。

(二)酒店人力资源战略规划的特点

1. 全局性与系统性

酒店人力资源战略规划是根据酒店未来一定时期人力资源的供需状况，设计酒店人力资源管理与开发指导性文件并制定出相关措施。它首先是对整个酒店人力资源做出的整体

策划，具有总揽全局的特点。其次，全局又是由局部构成，酒店人力资源战略规划又是一个相互依存、互为影响的系统工程。任何某个子系统出了问题，都会影响酒店未来的经营管理活动。

2. 竞争性

酒店的任何一种规划或策划都是为了获得竞争优势，增强市场竞争能力。人力资源规划所确定的人力资源管理策略意在建立员工的忠诚度，有效地防止同行竞争者或其他行业挖走自己的员工，稳定内部人力资源。同时又能够与同行在人力资源市场上展开竞争，吸引酒店外部的优秀人才。

3. 风险性

酒店人力资源战略规划是对未来人力资源供需状况的预测，而酒店在发展过程中可能会遇到意想不到的变化；同时，规划者在对现实环境的把握中也带有明显的主观性，酒店要冒一定的风险是不可避免的。

二、酒店人力资源战略规划的内容

酒店人力资源战略规划的内容大体包括两个方面：一是酒店人力资源的总体规划，它是针对规划期内酒店人力资源管理的总目标、总政策、实施步骤和总预算做出的全局安排；二是酒店人力资源业务规划，这些计划是对总体规划的具体化，主要包括酒店员工补充计划、员工分配计划、员工接替与晋升计划、员工教育培训计划、员工激励计划和退休解聘计划等。其详细情况如表 9-1 所示。

表 9-1　酒店人力资源规划概览表

规划类别	规划目标	政　策	预　算
人力资源总体规划	总目标(绩效、人力资源总量、质量、员工满意度)	基本政策(扩大、收缩、保持稳定)	总预算×××万元
员工补充计划	类型、数量、层次结构以及对人力素质和绩效的改善	员工素质标准、员工来源范围、起点待遇	招聘选拔费用
员工分配计划	部门编制、人力结构优化与绩效改善、人力资源能位匹配、职务轮换幅度	任职条件、职位轮换范围与时间	依据使用范围、差别及员工状况确定工资、福利预算
员工接替与晋升计划	后备人员的数量、提高人员结构及绩效目标	全面竞争、择优晋升、选拔标准、提升比例、未提升人员的安置	职务变动引起的工资变动
员工教育培训计划	素质及绩效改善、培训数量类型、提供新的人力资源、转变态度和作风	培训时间保障、培训效果保障(待遇、考核、使用)	教育培训的总投入和产出、脱产培训损失

续表

规划类别	规划目标	政　策	预　算
员工激励计划	减少人才流失、提高士气、改善绩效	工资政策、激励手段与重点	增加工资、奖金额预算
员工退休解聘计划	减少编制、降低劳动成本、提高劳动效率	退休政策、解聘标准与程序	安置费

三、酒店人力资源战略规划的原则

在进行酒店人力资源战略规划时，应当把握以下原则。

(一)与酒店的发展战略规划和相关业务计划协调一致的原则

酒店的发展战略目标是酒店在一定时期内的发展方向和各种活动的依据，因此酒店的人力资源战略规划也应当以此为基础。酒店员工的补充、配置、教育培训都应当和酒店的发展战略目标所决定的岗位设置、人员素质要求相适应，与酒店的发展战略规划和各项业务计划保持一致。只有在这一前提下充分发挥员工的积极性、创造性，才有利于酒店各项业务计划的顺利实施与发展战略目标的最终实现。

(二)酒店利益与员工个人目标兼顾原则

人力资源战略规划不仅是酒店发展战略的重要组成部分，更是面向员工、涉及员工个人命运与前途的规划。对一个酒店而言，酒店的发展与员工个人的发展是相互依托、相互促进的。如果一个酒店在制订人力资源战略规划时仅仅关注自身的目标而忽视员工个人的利益，必然会影响酒店发展战略的实现。因此，酒店人力资源战略规划必须兼顾酒店和员工双方的利益，保证两者的共同发展。

(三)外引内稳原则

现代企业的竞争归根到底是人才的竞争，一个酒店仅仅靠自身的力量难以提供酒店竞争和发展所需要的各种人才，必须想方设法招揽外部优秀人才。因此，人力资源战略规划所确定的方针、政策必须对外部优秀人才具有足够的吸引力，酒店只有在不断吸纳外部优秀人才的前提下，才能在激烈的市场竞争中立于不败之地。与此同时，酒店的主体是员工，能否把酒店吸引到酒店的战略目标上来，是酒店人力资源管理活动的关键所在。因此，酒店人力资源战略规划在吸引外部人才的同时，更应树立人本主义的理念，真正关心员工、爱护员工，充分发掘员工的潜力，给每一位员工充分的个人发展空间，增强酒店员工的凝聚力，稳定员工队伍，方能确保酒店的正常运营和战略目标的实现。

(四)创新原则

创新是现代酒店发展的精神支柱，也是酒店人力资源战略规划应当遵循的一项重要原则。在激烈的市场竞争环境中，唯有创新才是酒店适应新环境、赢得竞争优势的最佳方式。人力资源战略规划尤其要在酒店人力资源开发与管理理念、开发模式、管理机制、激励机制等方面大胆创新，才可能发挥其外引人才、内稳人心的作用。

四、人力资源战略规划的作用

(1) 酒店人力资源战略规划有利于酒店管理者预测员工短缺或过剩的情况，及时采取措施，防止酒店可能引起的人员不稳定的现象发生。

(2) 酒店人力资源战略规划有助于酒店有效地分配人力资源，保证各个部门在生产经营活动中有充足的符合岗位要求的员工。

(3) 酒店人力资源战略规划有助于酒店事先做好人力资源接续计划，有效地防止主要工作岗位员工离职后所引起的生产经营活动难以为继的问题。

(4) 酒店人力资源战略规划可以让酒店集中人力资源供给的来源，及时采取措施吸引人才，为自身的发展提供足够的人力资源，以实现酒店的预定目标。

(5) 酒店人力资源战略规划有助于酒店充分利用已有的人力资源，最大限度地挖掘每一位员工的潜力，力求做到人尽其才，才尽其用。

评估练习

1. 简述人力资源规划的内容。
2. 在进行人力资源战略规划要注意哪些原则？

第二节　酒店人力资源管理的发展趋势

教学目标

- 了解人力资源管理作用强化的趋势。
- 理解现代酒店人力资源管理面对的环境变化。
- 了解酒店人力资源管理思想观念的变化。
- 了解酒店人力资源管理的全球化发展趋势。

一、酒店人力资源管理作用强化的趋势

(1) 酒店人力资源管理作为酒店参谋的传统作用将会进一步得到强化。事实上，酒店正在越来越多地要求那些承担高级人力资源管理工作的人必须能够在原岗位上提供一流的咨询服务。由于酒店必须应对竞争的加剧和员工队伍的日益复杂化，所以酒店对人力资源管理者在重新设计工作、监测员工工作态度、建立质量改善小组、构建酒店文化等方面提供参谋意见的要求会越来越高。

(2) 酒店人力资源管理的直线作用将得到强化。酒店人力资源管理部门行使直线职能，或多或少拥有一些最终人事决策权，这种做法，在许多酒店中已经有过尝试，但其直线作用还没有充分发挥出来。随着酒店业务的扩展，这种直线作用将会进一步扩大，并拥有越来越多的人事决策权，比如在招聘渠道的选择、培训计划的制订、员工梯队的重建、员工结构的调整、薪资福利计划的实施、工作再设计等方面拥有更多的自主决策权，不必事事都向上级汇报。

(3) 酒店人力资源管理在制定和执行酒店战略方面的作用将越来越大。在过去，酒店战略的制定通常是高层管理者的工作。首先，酒店总经理制订一个五年期的经营战略计划；然后，将一些与计划有关的人事调整工作(如增员或减员、为被解聘者重新安排工作岗位等)交给人力资源管理部门来执行。随着劳动力市场的变化和酒店内部员工结构的变化，酒店在战略计划制订的早期阶段将会把人力资源管理部门吸收进来，共同参与战略计划的制订。一句话，酒店人力资源管理者将逐渐从战略的“反应者”转变为战略的“制定者和执行者”。

案例 9-1

新加坡文华大酒店的人力资源管理

文华大酒店的培训部门对新员工提供各部门的信息、功能和任务，以表单的形式，用三个月时间进行酒店培训和员工自我培训。此表单三个月后返回到酒店培训部，以便反馈培训效果。在文华酒店工作的员工，每年都会享有 40 小时的培训课程，其中包括店内培训、店外培训、部分培训、网上培训以及老员工手把手培训等。他们更加重视每日不间断的培训，如解释工作细节，并对所有培训内容效果进行评估。

新加坡酒店重视员工职业生涯发展规划，并积极监控所要经历的所有过程。管理层与员工之间的沟通，在人力资源开发当中得到了重视。酒店每年在员工中调查两次，并在酒店力量允许的情况下，进行严格分析。调查反馈的信息是与员工非常直接的对话，使员工知道酒店每日所发生的大事情。在新加坡的酒店业，提倡管理人员与员工共同就餐，沟通友情，互相了解，互促关系。也有设意见箱等来搜集员工意见的方式。杰出的员工在文华大酒店都会给予积极的肯定。酒店还专门设置了优秀奖、杰出奖以及对老员工的奖励。

在调动员工积极性方面，文华大酒店也采取了一些灵活的方式。如在流动率低的情况下，把工资高但生产力低的重点人员安排在更加繁忙的部门去工作，通常时间段为 6 个月，这种方式起到了良好的激励和推动作用。让这些积极性差、生产力低的重点员工，体会到繁忙部门的技能要求和效率要求。在此基础上，如果这些重点人员有突出的业绩，也会有升职的机会。在文华大酒店，培训工作是重要的，如果管理人员及其部门不按规定和计划培训，都将受到处罚。在管理人员的升职条件中，培训能力也是重要的条件之一。

(资料来源：中国旅游报)

案例分析

人力资源开发在新加坡酒店业当中起着重要的作用。文华大酒店重视培训的作用，重

视与员工的沟通，使员工的个人发展与企业的成长紧密联系在一起。而且，采取积极有效的措施调动员工积极性，是人力资源管理成功的关键所在。

二、酒店人力资源管理环境变化的趋势

几乎所有经济、科技、社会、文化、政治方面环境的演变，都可能对酒店人力资源管理产生或多或少的影响。

(1) 酒店组织规模的变化。随着市场竞争的激烈化，“大就是美”的时代已告结束。今天的大酒店正在努力学习小酒店的优点——弹性大和效率高；而小酒店业不断进行多点的分散经营，努力扩张自己的规模和市场，希望能像大酒店一样拥有丰富的资源和巨大的营销网。

(2) 价值观和工作态度的变化。正如未来学家约翰·奈斯比特(John Naisbitt)所言，教育和富裕改变了人们的价值观和工作态度。现今，促使人们愿意努力工作的吸引力不再是金钱、物质利益，而更多的应是精神需要的满足，工作本身使他们感受到乐趣，能发挥他们的专长和能力，能够体现他们的价值以及个人成就的满足。

(3) 工作人员构成的变化。一般而言，未来的工作人员的年龄及性别结构将与现在有所不同。由于酒店出于劳动强度和自身形象的考虑，25 岁以下的年轻服务人员将显著增加；出于受教育时间、工作经验的考虑，25～40 岁的管理人员将显著增加。在性别方面，由于生活方式、家庭结构的变化，妇女在酒店业中的就业人数将显著增加，并且将有较多的妇女担任高层职务。此外由于越来越多的酒店对员工实施终身教育，加之对客源市场的重视，外向型、知识型工作人员将迅速增加。

(4) 酒店与政府关系的变化。一方面，政府的职能将发生转变，越来越多地给酒店业松绑，使酒店的雇工、工程建设、文化教育、社会福利等各方面业务上有更多的自主权，在政策上给予支持。另一方面，政府会利用各种干预，如在环保、安全、就业、标准化等方面，出台更多的规定和管制措施，使酒店的一切活动必须在法律的框架内运行。

(5) 科学技术的进步。随着科学技术的进步和应用，酒店业的科技含量将进一步提高。劳动手段、工作方法、技术信息、工作人员、顾客需求等都将发生质的变化。如计算机、通信设备的运用，先进的管理理论和经验的推广，工作本身的程序化、标准化的运行，工作人员文化素质的提高，顾客追求舒适、安全和时效的需求特征，无一不是科技进步的结果。

总之，管理环境发生了凡此种种的变化，对酒店人力资源管理理论和实践而言，无疑是提出了新的挑战。

三、酒店人力资源管理思想观念变化的趋势

面对新的变化、新的趋势，酒店人力资源管理人员必将更新观念，以适应新局面，迎接新挑战。

(1) 酒店战略资源的重点将从金融资本转向人力资本，而人力资本管理的重点将从以效

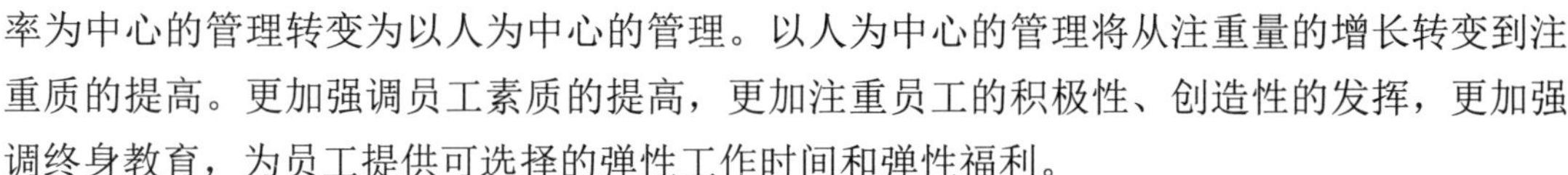

率为中心的管理转变为以人为中心的管理。以人为中心的管理将从注重量的增长转变到注重质的提高。更加强调员工素质的提高，更加注重员工的积极性、创造性的发挥，更加强调终身教育，为员工提供可选择的弹性工作时间和弹性福利。

(2) 酒店经营的信条将从“顾客就是上帝”转变到“顾客、员工都是王”。因为顾客的满意程度是建立在员工的微笑服务和准确服务的基础上的，只有满意的员工，才能有满意的顾客。

(3) 未来的管理者应该是“公共管理者”，是“通才”，而不仅仅是“专才”。

(4) 未来的管理将更加注重业绩，那种“不求无功，但求无过”的传统观念将转变为“无功便是过”。管理者掌管资源，却不很好地利用，就是浪费资源，对人民犯罪。

(5) 培养员工的目的也将不是为了让他们成为执行指令、唯命是从的工具，而应该是将每一员工培养成“老板式”的人物，能独当一面的人物。因为壮大了的酒店需要成千上万的“老板式”人物去经营、去管理。

(6) 智囊性的上层管理团队将是未来酒店的主要决策者，团队精神也将成为组织文化的灵魂。

(7) 激励管理将成为酒店人力资源管理的重要内容。

(8) 劳资关系管理日趋制度化。如实行劳资谈判和协商制度、处理员工投诉制度、成果分配制度等，使劳资矛盾得到一定程度的调节。

(9) 酒店人力资源管理日趋程序化。如制定招聘录用程序、劳动合同终止程序、各岗位服务程序、交接班程序等，使员工工作有章有法，井然有序，大大提高了工作效率，降低了事故率。

(10) 酒店人力资源管理日趋标准化。如制定职员录用素质标准、教育培训考核标准、服务操作时间与劳动标准、工资等级标准、工作量定额标准、定员标准、安全卫生标准等，使人力资源管理工作有了一个可以比较、可以衡量的标尺，以此来判别酒店员工的工作质量。

案例 9-2

椒江大酒店减员增资促发展

浙江台州椒江大酒店历经风雨 15 年，在不断变化的市场发展中树立起正确的经营管理思想，“减员增资”的发展思路促进了酒店各项管理经营工作的完善和提升。酒店实施全新减员增资措施的出发点在于使员工看到实施减员增资后其收入不断地增加，感受自己所付出的辛勤劳动得到了酒店的承认；酒店管理措施更加有利于员工，更形成了积极的工作动力，激励着员工的工作热情，使其不断地创造价值。但这不是最终的结果，增资的效果只是一时的，是激励员工的手段之一。员工的物质生活质量要随着社会、企业的发展而不断提高，酒店应认识到员工物质要求的发展规律，不断地满足和提高员工待遇。除此以外，酒店还不断地关心员工、爱护员工、体贴员工，使员工具有蓬勃、积极、乐观的心态。只有员工的物质和精神两方面共同的发展提高，才能实现我们酒店的目标。

除了生活上不断满足员工基本的需要，酒店管理层在工作以外不断组织各类文娱活动来激发他们对集体生活的渴望，丰富他们的精神生活。椒江大酒店外地员工占了员工总数的 70%，为了创造良好的生活环境，从两年前起酒店就不断地出资增添员工集体宿舍的硬件设备，如在每个房间安装分体式空调、建造液化气热水器淋浴房、24 小时供应开水、改善员工伙食质量等种种举措来不断完善后勤保障，让员工深切体会“椒江大酒店——我的家”的质量方针。这正是酒店在实施“减员增资”措施后将有限的后勤保障资源用于员工，反之，难以让员工感受家的方便、温情、体贴。

案例分析

酒店要发展，观念必先行。椒江大酒店及时跟进时代发展步伐，分析现代企业竞争的实质内容，认准“人”是发展的关键因素，快速及时提出了“减员增资”的人力管理新思路，以此作为出发点，以增资为手段提高员工的收入，促进其工作积极性，企业又将其中所获得的利益与员工分享，真正实现了员工与企业共同发展。

四、酒店人力资源管理的全球化发展趋势

酒店经营国际化的结果导致酒店越来越多地实行全球化管理，这将对酒店人力资源管理活动产生极大的影响。

(1) 高要求的技能水平与胜任这种技能水平的可供人才之间的矛盾将日益显著。在酒店激烈竞争的外部环境压力下，为了能够保持竞争的优势，酒店不得不提高对技能水平的要求。而现实中，能够胜任这种技能水平的可供人才(在竞争中唯一能够保留下来的优势资源或高质量人才)却又极其稀缺。因而，酒店人力资源管理活动面临更加严峻的挑战。

(2) 跨国管理人员甄选工作的重心将有所转移。由原来的仅仅注重海外工作的技能要求，转移到对外派人员文化适应能力和其家庭状况的重视上来，为他们提供与酒店经营和派驻国有关的所有可获得的信息，提前把一切该想到的都想到，以免发生“文化震荡”。为了达到这一目的，实况预演和外派人员挑选信息库两种方法可供酒店人力资源管理部门参考使用。

(3) 酒店人力资源管理部门将比以往更注重外派人员的培训层次。外派人员的培训将分六个层次来进行。第一层次的培训与海外工作所需的理论技能有关，为外派人员提供高等院校的课堂培训，并通过酒店内部的一系列工作轮换来运用课堂理论、检验课堂理论的实践有效性，使外派人员在理论和实践方面变得更加成熟。第二层次的培训集中于解释国家之间的文化差异对酒店经营管理活动的影响，以提高外派人员对这种差异的认知能力。第三层次的培训与人的态度问题有关，旨在使外派人员理解人的态度是如何形成的，它对人的行为又会产生什么影响。第四层次的培训主要是向外派人员提供与东道主国家有关的一些实践知识。第五层次的培训是以提高外派人员的语言能力、适应能力和调整能力为目的的培训。第六层次的培训主要是向外派人员说明所在公司工资的所有外派政策，以及述职报告的撰写。

(4) 在薪资管理中，对外派人员单独制订以个人绩效为基础的长期性激励计划。一些所谓的工资要素价格、“全套”工资方案，以群体绩效为基础的购股优先计划、生活成本差别工资等，都已经大大地挫伤了外派人员的积极性，只有这种以个人绩效为基础的长期性激励计划，才能与酒店公司分支机构的绩效紧密地联系在一起，既有助于外派人员形成所有者的意识，又有助于培养外派人员的献身精神(酒店最具优势的竞争资源)。

知识拓展 9-1

中国未来酒店的发展趋势

1. 酒店的集团化与品牌化的发展趋势。
2. 创造绿色酒店，倡导绿色消费。
3. 智能化酒店。
4. 坚持以人为本。
5. 服务的个性化。

(资料来源：http://www.3combo.cn/snookerPool/ShowArt.jsp)

评估练习

1. 面对全球化趋势，酒店人力资源管理要做哪些准备？
2. 面对管理环境的变化，酒店管理者如何应对变化？

【工学结合】

2008 年北京奥运会的举办带来了中国酒店业的“繁荣”，主会场北京、帆船赛场青岛两个城市的高星级酒店“拔地而起”迎奥运，新建的高星级酒店正在紧锣密鼓地“招兵买马”。有人认为这是经济繁荣的征兆，有人认为这是人力资源的浪费。请说说你的看法，并给出理由。

本 章 小 结

酒店人力资源规划是实现酒店发展目标的重要保证，它具有全局性、竞争性、风险性的特点。酒店人力资源战略规划包括酒店总体规划和业务规划两个方面。酒店人力资源管理须遵循一定的原则，才能够确保人力资源管理起到积极的作用。

社会的不断发展使酒店人力资源环境发生着变化，对人力资源的管理职能提出了更高的要求。酒店以人为本的观念正在树立，全球化发展的趋势正在呈现。

参 考 文 献

[1] 廖钦仁．酒店人力资源管理实务．广州：广东经济出版社，2006
[2] 陈绍友等．酒店人力资源管理．重庆：重庆大学出版社，2003
[3] 吴中祥．酒店人力资源管理．上海：复旦大学出版社，2007
[4] 钱振波．人力资源管理 理论·政策·实践．北京：清华大学出版社，2004
[5] 赵西萍．旅游企业人力资源管理．天津：南开大学出版社，2001
[6] 袁继荣．酒店人力资源管理．北京：北京大学出版社，2006
[7] Robert H. Woods．张凌云等译．酒店业人力资源管理．第 3 版．北京：中国旅游出版社，2003
[8] 魏洁文，吴俊．现代酒店人力资源管理．北京：人民邮电出版社，2006
[9] 隗合东．人力资源经理实战宝典．哈尔滨：哈尔滨出版社，2006
[10] 彭剑锋．人力资源管理概论．上海：复旦大学出版社，2005
[11] 赵曙明．人力资源管理研究．北京：中国人民大学出版社，2001
[12] 靳娟．人力资源管理概论．北京：机械工业出版社，2007
[13] 李小勇．100 个成功的人力资源管理．北京：机械工业出版社，2004
[14] 李燕萍．人力资源管理．武汉：武汉大学出版社，2006
[15] 徐文苑，贺湘辉．酒店人力资源管理．北京：清华大学出版社，北京交通大学出版社，2005
[16] [美]富兰克·M.戈等．孙红英等译．酒店业人力资源管理．大连：大连理工大学出版社，2002
[17] 李志刚．酒店人力资源管理．北京：中国旅游出版社，2005
[18] 林泽炎，李春苗．员工职业生涯设计与管理．广州：广东经济出版社，2003
[19] 鄢敬新．职业生涯规划宝典．青岛：青岛出版社，2005
[20] 吴慧，黄勋敬．现代酒店人力资源管理与开发．广州：广东旅游出版社，2004
[21] 谌新民，唐东方．职业生涯规划．广州：广东经济出版社，2006
[22] 顾沉珠，田刚．酒店人力资源管理事务．南京：东南大学出版社，2007
[23] 王珑，徐文苑．酒店人力资源管理．广州：广东经济出版社，2007